大夏书系·语文之道

文本解读与阅读教学讲谈

wenben jiedu yu
yuedu jiaoxue jiangtan

罗晓晖　冯胜兰 / 著

华东师范大学出版社
全国百佳图书出版单位

自　序

　　理解是智力的本能。当人的意识与外物相遇，第一瞬间是直觉印象的获得，第二瞬间便是理解它的冲动。

　　无论我们所要理解的外部对象是什么，都需要将其纳入视野，把外物转换为符合我们认知框架的符号，进入我们的认知流程，然后才能实现理解。

　　理解一个未经命名的事物，必须先将该事物抽象为概念，把它纳入我们的符号系统，使其与我们现有的经验或知识连接起来，然后有效的理解过程才能展开。文字书写的文本作为特殊的理解对象，理解环节相对而言是简单的。它作为认识对象的特殊性在于，它是语言符号的排列组合，对于使用这种语言的人来说，它是公共的，其概念系统、语法系统是现成的，而不必像认识未经命名的事物那样，先要经历一个将其概念化的过程。正因如此，理解文字文本，远比理解文本外的世界来得单纯。

　　但文本理解的重要性并不因此降低。人类文明的成果，都经由书写而凝聚在各种文本之中，文明的传承也大半建立在文本阅读理解的基础之上。语文阅读教学首先就是要教学生理解各类文本。教学生读懂各类文本，是阅读教学最朴素的目标。

　　在各类文本中，文学类文本是理解的难点。讲述知识和观念的科学类文本与哲学类文本虽然也有难度，但其难度在于知识和观念，而不在于语言文字本身。它们所考验的并非语文能力。文学类文本的理解，常常不存在知识的匮乏或观念的扞格，它所考验的，往往在语义的提取、修辞的特性、文体的模式、经验的观照等方面。这也是语文阅读教学的基本指向。

在长期的教学实践中，我发现，教师的文本解读能力是阅读教学是否正确、能否深入的关键。教师不能准确理解文本，就无法引导学生正确地理解文本；教师对文本理解深入，才有可能引导学生深入下去。遗憾的是，我看到的是教师文本解读能力的普遍欠缺。为此近三年我下了很大功夫来研究文本解读问题。这本书和《方法与案例：语文经典篇目文本解读》（华东师范大学出版社 2017 年版），就是这一研究的两个主要成果。

本书主要是讲座和谈话的实录，写起来相对轻松。然而一旦轻松，则有可能失诸疏忽。这是需要请求读者谅解的。由于这些讲座是按照文体安排的，所以非但不能体现我对文体分类的思考，反而与我自己的文体分类思想有所冲突。对文体的分类，我在《方法与案例：语文经典篇目文本解读》一书中有简括的解说，有兴趣的读者可以参看。

我为人孤僻，多不圆通，故于世务，多所碰壁。少有交往，故多自在，每一开口，便自说自话，不顾权威是何意见，不管他人作何感想。我能保证我所说的都是真诚的，至于一些说法是否合理，则有待读者诸君明鉴。

罗晓晖
2018 年立春日

目 录
CONTENTS

第一讲　文本解读与阅读教学 ·········· 001
　　一、阅读教学中的若干问题 ·········· 001
　　二、文本解读 ·········· 004
　　三、教师必须学会自主解读文本 ·········· 006
　　四、提要钩玄：观大意与求甚解 ·········· 012
　　五、文本解读和教学都要基于理性分析 ·········· 016

对谈一 ·········· 021
　　一、善用分析，准确提取语义信息 ·········· 021
　　二、整体分析的逻辑性：以《愚公移山》为例 ·········· 026

第二讲　散文的解读与教学 ·········· 041
　　一、应该强化的两个观点 ·········· 041
　　二、文本定位：散文的文本特征 ·········· 042
　　三、散文文体观察与解读要领 ·········· 048
　　四、文本构成元素观察 ·········· 050

对谈二 ·········· 052
　　一、关于《从百草园到三味书屋》 ·········· 052

二、阅读教学需建立课型的概念 ·· 060
  三、关于《荷塘月色》的讨论 ·· 064
  四、再谈"比较":《爱莲说》 ·· 070
  五、散文的行文姿态:《端午的鸭蛋》 ································ 074

第三讲　小说的解读与教学 ··· 077
  一、什么是小说 ·· 077
  二、小说的虚拟性 ·· 079
  三、经验与主题 ·· 081
  四、解读小说,看"情节",不如看"叙述" ····························· 085
  五、解读小说,看"人物",要分析其行动 ······························ 090

对谈三 ··· 100
  一、小说的文本解读:以《故乡》为例 ··································· 100
  二、文本特质和阅读教学 ·· 110

第四讲　古典诗歌的解读与教学 ··· 119
  一、诗是语文中最"语文"的部分 ··· 119
  二、教学价值:精练、微妙、典雅的汉语 ································ 120
  三、本体、工具与价值 ··· 121

四、古典诗歌的文本分析 ……………………………………… 122
　　五、一个案例:《香菱学诗》 …………………………………… 134
　　六、古典诗歌教学中的注意事项 ……………………………… 139

对谈四 …………………………………………………………… 146
　　一、诗歌文本的局部理解问题 ………………………………… 146
　　二、文本的宏观结构问题 ……………………………………… 157
　　三、关于现代诗:《篱笆那边》《弧线》 ………………………… 171

第五讲　文言文的解读与教学 ………………………………… 177
　　一、什么是文言文 ……………………………………………… 177
　　二、学科核心素养和文言文的教学价值 ……………………… 187
　　三、如何做好文言文教学 ……………………………………… 196

对谈五 …………………………………………………………… 203
　　一、深入的探究:《庄子·逍遥游》 …………………………… 203
　　二、问题的层次与文本分析:《读〈孟尝君传〉》 ……………… 209
　　三、言语的智慧:《烛之武退秦师》 …………………………… 215
　　四、行事的智慧:《廉颇蔺相如列传》 ………………………… 219

后　记 …………………………………………………………… 229

第一讲　文本解读与阅读教学

这一讲的主题是文本解读的大意，以及文本解读和阅读教学之间的基本关系。所谓大意，就是一个大模样，不是具体的操作方法。

文本解读是阅读教学的基础，是阅读教学的逻辑出发点。如果教师缺乏文本解读的功夫，要做好阅读教学，多半只是奢望。如果你自己都读不懂，却要去指导他人读懂，那是不可能的。

一、阅读教学中的若干问题

学生在日常阅读和阅读解题方面出现的困难，直接证明了阅读教学的失败。在语文教学中，大量的时间被用于开展阅读教学，但几年下来，学生参加考试、做阅读题的时候依然困难重重，理解文本时仍然存在很多障碍，这说明平时的阅读教学在培养学生理解力方面似乎有些失败。学生做阅读题的主要障碍，不在于答题方法的缺失，而在于文本理解的不到位。

阅读课教什么？当然，首先就是要教对文本的理解。很明显，学生理解能力的不足，证明当前耗费了大量时间所从事的阅读教学一定存在很多问题。就我的观察，与文本解读相关的问题，大致有如下几种：

第一，忽视对文本的理性理解，热衷于"体验""感悟""多元解读"——随意性被过度放大。

文学类文本中，明显存在感性的、情感的因素，但这不等于说语文的阅读教学应该是感性的和情感的。"理解"本身肯定是理性的，教学也永远是一个理性的行动。文学作品有感性、有情韵，使得很多人包括很多教师，认为语文课理所当然就是有感性、有情韵的。阅读课当然可以上得有感性、有情韵，但这不能够替代对文本的理性理解。

"体验"。阅读课中，学生肯定有"体验"。他们阅读文本，思考文本，都是体验。事实上，在教师授课之前，学生自己阅读课文已经有了体验。但不少教师理解的"体验文本"，只是简单地让学生以其生活体验去结合文本内容，或者用文本内容来联系自身的生活体验。其实，这是对"体验"的一种误解。首先，文本中的内容，并不总是现成的生活体验，例如卡夫卡的《变形记》，学生并无变成甲虫的体验；其次，文学文本之所以具有被阅读的价值，在于它不是简单地呈现我们的现有体验，而是扩展了我们的经验——如果一个文学文本仅仅复现我们现有的经验，而未能扩展我们的经验，进而深化我们对宇宙人生的理解，那么这样的文学文本的价值就是有限的。

"感悟"。感悟这一概念真的是太玄了。我觉得我的感悟能力还是不错的，但回头想来，这似乎并不是我的某位语文老师教出来的。对文本的感悟力，是基于我们自身长期的文本阅读和语言实践，并不是教师在课堂上教出来的。既然如此，我们在阅读教学中大谈感悟就是不妥帖的。如果学生对文本有感悟，那也不是教师教出来的，而是因为他自己读得多，理解力强，语言感受力强。我经常说，"教能教的"。我们在教学中究竟能起到什么作用，能起到多大的作用，这值得深思。

至于"多元解读"，这很可能是一个对阅读教学有害的概念。一个文本是否存在多元解读的可能性，是不确定的，要看具体情况。一切合理的解读结论，都必须符合逻辑和情理地从文本中推导出来，必须通过文本自身来证明它是合法的。在这个原则下，解读结论才是站得住脚的。多元解读并非想怎么解读就怎么解读。现实的情况是，一些教师认为多元解读就是尊重学生的个性，迷信"一千个读者就有一千个哈姆雷特"，导致对文本的理解有些失控。"一千个读者就有一千个哈姆雷特"，但在《哈姆雷特》这个文本中，莎士比亚对哈姆雷特这个人给出了种种规定性，"一千个哈姆雷特依然是哈姆雷特"。此时的文本理解是指把握哈姆雷特在《哈姆雷特》这一文本中的规定性，而不是你心目中的哈姆雷特是什么。随便你怎么多元解读，哈姆雷特也只能是《哈姆雷特》中的那个哈姆雷特，而不应该是关云长或桑迪亚哥。照我的观察，在语文课堂上看到的多元解读泛滥，常常是教师的理解力和判断力不足所致。

热衷于"体验""感悟""多元解读"，文本理解的随意性就会被过度放大。这很容易导致理解的变形，使得学生思维的准确性降低和精确性丧失。这是危险的，须引起重视。

第二，解读尚不充分便进入评价环节或延伸拓展——站在空中楼阁上指点江山。

阅读教学中，要避免混淆"理解"和"评价"。"理解"和"评价"属于不同的能力层级，二者是不一样的。"理解"是文本本位，要忠实于文本，而"评价"却是"以我为主"、各有立场。阅读教学首要的是求得对文本忠实的理解；只有在"理解"已经达成的前提下，才能进一步推进到对文本的"评价"。对文本的"理解"尚未到位就开始"评价"，其实是站在一个虚幻的空中楼阁上指点江山。而不少的阅读课上，教师对文本"是什么"这个问题都没弄清楚，就开始讨论对文本"怎么看"的问题了。

"评价"几乎是一种本能，人很容易陷于"我执"，急于对事物发表自己的看法。而所谓"理解"，是指弄清楚文本在说什么，文本中的看法是什么。在"理解"这个层面上，你的看法是什么并不重要，重要的是文本中的看法。作为对教学文本相当熟悉的人，教师更容易迫不及待地抛出自己的看法。这是不合适的，请对文本有更多的尊重。

第三，解读无章法，用文本印证教参结论，使文本沦为手段而教参成为目的——缺乏真正的理解过程。

这也是因为对文本的尊重不够。文本是阅读教学的对象，教参只是提供帮助理解文本的参考意见。教师进行文本解读没有章法，就容易依赖教参，把文本中的一些信息粘贴到教参中的相关结论或意见上，这实质上是用文本来印证教参。如此阅读教学的对象实际上从课文变成了教参。这样的阅读教学，不是教课文，而是教教参。

教师不仔细研究文本，而仅仅用文本印证教参结论，这是备课不到位的问题。我强烈主张：教师要素读文本，不依赖任何参考资料来读课文。这一点后面我会谈到。

只用文本印证教参结论的教师，是缺乏独立思考的。对于教学文本，教师是思考的先行者。当教师缺乏思考，要引导学生进入真正的思考过程是很难的。

从文本出发，依托文本，以符合情理、符合逻辑的理性分析为手段，才能达成对文本的准确解读。文本解读的专业性，在很大程度上决定着阅读教学的专业性。这是我们应该牢记的。

二、文本解读

什么是文本解读？狭义的文本，是指根据一定的语言规则组成的语句系统（作品）。很显然，文本是一个外在于我们的客体，是一个客观对象。它具有独立于作者和读者的客观性。对于读者来说，文本是一个客观对象，它的内容是不以读者的意志为转移的；对于作者来说，文本也是客观的，当文本被书写定型，它的内容也是不以作者的意志为转移的。懂得这一点很重要。我们要尊重文本，不能自以为是；我们要尊重文本，不要太"在乎"作者。不少教师开展阅读教学，总是要来个"作者介绍"，总是迷信"知人论世"，这本质上是因为他们对文本本身的客观性缺乏足够的认知。

解读，是发现文本意义的过程。阅读者的个体经验与文本意义存在交集，是文本能够被理解的基础。事实上，我们并不能够理解我们一无所知的东西。你没有去西天取经，没有遇到过妖魔鬼怪，但却读得懂《西游记》，是因为你体验过、能理解人际关系。《西游记》中妖怪们的行动与心理逻辑，其实和常人没有什么两样。妖怪们和"取经团"的关系，本质上是一种人类关系。但基础终归是基础，不能以个体经验去扭曲文本本身的内容。对文本的理解是否准确，须看对文本语义的理解是否准确，对文本的内部逻辑是否能有效把握。

我觉得需要澄清几点。

第一，解读就是理解，不是评价，也非鉴赏。

文本解读要确定文本语义，厘清文本语义之间的关联，梳理文本内部的结构和思路。简单地说，要老老实实地还原文本本身的意思。不是急着去评价它怎么样，而需要首先看清楚它是什么。

第二，理解是理性的活动，要抑制带有任意性的感性，也要拒绝主观性的情感偏好。

解读就是理解，而理解只能是且永远是理性的。这就是说，读者的感性部分、情感偏好，都要被抑制。《逍遥游》中的蜩与学鸠，在一个小天地里自得其乐，有什么不好，我认为庄子其实也并不是否定蜩与学鸠，"小大之辩"其实是说小与大并无分别，这就是"齐物"。这就是读者偏见和偏好导致理解偏差的例子。卡夫卡在《变形记》中说格里高尔清早醒来变成了一只大甲虫，这是一个"文本事实"。但你不能因为自己在感觉上厌恶大甲虫，就说"卡夫卡对格里高尔心怀厌恶"，更不能说"啊，一个人变成一只甲虫，这是不可能的"。

第三，写作本身是一种有目的、有意识的理性行为，文本构造存在内在的逻辑。

文本解读必须依循文本内在的逻辑。写作必定是存在写作动机的，如果写作者没有写的动机，写作就不可能开始。一个文本，一定是企图表达什么的。写作者也会设想他的意图能否为读者所理解。可以说，写作是理性的。

那么，文本中为什么会存在感性的、情感的甚至是荒诞的内容呢？这些内容也是写作者理性地决定的。例如，我想表达"人生是荒谬的"这一主题，那么我就会在作品中布设荒谬的或能够让人感觉到荒谬的内容；我想表达我的心是多情的，那么就会设法让读者能够在我的作品中察觉到我情感的丰富。写作者的"写作的理性"，不等于文本中的"内容的理性"。这不能混为一谈。

文本解读要尊重文本中的事实，尊重文本的内在逻辑。

三、教师必须学会自主解读文本

（一）自主阅读：素读为什么是必要的

素读是指教师不依赖任何外在资料对课文（或别的文本）展开的阅读。这种阅读是为了更真实地理解文本，更切实地发现文本的教学价值。这种阅读既是体验，又是探究。

简单地说，素读就是要直接面对文本，摆脱一切参考资料，获得对文本真实的阅读体验、真切的审美感受和独立的价值判断。

事实上，学生在考场上的阅读都是素读。没有任何参考资料，没有工具书，他必须"赤裸裸"地面对文本。但他并不是赤手空拳地面对文本，其所倚仗的是分析能力（当然，还有知识背景）。

教师为什么要自主阅读或素读呢？基本的理由就是为了更切实地理解教材文本，完成教学。至少以下几点是基本成立的。

①素读所获得的最核心的判断，所捕获的最重要的特征，构成教学的重点。

②素读所遇到的疑惑和障碍，是教学的难点，是教师备课时需要研究的主要问题。

③素读是最真实的阅读，因而素读时教师所获得的体验，是引导学生体验文本的关键。

那么，教师的自主阅读该有怎样的取向呢？教师对课文的素读，有别于学生的素读。教师读课文，不只是切实理解文本，还要考虑如何利用文本来实施教学。我认为，教师的素读需要从如下几个角度来考虑。

①学科角度：读出该文本涉及的语文的知识与能力。

②学生角度：读出学生可能的未知以及可能存在的疑惑。

③教学角度：读出该文本在阅读教学中可能运用到的引导方法。

④教育角度：读出该文本所显示的人类智慧，读出文本所涉及的情感、态度和价值观。

⑤素养角度：读出该文本在语言、思维、审美、文化四个维度的显著特征。

"素读"能力，是衡量语文教师专业水准的重要指标。教师的学科功底在此被检视出来。一个语文教师的教学能力如何，我们只消拿一篇教材上没有的文章作为课文，看他怎么备课、准备给学生讲些什么，基本上就能够判断了。离开了教参就束手无策的教师，绝不可能是优秀的。

所以，语文教师一定要形成素读的习惯，摆脱对教参的依赖，长此以往，逐渐达到阅读教学的自在之境。摆脱不掉教参，你就不可能自在，因为你还在受你之外的东西的制约。凡有制约，就不自在。

素读，常常能发现一些有趣的、有意义的问题。例如，《沁园春·长沙》的结尾有一句："曾记否，到中流击水，浪遏飞舟？"教参一般会讲，这句诗表现了伟人的气魄，含蓄地回答了上阕"谁主沉浮"的提问。如果只看教参，你很可能就此认同。但是，如果真的老老实实地面对文本，你可能会提出两个问题：第一，"到中流击水，浪遏飞舟"，能否构成客观世界或经验世界的一个物理事实？第二，下阕真的是用过去"同学少年"时的经历来解答此时的困惑吗？"谁主沉浮"作为一个现在的困惑，它的答案竟然存在于过去（或者说答案在过去已然得出），这是否符合事理或逻辑？如果你足够理性，这两个问题的答案，很可能都是否定的。

又如《雨巷》，根据文本，《雨巷》中的姑娘其实并未真实出现，但诗人为何写她？虚拟这样一位姑娘，价值何在？

再如《荷塘月色》，这篇文章最主要的特点究竟是什么？是写景之笔触细腻，还是比喻密集？如果仅仅是写景笔触细腻，比喻数量众多，就足以使它成为名篇吗？这篇课文的教学价值究竟在哪里？和《荷塘月色》一样，《故都的秋》也是名篇，孰优孰劣？如何比较呢？

这都是很有价值的问题。但这样的问题，教师不素读，是很难被提出来的。自主阅读课文，教师才有机会提出独到的、有价值的问题，其教学才有可能真正挠到文本的痒处，真正培养出学生的学科素养，这样的教学才具有真正的价值。通过独立研读文本提出独特的、有价值的问题，才能形成有个性的或有新意的教学设计。

我常听一些教师讲《鸿门宴》，大批项羽缺乏远见。首先，如果说项羽缺乏远见，那刘邦呢？试问鸿门宴上的刘邦有那种远见吗？那时候的刘邦，自顾不暇，不可能预见到自己最后竟然能消灭项羽。张良、樊哙等人，也不可能。既然如此，凭什么要求项羽必须具有那种不可能具有的远见呢？两千多年后，我们一个个都是"诸葛亮"，事后诸葛亮太容易了。

其次，请问此文何处证明了项羽缺乏远见？项羽也许真的缺乏远见，但"鸿门宴"这一节却不是证据，无法证明项羽是缺乏远见的。假如我是项羽，假如我足够明智，我肯定会铲除刘邦，但绝不会是在鸿门宴上。刘邦提出"籍吏民，封府库，而待将军"，意思是把他在秦地所获得的一切都给项羽；把利益全部让渡给项羽不说，还亲自登门道歉。如果此时杀掉刘邦，不仁不义莫过于此。各路反秦诸侯会怎么想？他们会立即背弃项羽。所以，鸿门宴上杀死刘邦，完全是一个昏招，如果这么做，项羽将立即失去号令各路反秦诸侯的力量，在政治上使自己陷于被动。为什么范增在鸿门宴上一再举玦示意而项羽不为所动？因为项羽已经有了不杀刘邦的决断。刘邦通过项伯开出了"籍吏民，封府库，而待将军"的条件，项羽认为自己已经不战而获得了他想要获得的战果。

教参上说项羽缺乏远见，你就说项羽缺乏远见。你的独立思考和专业精神，到哪里去了？

(二) 自主解读在教学中的重要性

文本解读能力，是语文教师的看家本领。

文本解读能力的重要性，怎么强调都不过分。这是因为：其一，文本解读是阅读教学的出发点，而阅读教学乃是日常教学的主要工作；其二，写作教学以阅读教学为基础，"会读"与"会写"之间存在一定的关联；其三，学生对文本的理解和探究可能衍生出意料之外的问题，教师如果解读能力不足，很难及时、正确地指导学生。

教师自主解读文本的能力，非常重要。

第一，阅读文本时常有疑难处，教师有时不得不独自面对复杂问题。

例如，"名著阅读"中有《论语》的阅读内容。在这里，举一个我在教学中的例子：

> 子曰："君子不重，则不威；学则不固。主忠信。无友不如己者。过，则勿惮改。"

我要求学生采用的版本是杨伯峻的《论语译注》。根据杨伯峻的翻译，学生要懂得文句，并不困难。但很明显，这一章中孔子表达的意思比较复杂丰富，语句之间存在疏离。如果以通行的朱熹《论语集注》（中华书局标点本）为例，此章句读采用新式标点，标示为：

> 子曰："君子不重则不威，学则不固。主忠信。无友不如己者。过则勿惮改。"

按照这个标注的句读，此章有四层意思。其实按照我的理解，有五层意思。孔子的这段话应该标示为："君子不重，则不威。学，则不固。主忠信。无友不如己者。过，则勿惮改。"为什么呢？因为"君子不重"与"学则不固"之间不存在逻辑联系。在我看来，一个人性情不够庄重，学习照样可能很牢固，像我这种很不庄重甚至有点反感庄重的人，学习照样很牢固！我不认同杨伯峻此处的理解（君子不庄重，学习就不会巩固），而认为，"学则不固"的意思是"学习不能不讲灵活性"，应该是独立的一层意思。本章的五层意思是：

①君子不重，则不威：君子如果不庄重，就不会具有威严。

②学，则不固：学习，不能顽固不化（不能不讲变通）。

③主忠信：为人要以忠信为主。

④无友不如己者：不要和不如自己的人为伍。

⑤过，则勿惮改：错了，就不要怕纠正。

问题在于，这五层意思有何内在的关联？分析起来，不外乎两种情形：一种情形是，这是孔子某次言谈的真实记录，自成一个意义表达的单元；另一种情形是，这是孔子在不同时间、不同场合言谈的记录，共有五个言语片断，散见于不同弟子的记录，是《论语》编纂者将这几个片断归拢合并而成。相较而言，由于意思存在断层，不像是被连续表达出来的，第一种情形不太可能，那么第二种情形就更为合理了。由此可见，此章恰好是《论语》编纂痕迹的留存。

我对这一文本的诠释得到学生的普遍认可，他们认为我的分析实事求是，具有说服力。还有学生举一反三，根据《论语·子罕》中"子绝四：毋意，毋必，毋固，毋我"，确认我对"学，则不固"中"固"的理解的正确性。

第二，教师对文本的解读，直接决定了其对文本教学价值的判断；而解读的结果，直接决定了其对教学内容的取舍。

优秀的阅读教学设计，首先取决于教师对文本的解读；教师课堂提问的质量，也取决于教师对文本的认识（试看今日满堂问，多半幼稚无聊）。文本解读能力较强，才能避免低水平的提问，从而提升教学活动的价值。

成功的教学，须先有合理的预设。课堂教学是中心环节，但其质量多半取决于上课之前的备课所形成的预案；而阅读课预案的质量，则在很大程度上取决于教师的文本解读。

某次古诗鉴赏的复习中，我准备从学生最熟悉的古诗入手，强调文本理解的重要性。我以孟浩然的《春晓》为例，先要求学生背诵，然后出示其文本内容："春眠不觉晓，处处闻啼鸟。夜来风雨声，花落知多少。"接下来，我问学生是否都懂得了此诗，大家表示懂得了。一些学生说此诗表现了孟浩然的闲适，一些学生说此诗表现了春天的生机。

于是，我要求学生对文本进行分析。如何分析？先确定每句诗的语义，再分析诗句之间的语义关联。学生分析之后，虽有一些比较正确的见解，但总体上仍未能到位，这时我给出了我的分析。

"春眠不觉晓",是不是表达了闲适呢?这一说法的证据是不充分的。春天的这个早上睡过了头,不知道什么时候天亮了,似乎是有点"闲适"。而这首诗中有没有说到为什么会睡过头?有的,是因为"夜来风雨声"。晚上听到风声、雨声,说明头天晚上存在不眠的情形,诗人——准确的说法其实是叙述者或抒情主人公,出于表达的方便,我不想计较这个——睡得并不安稳。在昨夜醒着的时候,诗人关注的是什么呢?这首诗中也讲到了,那就是"花落知多少"。听着屋外的风声、雨声,诗人想该有多少花在这春夜的风雨中悄然凋零了啊。

以上是诗中的三句,还有一句"处处闻啼鸟"。这是什么意思?这是写春天早上醒来后听到的声音——鸟鸣,不是一两处,而是"处处"。到处都是鸟鸣,这个早上的春天真的是生机一片。

那么,前两句和后两句有什么关联呢?这就要把诗句的意思串通起来,进行联系和比较。前两句写的是春天的早上,说的是"生";后两句写的是春天的夜晚,说的是"死"。前两句中的鸟鸣,是"生"的声音;后两句中的"风雨声",是"死"的声音。孟浩然这首诗写的春天,并非我们所想象的是一个只有生机的春天,这个春天里还有死亡。这不是一个单面向的春天,而是一个既有生又有死的春天。在春天白昼的生机背后,隐藏着昨晚春夜里一场盛大的死亡。这场死亡悄无声息地发生,很盛大,但发生在夜里,不为人所关注,这就传达出了一层生存寂寞的悲感。"生"与"死"的对比,就是这首诗的主题结构。因此,读诗,读文章,一定要前后勾连。

分析至此,可总结出如下几点:其一,鉴赏诗歌,做诗歌鉴赏题,答题方法不是关键,读懂才是关键;其二,阅读理解并不是一件简单的事情,必须理性分析;其三,分析必须首先分析每个诗句的意思,更重要的是寻找到诗句之间的意思是如何取得联系的。

教师的文本解读,决定其预设的教学内容。而教学内容决定组织形式,据此文本解读间接地决定了课堂教学时引导的路径与方法。

在我看来,"教什么"是决定语文教学专业性的关键。不少教师热衷于教学方法,但是当教学内容存在问题时,谈论教学方法是没有意义的。比如小说的阅读教学，如果一位教师对小说的理解仅仅局限于所谓的小说"三要素"，教任何小说都死守之，那么他不可能具有真正高超的教学方法。任何一篇好的小说，都有独特的文本特征和文本个性，要抓住这些东西来教，才能扣住文本的特质。比如，讲鲁迅的《祝福》，我就不会机械地分成"三要素"来讲。我会讲《祝福》中鲁迅语言的精明，包括用词的精准、语言的简而有味以及文本中的语言重复现象；我会讲一个没有知识的社会底层妇女为何临终前所关注的不是物质的匮乏而是精神的困惑；我会讲祥林嫂以既有的社会观念来反抗既有的社会的悲剧性；我会引导学生去思考：是什么样的动力促使鲁迅花这么大的精力去刻画祥林嫂这个人物？为什么他刻画的人物是这种类型而不是那种类型？他想通过祥林嫂这个形象表达自己对生活、对社会怎样的看法？

教师所确定的讲授内容不同，教学的路径与方法就会不同，课堂面目就会大异其趣。进一步说，学生通过课堂教学，所收获的东西也会不同。

四、提要钩玄：观大意与求甚解

阅读，需要提要钩玄。提要，就是"观大意"；钩玄，就是"求甚解"。"观大意"，就是整体把握；"求甚解"，就是辨析精微。

诸葛亮独观大略，陶渊明不求甚解。其实，他们两人的读书方法是一致的，都是观其大意的提要式阅读。诸葛亮是个具有远见的战略家，独观大略，不屑计较文本细节；陶渊明是个疏放的人，不求甚解，求的是阅读的乐趣和意味。但我们读书，不应该只是这样，因为我们追求的是对文本完整和准确的理解。叶圣陶说："陶不求甚解，疏狂不可循。"我们既要"观大意"，又要"求甚解"，要把二者结合起来。

（一）观大意："一言以蔽之"

"观大意"，就是整体把握。整体把握，不是整体感知。确凿无疑，才叫有把握，而感知有可能是不确凿的。要达到整体把握，读得粗疏是不行的。

缺乏对文本的精细分析，整体把握是不可能的。

整体把握，最后表现为"一言以蔽之"的高度概括。孔子说："《诗》三百，一言以蔽之，曰：'思无邪。'"这表现出很高的概括的智慧。我们阅读文本，最后必须能够做到"一言以蔽之"，做到"一语道破"。

对每一个文本，我们都要问一句：这个文本，一言以蔽之，它在说什么？

例如《大堰河，我的保姆》，一言以蔽之，它在说什么？它说的是超越阶级差异的人性。《小狗包弟》，一言以蔽之，它想说什么？它说的是面对不义必须抵抗，逆来顺受是不行的，逆来顺受最终带来的只是一系列的悲剧。"一言以蔽之"，就是要一句话说到位，直抵文本内核，这样才能达到"观大意"。

"观大意"并不容易，常常会遇到障碍。我们要有"观大意"的意识，很多时候读者是麻木的。例如《游褒禅山记》，教材和教参都讲到王安石在这篇文章中的两个观点："尽吾志""深思慎取"。很少有人追问：如果一篇文章有两个不一样的结论并存，会不会导致结构崩溃？事实上，如果两个结论不相关，就会导致结构崩溃。因此，要整体把握此文的文意，势必要对这两个结论的相关性作出分析说明。进一步分析可以看出："尽吾志"，是态度的问题；"深思慎取"，是方法的问题。无论是为学还是做事，首先要"尽吾志"，在此前提下还要"深思慎取"，其间存在前后相续的关系。态度要正确，方法也要正确，这是为学处世的一体两面，二者是统一的。

陶渊明说"好读书，不求甚解；每有会意，便欣然忘食"，意思很明白，这种阅读追求的是"会意"。"会意"之后便是"适意"，很舒服，"欣然忘食"。精神食粮比之物质食粮，味道更为深远。我们要注意，陶渊明说"不求甚解"，并非不寻求对文本的正确理解，而是读书的用意不在文字皮相上斤斤计较。

我这里说的"求甚解"，是指寻求深微的理解。所谓"深微的理解"，包括两个方面：一是深入的理解，这就是"深"；二是精细的理解，这就是"微"。文章的精义，常在深微处。叶圣陶说："甚解岂难致，潜心会本文。作者思有路，遵路识斯真。……一字未宜忽，语语悟其神。"他提出了"求甚解"的方法，一是把握文本内部的思路，二是研究文本字句的细节。

（二）求甚解：刨根究底

"求甚解"，既要在宏观上把握文本的人思路，又要在微观上斟酌词句，"刨根究底"。例如教学《逍遥游》时，我曾向学生提出一个问题："大鹏是逍遥的吗？若不是，你能举出一个绝对自由的例子吗？"读过参考资料的学生受资料的影响，都说大鹏不是逍遥的，不是绝对自由的。然而，他们无法举出"绝对自由"的例子；好不容易想出"绝对自由"的例子，也会遭遇我的反驳，证明那仍然是有限的和不绝对的。最后我们达成共识："绝对"是无法被描述的；企图用具象的方式展示无限的任何努力，必然会遭遇失败。《老子》中讲"道可道，非常道"，道家讲"得道忘言"，佛家讲"言语道断"，大概都是这个意思。

观察《逍遥游》这篇课文的思路会发现，"小大之辩"是贯通全文的。比较有规模的"小大之辩"有三组："鹏"和"蜩与学鸠"，是第一组；"朝菌蟪蛄"和"冥灵大椿"，是第二组；"知效一官，行比一乡，德合一君而征一国者"与宋荣子列子，和"乘天地之正，而御六气之辩，以游无穷者"，是第三组。为什么要安排这么多"小大之辩"？为什么文中奚落"蜩与学鸠"而凸显大鹏境界的高远恢弘？不难看出，文本的意思还是要强调"大"的正面价值。"大"到了极限，便是无穷。文中反复进行"小大之辩"，意味着在庄子看来，最高境界实际上是通过不断发展、不断超越而形成的。当超越到不再有可超越的对象时，便是"逍遥游"了。

有人或许会反驳说：绝对的"逍遥游"是"无所待"的，然而鹏还是需要"去以六月息者也"，它还是"有所待"的。我认为这是对"无所待"理解不正确导致的。"若夫乘天地之正，而御六气之辩，以游无穷者，彼且恶乎待哉？"一般人把"待"理解为"凭借，依靠"，其实是错误的。如果是正确的，那么"乘天地之正，而御六气之辩"，是不是意味着"天地之正""六气之辩"也是一种凭借和依靠呢？若无"天地之正"可乘，"六气之辩"可御，就没办法逍遥游了。正确理解"无所待"的意思，是一个关键。"待"，其实就是"等待，对待"的意思，"无所待"就是不再有可等待的，没有对立面，也就是"齐物",是庄子所谓的"天地与我并生,而万物与我为一"。在这种对立面已经消失的逍遥境界中,才会有"至人无己,神人无功,圣人无名"的"三无"结论。

鹏的形象,就是"逍遥游"的象征。庄子想要向对"逍遥游"一无所知的读者说明这种境界,于是采用了直观的方式,用鹏的形象来呈现。然而,他陷入了麻烦,因为这种超越性的终极境界是无法用形象和语言加以描绘的。一旦描绘出来,执着于形象而境界有限的我们,还是只看得到有限。就像禅宗里的和尚伸出指头向我们指示月亮所在,而我们这些从未见过月亮的人,纷纷把他的指头当作月亮了。其实,古代早有注家告诉我们,"化而为鸟,其名为鹏","化"字是一个关键;"化"字之后的大鹏,只是一个虚像,不要过于着实。要把握文章精义,求得甚解,很不容易。

(三)"求甚解"离不开文本细读

"求甚解",离不开斟酌词句,离不开文本细读。文本解读能力强的人,通常对文本细节非常敏感。

例如李白的《春夜洛城闻笛》:"谁家玉笛暗飞声,散入春风满洛城。此夜曲中闻折柳,何人不起故园情。"尾句直接点明"故园情",看起来很直白。但敏感的读者会追问:李白听到笛声而有"故园情",直说"我心忽起故园情"即可,为什么说"何人"呢?"何人不起",意思是"无人不起",任何人都要生起,为什么呢,对此需要一个合理的解释。在这句诗中,"故园情"显然不只是李白的,也不只是某一个人的,而是"所有人"的。当然,"所有人"不应该包括洛阳本土居民,因为他们的故园就在这里。"何人"是强调人之多,而这些人都是来自洛阳之外的外地人。洛阳为什么会有这么多外地人?因为此处是大唐的东都。那么,这些人就应该是在东都奔走于功名之途的人,他们或许在功名之途上疲惫了、失望了、厌倦了,所以在这个夜晚听到折柳曲,忍不住思乡了。故乡是一个温暖的地方,大唐的东都显然缺乏必要的温度。抓住"何人"分析下去,我们就把握住了文本中幽微的地方。解读文本到了这种境界,就叫作"洞幽察微"。

文本细读，就是要细心斟酌品味，一字一句皆不放过，读出文本细节中蕴藏的信息、字面背后的意思。对文本的发现，常常有赖于细读。细读的要点是精细、多思。

例如赵执信的《秋暮吟望》：“小阁高栖老一枝，闲吟了不为秋悲。寒山常带斜阳色，新月偏明落叶时。烟水极天鸿有影，霜风卷地菊无姿。二更短烛三升酒，北斗低横未拟窥。”这首诗是扣住诗题展开的。首联说"小阁高栖"，住在高处，就有了"望"的条件；颔联和颈联是写所"望"到的秋天景象。尾联"二更短烛三升酒，北斗低横未拟窥"，也是扣住"望"来写的，但它写的是"望"的反面，望到最后不望了。结尾为何不写"望"，而写"不望"了呢？这就要认真研究尾联词句。"未拟窥"，就是说不打算去看了。不去看什么呢？不去看"北斗低横"。为什么不看"北斗低横"？在这里，"北斗低横"具有双关性含义。表浅意义是指一种自然现象，秋天夜晚北斗七星到后半夜斗柄会打横向下。但这里有深层含义，中国古人认为北斗是天帝之车，象征着朝廷政治，所谓"北斗低横"，是指朝纲不振，朝廷政治失态失序。理解至此，我们才懂得，"老一枝"的终老山林，其实是有原因的，是无奈的；这位隐士那么悲伤，一个人寂寞地喝寡酒喝到深更半夜，内心是极其痛苦的。他的痛苦，本质上是对政治的失望。秋暮吟望，他望到的秋天是衰飒凄冷的，到最后终于连"望"都懒得"望"了。整首诗的末尾，"望"变成了"不望"或"绝望"。

五、文本解读和教学都要基于理性分析

讲理性，就是要讲分析。分析是诉诸理性的，理性的都是可分析的。

要讲分析，就必须反对含糊，反对以"感受""感悟"替代分析。文本解读当然必须是理性的。阅读教学首先是诠释文本，也当然是理性的。

（一）《台阶》的主题究竟是什么

《台阶》是初中语文教材（人民教育出版社2015，八年级下册）中的一

篇小说。

先看教材上的单元主题。单元说明提示为,以"爱"为主题,"……让我们从课文中感悟到'爱'这种博大的感情……"如果我们带着这样的主题意识通读全文,不免疑惑:《台阶》表现的是父子之爱,或一个父亲对他的家庭之爱吗?如果是,它是如何表现的?有哪些证据呢?如果仅仅因为这篇文章的主角是"父亲",就想当然地认为本文是表现"父爱"的,这是不负责任的,是缺乏证据和分析的。

在文中,造屋是父亲一生的事业。文中提到"地位",台阶似乎象征着地位。台阶真的是"地位"吗?新屋造好后,地位真的就提升了吗?如果不是地位,那是面子,抑或自尊?那么,为何在新屋造好的光荣时刻,在人生中这个辉煌的顶点,父亲非但没有扬眉吐气,反而表现出窘迫、尴尬与不自在呢?

细读文本后,联系全文第一句"总觉得"、文中"从没觉得有地位",以及父亲造屋的不懈努力,可得出结论:台阶象征的是中国农民追求自尊这一基本的人性要求,努力造屋,提升台阶,其实不过是为了满足这种基本要求。但是,他们长期处于且总是处于社会底层而形成的卑微感深入骨髓,这是无论怎么努力都无法被真正克服的——这就能够解释为何父亲造好新屋和台阶后仍然无法舒展自己的这个现象。因为卑微,追求自尊;但深入骨髓的卑微感,已然使得他们不可能摆脱卑微而享有尊严——这种矛盾或悖论所展现出的悲剧人生,乃是此文本主题之所在。更广义地说,如王尔德所言,人生有两出悲剧,一是所愿不成,二是成其所愿。这是人类的普遍处境,无法逃脱。当然,这样引申就距文本较远了。

(二)《从百草园到三味书屋》:细节通于主题

再看鲁迅的《从百草园到三味书屋》。下面我重点分析文中的几个细节。

三味书屋的先生是一位学问渊博的宿儒,但他对"怪哉"虫的问题却不作回答,而且脸上还带着怒色,这是怎么回事?

东方朔是汉武帝的一个弄臣,有文采,是个很有想法的滑稽人士。这位先生是一位学问渊博的宿儒，一个孩子都知道的典故，他应该也知道。文中写他非但不答反而发怒的这个细节，其实是有意为之，是为了表现这位先生有别于滑稽者流的、纯正的儒士风范和正统的儒家立场，这对塑造人物形象是有用的，绝非闲笔一句。

文中百草园部分的最后一段写道："我不知道为什么家里的人要将我送进书塾里去了，而且还是全城中称为最严厉的书塾。也许是因为拔何首乌毁了泥墙罢，也许是因为将砖头抛到间壁的梁家去了罢，也许是因为站在石井栏上跳下来罢……都无从知道。"一串排比"也许是因为"，罗列了很多种可能的原因。为什么这样写？细细咀嚼后不难领会到，这是模拟儿童心理的猜测，这串排比句的内容，统统是儿童为所欲为的调皮捣蛋，它不止丰富饱满地表达了百草园是一个自由放肆的儿童乐园，同时也暗含着在儿童潜意识里对接受教育的恐惧：教育是因为自己犯了错误，教育就是接受惩戒。

鲁迅是文学大家，文章极为讲究，文中值得体察的细节还很多。"后来，我们的声音便低下去，静下去了，只有他还大声朗读着：'铁如意，指挥倜傥，一坐皆惊呢～～；金叵罗，颠倒淋漓噫，千杯未醉嗬～～……'我疑心这是极好的文章，因为读到这里，他总是微笑起来，而且将头仰起，摇着，向后面拗过去，拗过去。"惜墨如金的鲁迅为什么要引用这段文字？这段思想性、艺术性都不高超的文字为何令老师这样陶醉？这段文字出自清人刘翰的《李克用置酒三垂岗赋》，是渲染李克用倜傥得意的。李克用号称"独眼龙"，常冲锋陷阵，性格勇猛刚健，其人智勇双全。特写老师对这两句的陶醉，其实折射出了老师内心深处的建功立业梦，他非常羡慕李克用指挥倜傥的风采和得志酣畅的境界，然而，他早前的这个梦显然没能实现；他此时沦落到三味书屋，成为一个教授孩童的私塾教师。这一节文字，十分含蓄地折射出这位老师的人生悲哀。

《从百草园到三味书屋》，读一两遍，你会觉得有趣；读上几十遍，你会落泪。这篇文章其实表现了人生的悲哀与沉沦：百草园是完全自由的童真世界，三味书屋则是人类社会的力量第一次对一个儿童的人生进行了明确的和系统的干预。干预的结果就是：快乐与自由在递减。文章在"百草园"与

"三味书屋"之间的转换,即揭示了这样的一个趋势。文章的末尾也耐人寻味,用同窗的变化结束全文,再次向我们昭示了人生的方向——人生就是一个逐渐被世俗化的过程。随着人生进程的展开,社会化不可避免,我们的自由与快乐会递减,我们将远离天性原点,变得越来越世俗和功利。

理解永远是一个理性的行动。对文本的理解,离不开分析。分析文本要基于逻辑和理性,要让文本说话,有一分证据说一分话,找不到证据就不要乱说话!

(三)《咏雪》:情理的分析

语文学科有个特点,文本中常有涉及人情世故的内容。学习数理化知识,你不需要通达人情世故,但学习语文,你应该懂得起码的世故人情。对世故人情的分析,也要靠常识,靠理性。下面以《咏雪》为例作说明。

> 谢太傅寒雪日内集,与儿女讲论文义。俄而雪骤,公欣然曰:"白雪纷纷何所似?"兄子胡儿曰:"撒盐空中差可拟。"兄女曰:"未若柳絮因风起。"公大笑乐。即公大兄无奕女,左将军王凝之妻也。

很多教师在上这一课时都会这样引导学生:"谢安只是'大笑乐'而已,十分耐人寻味。最后补充交代了谢道韫的身份,这是一个有力的暗示,表明谢安欣赏及赞扬谢道韫的才气。"可是这样的阐释,在文中的依据是什么?若说"柳絮"好于"盐",依据又是什么?

其实,还原到人性的角度去理解,我认为谢公当时不会表态,不表态才是明智的。"公大笑乐",是因为这是一次"内集",不是一场才智竞赛,不是为了一决高下。如果他真的说谢道韫有才气,那么那个"撒盐"的侄子就会在这场本该快乐的家庭聚会上闷闷不乐了。不表态,不说哪个水平高哪个水平低,正是谢安的深沉老到之处,他圆润通达的智慧体现无遗。文中最后的一句话只是补充交代兄女的具体身份而已(兄女可能有好几个)。既然文中已明确指出兄子的名字叫"胡儿"了,当然无需就他的身份多此一举再说什么。我们解读文本，要尊重常识，尊重情理，不可凭空猜测、主观臆断。

判断"柳絮"是不是好于"盐"，也要立足于常识常理，引导学生从两者的颜色、质感、给人的心理感受等方面进行比较：盐和柳絮颜色虽然是相同的白色，但盐是晶体，不能像雪一样飘飞；在文学艺术与现实的关系上，盐最可能给人带来的第一感觉是味觉上的咸感，不仅无法与雪发生联系，而且实用性太强，压倒其审美价值，满足不了"美感应与现实功利保持距离"的原则。教师还可以从《诗经》以来运用意象的文化习惯、容易引人美好想象的角度，引导学生理解柳絮的妙处。

对谈一

一、善用分析,准确提取语义信息

准确地提取语义信息,是读懂语句和语篇的前提。这是文本解读最基础的工作,也是文本定性时需着力最多的部分。

对臆断保持警惕

《庄子》中有句常被引用的话:"吾生也有涯,而知也无涯。"这句话常被用来告诫人们要珍惜时光,努力学习。

《庄子》原文其实是这样的:"吾生也有涯,而知也无涯,以有涯随无涯,殆已。"意思是:生命有限,知识无穷,不能用有限的生命去追求无穷的知识。

严格地分析"吾生也有涯,而知也无涯"这句话可知,它并不包含珍惜时光、努力学习的语义,其语义信息仅限于一个事实:人的生命是有限的,而知识是无穷的。

这是对这句话最准确的语义提取。

从"吾生也有涯,而知也无涯"中理解出"珍惜时光,努力学习"的意思,这种思维方式实际上包含着一个隐含的假设前提和一个脱离文本的推理:

假设前提:知识是值得追求的。

由于存在这样的事实:"吾生也有涯,而知也无涯。"(生命有限,知识无穷。)

所以,为了使有限的生命尽可能获取更多值得追求的知识,就要珍惜时光努力学习。

这是一个读者的观念过度干涉文本而导致的理解偏移的典型例子。这告诉我们，对语义的准确提取，必须对主观臆断保持高度警惕，避免脱离文本本身的浮想联翩。

防止割裂：词不离句，句不离篇

提取语义信息，当然需要注意语境。文本中的词句不是孤立的，提取语义要遵循"词不离句，句不离篇"的原则。

例如，"天才是1%的灵感加上99%的汗水。但那1%的灵感是最重要的，甚至比那99%的汗水都要重要"。如果无视语境，仅看"天才是1%的灵感加上99%的汗水"这一句，可能获得的语义信息就是：勤奋是最重要的。但联系后面的话可以看出，这段文字的意思其实是：灵感比勤奋更重要。

如果更加精细地分析，便可以得知，"勤奋是最重要的"也是一个过度解读，犯了与上一个例子中相似的错误。"天才是1%的灵感加上99%的汗水"，仅仅指出了"天才"所包含的两个要素——"灵感"和"汗水"——及其比例关系，并未指出"灵感"和"汗水"何者更为重要。这个定性是重要的。而解读者受到"1%"和"99%"两个悬殊的数据的诱导，误以为数量上占据优势的会重要一些，而这不过是一种主观上的判断，不一定正确。这种不一定正确的观念被悄然添加进来，使得我们对语义信息的提取变得不那么精确了。

含蓄表达的背后是什么

对于日常表达的一般语句，提取语义是容易的。这就是为什么实用类文本的解读通常比较简单。而文学类文本有时候语义比较含蓄，提取语义比较有难度。

下面这段文字，讲了一个比较含蓄的故事，"祖母"的故事在其中隐约其辞。如果你读了一遍之后没看明白，说明读得不够细致。如果你想看得更明白,就需要根据后面提出的几个问题,再来仔细阅读一下原文。

我的一个学生,向我讲述了他的一段经历。

有一天,他从家里的一个旧箱子里翻出来几张老照片。照片拍的是同一个人,一个风姿绰约的美女,服饰打扮在今天看来也显得大胆而前卫。他连忙拉过父亲询问,父亲说:"这是你的祖母。"

这让我的学生大吃一惊。看父亲和母亲,平时是那么谨慎、朴素、节俭,只要走出家门几步就立即融入灰暗的人流中再也无法找到,居然,他们的前辈是那样一副模样!

我的学生愣了片刻便相信了,因为照片上美女的眉眼神色,与父亲非常相似。

于是,一场艰难的问答开始了。凡是父亲最含糊其辞的地方,恰恰是我的学生最大的兴趣点。

这使我的学生产生一种有关自己生命来历的好奇,不久,他就带着那几张照片来到了老家的小镇。

认识祖母的老人还有一些。奇怪的是,本来以为最知情的老太太们都说不出太多的东西,而那些老大爷却目光炯炯地看着眼前的年轻人,扑朔迷离地说出一些零碎的细节。

几天下来,我的学生锁定了三位老大爷重点探问。结果,他越来越迷惑:自己的祖父有可能在这三人中间,也有可能不是。他离开小镇时有点慌张,甚至不敢看任何一个路边的老年男人。他还犹豫,要不要把这几天的经历告诉父亲。

我看着这个学生,只说了一句话:"你只需知道,自己有美丽的基因。"

这个文本有很多暗示性。解读的时候,有几处需要认真斟酌,以准确提取语义信息:

①为什么这对父子之间的谈话会是"一场艰难的问答"?父亲为什么要"含糊其辞"?

②为什么说父子之间这场谈话之后,会使得"我的学生产生一种有关自己生命来历的好奇"?

③那些老太太和老大爷都是"认识祖母的老人",为什么老太太们"都说不出太多的东西",而老大爷却能?"目光炯炯""扑朔迷离"这样的用词,暗示了什么?

④"自己的祖父有可能在这三人中间,也有可能不是"这句话表意相当清楚,这与前文说祖母"风姿绰约""大胆而前卫"有无某种关系?

⑤为什么说这位学生"甚至不敢看任何一个路边的老年男人"?

⑥最后"我"说"你只需知道,自己有美丽的基因",是在告诉学生什么?

把这几个问题想清楚了,就读懂了这段文字。"祖母"可能与很多男人都存在着关系,"这位学生"的祖父是谁,是找不到答案的——在"我"看来,不必寻找这个问题的答案:生命的来历是什么,并不重要;生命本身"有美丽的基因",这才是重要的。

这个例子说明,提取语义信息,在准确把握词句本身的语义的同时,需要前后勾连,发现不同语句之间语义的关联。

《涉江采芙蓉》是游子诗吗

《涉江采芙蓉》是古诗十九首中的一首,内容是:"涉江采芙蓉,兰泽多芳草。采之欲遗谁,所思在远道。还顾望旧乡,长路漫浩浩。同心而离居,忧伤以终老。"

初读此诗,我们容易注意到一些看似关联度很紧密的信息,"所思在远道",思念的对象在很远的地方,而紧接着的"还顾望旧乡,长路漫浩浩",也明确给出了"远"的信号。这样,这首诗似乎可以定性为一首望"旧乡"而难归的游子诗。

但是,这种判断是粗疏的,经不起进一步的推敲。继续观察和分析下去——

如果上述判断能够成立,那么"涉江采芙蓉"者,就是离乡游子了,但是:

①采摘芙蓉,通常是南方水乡女子的行为。

②根据"采之欲遗谁,所思在远道",采得的荷花要送给某个人,而这个人不在此处,在远方奔波("在远道")。通常,女子在家,在外奔波者应为男性。

③"还顾望旧乡,长路漫浩浩",是思念远方的家乡。"远道"没有"故乡"的含义,一般地说,"远道"通常是远离"故乡"的地方。

由此可见,初读时所得出的判断是存在问题的。符合逻辑与情理的理解是:

①前四句是写女子在家乡采摘荷花,但她所思念的人在远方,荷花不能送到她钟情的人那里。

②五六句是女子的想象:想象自己所爱的人在远方回望故乡,但他看到的只是漫漫长路,无法归来。

③七八句明确的语义信息是:男女双方心意相通但相互分离,而这位女子的忧伤将延续到老死。

上面的理解能够圆融地解释这一诗歌文本,而不致发生解释的矛盾。而且,采花者与望乡者分别是相爱的女方与男方,则使得后接诗句"同心而离居"的表述有了依托,文本的逻辑性更加明显。如果更精细地提取语义信息,我们还能够发现:

①这位男子与这位女子,他们曾经在一起,他们的家乡是同一个地方。他们在文本不曾指明的某个时间产生了爱情,而此时处于分离的状态。

②"同心而离居,忧伤以终老",说明他们之间此时可能不存在

夫妻关系——既然"同心",那就渴望团聚,不可能永久"离居";而"忧伤以终老",不仅说明这位女子此时思念的绝望,也暗示他们的团聚在此生已几乎不可能。从一般的情理上来推测,"同心"的夫妻即使分离也不可能是永久的,更不可能"终老"不能团聚。

提取语义信息,不但要准确,而且要充分。只要是文本中实际存在的语义信息,都应该尽量提取出来,这样才能实现充分的解读,这样的解读也才够得上"细读"。这样来定性,才不会导致语义信息遗漏。通过上述分析,我们也发现,这首诗并非游子诗,它更近于后代的闺怨诗。

二、整体分析的逻辑性:以《愚公移山》为例

看清文本事实:是愚公移走了这两座山吗

《愚公移山》是一篇寓言。对于寓言,我们会本能地去挖掘寓意。《愚公移山》这篇寓言的寓意,一般人认为是在困难面前,要积极发挥人的主观能动作用。

寓言的寓意究竟是什么,这需要实事求是的分析。而分析的基础,就是事实与逻辑。我们要把握住文本中存在的事实。

要对文本题目进行思考:既然题目是"愚公移山",那么是不是愚公移走了这两座山呢?这个标题给我们的一般印象是愚公移走了山。然而回到文本,会发现一个事实:愚公本人并未移走这两座山。他有移山的愿望,但实际上他缺少实现这个愿望的能力。固然,"子子孙孙无穷匮也",一代一代地移,一定可以逐渐削减山的高度。但我们需要更深入的观察和思考:移山的工作量巨大,"方七百里,高万仞";移山的效率低下,"寒暑易节,始一反焉"。按照这样的效率来做这项工作,任何理智的人都不难明白,这两座山通过人力是基本上没办法移走的。那么,是谁最后移走了这两座山呢?不是人,而是神。

努力回到文本中的基本事实——文本中其实提供了很多基本事实。做文本解读,首先要去观察文本内部究竟存在哪些最基本的事实。

最基本的事实是：不是愚公把山移走了，而是"夸娥氏二子负二山"——是两个神把山背走了。

为什么神要来帮愚公把山背走？是因为有天帝的命令。

为什么天帝要发出这个命令？因为"感其诚"。天帝对愚公的诚心非常感动，于是派两个神把山移走了。

愚公固然有移山的愿望、移山的行动，但他确实没有移山的能力。事实上，他也未能依靠自己达成移山的结果。他确实发挥了自己的主观能动性，但是这个主观能动性并不足以使这两座山消失。

在愚公和智叟的对话部分，我注意到了"智叟""愚公"的名字的特征。这两个名字很有意思，是文本作者刻意安排的，有其特定含义。从整个事情的结果来看，是天帝派神把山移走了，而人类无论"智"或"愚"都不能达到这样的目的。天帝为何要这样做？是因为感动于人的"诚"。这就是说，"诚"是联结人与神的方式，而"愚"和"智"不是。"愚"和"智"属于智力范畴，"诚"——诚心、赤诚，不是一个和智力有关的问题。"诚"是一种心灵的状态。这里显示的道理，其实是我们耳熟能详的：心诚则灵。

"诚"是我们接近神的唯一方式

对此，我有一个更进一步的表述："诚"是我们接近神的唯一方式。它和我们通常所说的智力没有关系。

为什么"诚"的是愚公，而不是智叟？从人类生活的一般情况来讲，"愚"和"诚"往往更可能相关联，有个词语就叫"愚诚"：一个比较愚笨的人，用心往往更容易诚；一个所谓聪明的人，反而容易流于摇摆、多疑、狡猾、奸诈。所以，"诚"的是愚公，而不是智叟。《愚公移山》这个文本最核心的就是提出了"诚"是感动上天、接近神灵的方式。

"愚"和"诚"有更高的关联度，这和道家"绝圣弃智"的思想有关系。在文本中我们可以看出，愚公是正面人物，但只靠人自身的努力，可以解决一些世俗的小事情，却无法解决终极性的大问题。最终还是要靠"诚"，通过它我们才有可能抵达上帝（天）。

那么能否这样说，很多事情人是无法完成的，只有神才能完成？不能，因为移山的愿望最后是实现了的。只要有"诚"，就可以创造奇迹，就可以通过接近神灵来创造奇迹、达到目的。当我们有了"诚"，就可以接近神灵，就可以通灵，就有非凡的效果出现。这就是本文的主旨。

回顾我们的讨论过程，第一重要的就是要看清文本事实。一般人看到这个题目，就以为是愚公把山移走了。其实，"愚公移山"这个题目并没有准确地描述结果。愚公确实有移山的动机、决心、诚意，但他自己的行动并没有达成移山的结果。

下面附上郭初阳《愚公移山》课堂实录中所展示的外籍教师的看法。这种看法表明，他确实不理解中国道家的文化：

> 但是他开始了一项他自己都知道不能完成的工作，这让我觉得很奇怪。他的说法是："子又生孙，孙又生子。子又有子，子又有孙，子子孙孙无穷匮也。"他指望这项工作能够持续下去，他的家人能继续他想做的事。在西方，至少如果我的父亲开始了这项工作，他不会指望我去完成，他会自己完成它。
>
> 这是一项机械的工作。它运用的是体力，而不是脑力。很显然，故事里没有提到他的女儿，没有涉及女性，除了那个寡妇。而她之所以重要，是因为她失去了丈夫。我认为这是很重要的一点。如果这个故事发生在英国，故事里会出现更多的女性，可能会有一个女主角，而不像在这里，主角都是男性。
>
> 这是关于一个愚蠢的老头的故事，他有一个荒谬愚蠢的想法——移山。我想说的是，如果在西方，我们不会想到移山，我们会绕道而行。
>
> 他叫愚公，如果你了解中文，就会了解一点他的名字的含义。他的名字是什么意思？"愚"是愚蠢的意思，"公"的意思是老人——一个愚蠢的老头。但他愚蠢吗？这是个问题，因为在最后，他确实做到了。

也许我可以认为他是一个疯狂的老头，他有一个梦想，而且会说服他的家人追随他的梦想。我很想问的是，为什么他不在年轻力壮的时候做这件事呢？（现在他这么老了还要其他人来继续他自己未完成的事情）

"愚公移山"的关键不是"移"而是"愚"

安排智叟这个人物的出现，是为了反衬愚公的一心一意吗？

是强调愚公移山的决心。他的决心很坚定，一心一意想移。"我之后，我的儿子移，我的孙子移。""无穷匮"地移。他的决心很大，希望移山这件事情一直贯穿他的家族的整个生命系列，无限贯通，表现了他的决心之强。

这一段和愚公移山这件事情本身，看起来没有什么关系。它是一个插曲，但这个插曲很重要。

首先，它引入了一个人——智叟，这样"智"和"愚"的关系才能建立起来。而智叟先是谈到了智力问题——"甚矣，汝之不惠"。按照一般的思考，凭借你这个只剩残年余力的老头儿，怎么可能把山移走？其实，他（智叟）的话是对的，至少从世俗的经验来看是对的。

其次，建立"愚"和"诚"之联系。愚公的"诚"，属于"愚诚"。愚笨的人通常心思单纯，在现象层面比较接近"诚"；聪明的人通常心思复杂，在现象层面离"诚"较远。就一般观察来讲，愚笨的人近于诚实，聪明的人近于奸猾。所以，愚公比智叟更近于"诚"，他一心一意，用心端直，比智叟更有感动上天的可能。

再次，愚公的话，强调了通过生命的序列、一代一代的努力，最后把山移走的想法。一方面，表现了他的决心；另一方面，又和后边的结果形成对比关系：并不是你或者你的子孙把山移走的，而是"帝感其诚"，派夸娥氏二子把山移走了。这样就形成了一种对比性关联，说明奇迹最终是由神创造的，依靠神力才能创造奇迹。而这个神，是可以被人的"诚"感动的。当你的诚心感动了上天，奇迹就有可能发生，所以这一段还是很重要的。

智叟这个人物的出现，固然重要，但结局更重要。如果结局就是一代代挖下去，那它就不是寓言，完全成了写实。后面因为有神灵出现，一般人才会认为它是寓言。如果结尾是愚公不断地挖，却没有移走山，山固然会被挖掉一些，但却看不到有什么本质性的变化。你看到的，将只是人类徒劳无功的执着。

在解读和教学中，这个文本有没有一个好的切入点呢？

文本解读和阅读教学，要追求"纲举目张"。"纲举目张"就是要直击核心，抓住关键。就这个文本而言，这篇课文的题目中就有一个最关键的字，通过这个关键字，可以找到一条分析文本的线索。

"愚公移山"，关键不是"移"，而是"愚"。为什么？第一，是愚公在移山，讲"愚"可以附带着讲"移"；第二，愚和智构成一种反义，这就把智叟这个人物也盘活了。抓住了"愚"，可以尽可能地覆盖文本内容。

我已经说过：山最终是否被移走和人的聪明与否是没有关系的。抓住了"愚"，可以进一步带出"诚"，"诚"才是本文文意的真正要害。"诚"一出来，文本主旨就豁然开朗了。

在文本解读和阅读教学中，存在一个通病：用评价代替理解，评价过早地介入理解。比如这个文本，在没有真正读懂时，就率然断定文本是表现执着、进取、不断努力的民族精神，然后在课堂上找一些文本信息给其贴上这个精神标签。这不是实事求是的文本解读，也不是尊重文本的阅读教学。

诚就是无欺之初心

"诚"是心的真实、赤裸的状态，但不能简单地把它说成是人的"能动性"。

"能动性"意味着先有一个发心，然后自己去努力。愚公想要移山，这个意愿、动机，就是发心。发心之后去做，这就是行动。

"诚"不一样，"诚"是一种心灵状态，是一种纯一赤裸、朗然无欺、毫不旁骛的状态。作为状态，它是静止的。儒家经典《大学》里讲"正心诚意"，"正心"就是心归于本位，不偏不倚；"诚意"是指心地真实，明白，没有尘埃遮蔽（此处的尘埃就是六祖慧能那个著名偈子"何处惹尘埃"中的"尘埃"）。它本身没有指向性，既不指向自己，又不指向外部，就像一轮明月,自在地、明白地、安然地挂在天空。

"诚"是"无欺"的,没有欺骗,没有变形。完全是初心,垢染还没有发生。这颗心完全坦白、裸露,有点像佛教里的说法,很难描述。

要达到"诚",其实是很难的。一般人的心,有很多杂质、杂念。每当我们突发一个念头,在不知不觉中通常会伴随另外的念头(包括与该念头相反的念头),这就叫"疑"。当一个念头在心头出现,我们的心会立即对这个念头加以审视、评估甚至怀疑,众多念头涌起,而后才会进行选择、分析和判断。这就是为什么人有很高的灵活性,随时可以转向。因为心不单一,念头复杂,思维随时变动。主要念头生起,同时也有很多次要念头暗中涌动,只是你未必意识到。人这种普遍的心灵状态,在我们应对现实世界时,表现为意念随时转换、选择随处发生。但"诚"这种状态却是纯一,只有一念,不会有其他念头伴生。愚公的心念没有转换,没有选择,这就是一心一意,就是"诚"。

很多时候,"诚"和信仰有关。心诚的人才会有真实的信仰,宗教是强调信仰的。从宗教的意义上说,"诚"是接近神的唯一途径。

练习设计与文本解读:"课后习题"的价值何在

这篇课文的课后习题是:"愚公真的很愚。大山挡住了路,自己去挖山本来就傻,为什么还叫子子孙孙去吃这苦头?绕开山路或者干脆搬家不就行了吗?"(人民教育出版社2006,九年级下册)

有些教师觉得这样的题目很好,能让学生的思维有思辨性。其实,这类题目的设计,表现出了对文本主旨的解读不正确,没有到位,没有看到"诚",这才是问题的关键。

这类练习题的设计,其实有一个很大的缺点。它没有考虑寓言的寓意,完全回到了世俗经验,讨论世俗的问题,不仅没有读懂,而且使这篇文章失去了价值。从世俗的生活经验来讲,当你家住深山,山挡住了路,这件事情让你极其痛苦,你的明智选择肯定是搬家,这样才能解决这个问题。然而,这实际上是回到世俗经验层面,却没有扣住这个寓言的寓意,没有观察到文本的特点是寓言。

抛开课文文本来讨论这些问题，还是有价值的。但这类题目在这里并不合理，没有讨论的必要。为什么？因为文本本身并不是讨论我们是要傻乎乎地去挖山，还是要灵活地搬家；并不是"愚蠢的执着"和"聪明的灵活"的矛盾，文章是在讲"诚"。这类习题的存在，说明了编者没有读懂这篇文章。这样的题目拿到课堂上，就会出现很热闹但却偏离文意的讨论。

素读批注，寻找有价值的教学内容

我们不借助参考资料自己素读课文时，作批注是一个发现有价值的教学内容的好方法。

作批注，就是写出批语注释。这个过程既是对文章的分析、品评，又是我们自己消化、吸收、转化的过程。

作批注，有两个做法很适合教师。第一，做提要。边读边思考，用精练的语言把文中的精要批写在相关语段旁边；第二，写批语。读书时，把阅读文本时产生的、自己觉得有价值的各种感想、见解、疑问，随手写在书的空白处。当然，这些东西不见得非要写在书上，写在本子上也行。

下面是我对朱光潜的《咬文嚼字》作的一个批注。作完批注之后，我觉得这篇文章所谈的主要观点，"咬文嚼字，在表面上像只是斟酌文字的分量，在实际上就是调整思想和情感"，在当今已是价值不高的老生常谈，学生不会喜欢这种说教；而其中所谈及的若干例子，倒是很能启发学生的好材料。于是这篇课文的教学，我就定位在对这些例子的分析品鉴上。

咬文嚼字

郭沫若先生的剧本《屈原》里婵娟骂宋玉说："你是没有骨气的文人！"排演时他自己在台下听，嫌这话不够味，想在"没有骨气的"下面加"无耻的"三个字。一位演员提醒他把"是"改为"这"，"你这没有骨气的文人！"就够味了。他觉得这字改得很恰当，他研究这两种语法的强弱不同，以为"你是什么"只是单纯的叙述语，没有更多的意义，有时或许竟会落个"不是"；"你这什么"便是坚决的判断,而且还把必须有的附带语省略去了。根据这种见解,他把另一文里"你有革命家的风度"一句话改为"你这革命家的风度"。

【批注】"你是没有骨气的文人!"郭沫若感觉到这个句子不够味,他的感觉是对的。他想在"没有骨气的"下面加"无耻的"三个字,是企图用形容词来加强表达力量。这个思路是错误的,也是一般写作者容易犯的毛病。与动词相比,形容词其实是最缺乏力量的,因为它过于抽象。有的作家刻意避免形容词的使用,如海明威等。

在"没有骨气的"下面加"无耻的"三个字,不但无法加强表达力量,反而会造成语言的冗赘。既然"没有骨气",当然也就近于"无耻"了。而且,"你是没有骨气的无耻的文人!"这样的句子长度增加了,作为剧本中表达强烈谴责情绪的台词,对演员的肺活量构成太大的考验。更重要的是,句子长了,就不够简洁有力了。

这是炼字的好例,我们不妨借此把炼字的道理研究一番。那位演员把"是"改为"这",确是改得好,不过郭先生如果记得《水浒》里的用语,就会明白一般民众骂人,都用"你这什么"式语法。石秀骂梁中书说:"你这与奴才做奴才的奴才!"杨雄醉骂潘巧云说:"你这贱人!你这淫妇!你这你这大虫口里倒涎!你这你这……"一口气就骂了六个"你这"。看这些实例,"你这什么"倒不仅是"坚决的判断",而且是带有极端憎恶的惊叹语,表现着强烈的情感。"你是什么"便只是不带情感的判断,纵有情感也不能在文字本身上见出。不过它也不一定就是"单纯的叙述语,没有更多的含义"。《红楼梦》里茗烟骂金荣说:"你是个好小子,出来动一动你茗大爷!"这里"你是"含有假定语气,也带"你不是"一点讥刺的意味,如果改成"你这好小子!"神情就完全不对了。由此可知"你这"式语法,并非在任何情形之下都比"你是"式语法来得更有力。其次,郭先生援例把"你有革命家的风度"改为"你这革命家的风度"，似乎改得并不很妥。"你这"式语法大半表示深恶痛疾，在赞美时便不适宜……在"你这革命家的风度"中，"风度"便变成主词，和"你（的）"平行，根本不成一句话。

【批注】朱光潜说"'你这'式语法大半表示深恶痛疾，在赞美时便不适宜"，其实是值得再推敲的。有时候，人们表达喜爱之情，很可能会用"你这傻瓜""你这负心郎"之类的说法。

"你是什么"与"你这什么"的不同，我觉得首要在于句型的差异。"你是什么"是完整的判断句型，完全符合语法规范。这种判断句型具有普通性和规范性，平稳、妥当、理性，较难传达特殊的情绪。在"你"与"什么"之间，隔着一个表示判断的"是"字。而"你这什么"句式特殊，直接把"你"与"什么"不假思索地等同了起来。"不假思索"这个词在这里意外地准确，在"你是什么"这种句法中，"是"表示存在一个判断的思维动作。在"你这什么"中，这个思维动作被取消了。"你这没有骨气的文人"一句中，"你"不假思索地等同于"没有骨气的文人"了，这个判断更多地体现出情感的而非理性的。

至于"你这革命家的风度"的说法，朱光潜分析得很对。这是个病句。"你"="革命家的风度"，谁都知道这样的等式完全是荒谬的。"你"是人，"风度"不是人，二者在逻辑上根本不同类。

    这番话不免啰嗦，但是我们原在咬文嚼字，非这样锱铢必较不可。咬文嚼字有时是一个坏习惯，所以这个成语的涵义通常不很好。但是在文学，无论阅读或写作，我们必须有一字不肯放松的谨严。文学借文字表现思想情感；文字上面有含糊，就显得思想还没有透彻，情感还没有凝练。咬文嚼字，在表面上像只是斟酌文字的分量，在实际上就是调整思想和情感。从来没有一句话换一个说法而意味仍完全不变。例如《史记》李广射虎一段：

    "广出猎，见草中石，以为虎而射之，中石没镞，视之，石也。因复更射之，终不能复入石矣。"这本是一段好文章，王若虚在《史记辨惑》里说它"凡多三石字",当改为"以为虎而射之,没镞,既知其为石,因更复射,终不能入"。或改为"尝见草中有虎,射之,没镞,视之,石也"。在表面上看,似乎改得简洁些,却实在远不如原文。"见草中石,以为虎"并非"见草中有虎"。原文"视之,石也",有发现错误而惊讶的意味,改为"既知其为石"便失去这意味。原文"终不能复入石矣"有失望而放弃得很斩截的意味,改为"终不能入"便觉索然无味。这种分别,稍有文字敏感的人细心玩索一番,自会明白。

【批注】朱光潜的分析基本上是正确、到位的。至于他说"原文'终不能复入石矣'有失望而放弃得很斩截的意味",则不够妥当。在我看来,李广之所以"复更射",是为了证实他自己是否有射箭入石的神力,接下来说"终不能复入石矣",是李广尝试多次再也射不进去,"终"暗示他最后的不甘与失望,根本没有放弃得"很斩截"的意味。《史记》中这一节叙述李广射虎,说"李广见草中石,以为虎而射之,中石没镞",其实是人类常有的应激反应,在极端时刻,人可能表现得分外神勇。

有些人根本不了解文字和思想情感的密切关系,以为更改一两个字不过是要文字顺畅些或是漂亮些。其实更动了文字就同时更动了思想情感,内容和形式是相随而变的。姑举一个人人皆知的实例。韩愈在月夜里听见贾岛吟诗,有"鸟宿池边树,僧推月下门"两句,劝他把"推"字改为"敲"字。这段文字因缘古今传为美谈,今人要把咬文嚼字的意思说得好听一点,都说"推敲"。古今人也都赞赏"敲"字比"推"字下得好。其实这不仅是文字上的分别,同时也是意境上的分别。"推"固然显得鲁莽一点,但是它表示孤僧步月归寺,门原来是他自己掩的,于今他"推"。他须自掩自推,足见寺里只有他孤零零的一个和尚。在这冷寂的场合,他有兴致出来步月,兴尽而返,独往独来,自在无碍,他也自有一副胸襟气度。"敲"就显得他拘礼些,也就显得寺里有人应门。他仿佛是乘月夜访友,他自己不甘寂寞,那寺里假如不是热闹场合,至少也有一些温暖的人情。比较起来,"敲"的空气没有"推"的那么冷寂。就上句"鸟宿池边树"看来,"推"似乎比"敲"要调和些。"推"可以无声,"敲"就不免剥啄有声,惊起了宿鸟,打破了岑寂,也似乎平添了搅扰。所以我很怀疑韩愈的修改是否真如古今所称赏的那么妥当。究竟哪一种意境是贾岛当时在心里玩索而要表现的,只有他自己知道。如果他想到"推"而下"敲"字,或是想到"敲"而下"推"字,我认为那是不可能的事。所以问题不在"推"字和"敲"字哪一个比较恰当,而在哪一种境界是他当时所要说的而且与全诗调和的。

在文字上"推敲",骨子里实在是在思想情感上"推敲"。

【批注】仅看朱光潜先生的分析,你会觉得他说得很对。但其实,朱先生这里是弄错了。我怀疑朱先生在写这篇文章的时候,忘了贾岛的原诗,至少他忘了查证这首诗。贾岛这首诗很著名,叫作《题李凝幽居》:闲居少邻并,草径入荒园。鸟宿池边树,僧敲月下门。过桥分野色,移石动云根。暂去还来此,幽期不负言。

贾岛本人曾做过僧人,这首诗中的"僧"其实就是作者自己。全诗写的是作者走访友人李凝未遇这样一件寻常小事。

"鸟宿池边树,僧敲月下门",是历来传诵的名句。"推敲"两字还有这样的故事:一天,贾岛骑在驴上,忽然得句"鸟宿池边树,僧敲月下门",初拟用"推"字,又思改为"敲"字,在驴背上引手作推敲之势,不觉一头撞到京兆尹韩愈的仪仗队,随即被人押至韩愈面前。贾岛便将作诗得句下字未定的事情说了,韩愈不但没有责备他,反而立马思之良久,对贾岛说:"作'敲'字佳矣。"随后,两人竟成为朋友。

韩愈思考良久,认为"敲"优于"推",不是没有道理的。二人从此交友,亦可见贾岛本人对韩愈的意见相当认同。我的看法也是"敲"优于"推"。

第一,有人在月下敲门,发出一点声音,才会惊动宿鸟;当树上的鸟有了动静时，诗人才会知道树上有鸟在歇宿。而且，在这种幽寂的环境中传来几下敲门的剥啄声，才更使人感到格外幽寂。这同王籍的名句"蝉噪林愈静，鸟鸣山更幽"是同一道理，都是以声音衬托寂静。

第二，因为诗题是"题李凝幽居"，"僧"是贾岛自己，所以月下推门或敲门的是客人而非主人。若是主人，"推"是对的，因为他是主人，可以随意"推"自家的门；作为主人，他也知道门没有锁闭，只是虚掩。若是来客，当然就只能"敲"，因为他不知门是否关闭，关着的门你"推"也推不开；而且，"推"门而入，未免唐突无礼。

第三，朱先生说"推"可以无声，其实"推"更可能是有声的。如果"推"的力道比较大，这声音将可能比"敲"更雷人。

第四，"敲"字更能突出李凝居处的"幽"，更好地突出隐居避人的隐士形象。在这一联诗句中，鸟儿已经归巢，而人还在"敲"门寻找。找到隐士没有呢？能否通过"敲"门问询找到呢？不知道。这就在果与未果之间形成张力。

第五，有的研究者提出，"敲"字在音节上更为响亮（周振甫）。

无论是阅读或是写作，字的难处在意义的确定与控制。字有直指的意义，有联想的意义。比如说"烟"，它的直指的意义，凡见过燃烧体冒烟的人都会明白。只是它的联想的意义迷离不易捉摸，它可以联想到燃烧弹，鸦片烟榻，庙里焚香，"一川烟草""杨柳万条烟""烟光凝而暮山紫""蓝田日暖玉生烟"……种种境界。直指的意义载在字典上，有如月轮，明显而确实；联想的意义是文字在历史过程上所累积的种种关系，有如轮外圆晕，晕外霞光，其浓淡大小随人随时随地而各个不同，变化莫测。科学的文字愈限于直指的意义就愈精确，文学的文字有时却必须顾到联想的意义，尤其是在诗方面。直指的意义易用，联想的意义却难用。因为前者是固定的，后者是游离的；前者偏于类型，后者偏于个性。既是游离的，个别的，它就不易控制，而且它可以使意蕴丰富，也可以使意义含糊甚至于支离。比如说苏东坡的《惠山烹小龙团》诗里的三、四两句"独携天上小团月，来试人间第二泉"，"天上小团月"是由"小龙团"茶联想起来的，如果你不知道这个关联，原文就简直读不通；如果你不了解明月照着泉水和清茶泡在泉水里那一点共同的清沁肺腑的意味，也就失去原文的妙处。这两句诗的妙处就在不即不离、若隐若现之中。它比用"惠山泉水泡小龙团茶"一句话来得较丰富，也来得较含混有蕴藉。难处就在于含混中显得丰富，由"独携小龙团，来试惠山泉"变成"独携天上小团月，来试人间第二泉"，这是点铁成金。文学之所以为文学，就在这一点生发上面。

【批注】"独携天上小团月，来试人间第二泉"，意思说白了就是"带来小龙团茶，用惠山泉水泡"。但正如朱先生所说，苏轼的诗句"来得较丰富，也来得较含混有蕴藉"是"点铁成金"。"较含混有蕴藉"，因为东坡诗句说得不那么直白，这一点很容易理解。那为什么说它"较丰富"呢？

仔细分析，东坡这句诗的妙处，在于它写的是"惠山泉水泡小龙团茶"，又不只是"惠山泉水泡小龙团茶"。"独携"的主语是谁？就是东坡。而这个东坡不是"东坡"而是"坡仙"，他把自己想象为神仙了。他携带着天上的月亮，带着一片月光，来试一试这"人间第二泉"。于是，东坡用惠山泉水泡小龙团茶之时逍遥超然的美妙心境在诗句里也透露出一些。

这诗句里有双关，有想象，有主观情意的注入，很有味道。"文学之所以为文学，就在这一点生发上面。"

这是一个善用联想意义的例子。联想意义也最易误用而生流弊。联想起于习惯，习惯老是欢喜走熟路。熟路抵抗力最低，引诱性最大，一人走过，人人就都跟着走，愈走就愈平滑俗滥，没有一点新奇的意味。字被人用得太滥，也是如此。……美人都是"柳腰桃面""王嫱、西施"，才子都是"学富五车，才高八斗"；谈风景必是"春花秋月"，叙离别不离"柳岸灞桥"；做买卖都有"端木遗风"，到现在用铅字排印书籍还是"付梓""杀青"。像这样的例子举不胜举，它们是从前人所谓"套语"，我们所谓"滥调"。一件事物发生时立即使你联想到一些套语滥调，而你也就安于套语滥调，毫不斟酌地使用它们，并且自鸣得意。这就是近代文艺心理学家们所说的"套板反应"。一个人的心理习惯如果老是倾向"套板反应"，他就根本与文艺无缘。因为就作者说，"套板反应"和创造的动机是仇敌；就读者说，它引不起新鲜而真切的情趣。一个作者在用字用词上面离不掉"套板反应"，在运思布局上面，甚至在整个人生态度方面也就难免如此。不过习惯力量的深广常非我们意料所及，沿着习惯去做，总比新创较省力，人生来有惰性，常使我们不知不觉地一滑就滑到"套板反应"里去。你如果随便在报章杂志或是尺牍宣言里面挑一段文章来分析，你就会发现那里面的思想情感和语言大半都由"套板反应"起来的。韩愈谈他自己做古文，"惟陈言之务去"。这是一句最紧要的教训。语言跟着思维情感走，你不肯用俗滥的语言，自然也就不肯用俗滥的思想情感，你遇事就会朝深一层去想，你的文章也就真正是"作"出来的，不致落入下乘。

【批注】"套板反应"是文学的敌人。我们听说过，第一个把美女比作鲜花的是天才，第二个是庸才，第三个便是蠢材。为什么呢？因为第二个、第三个沿用既有的比喻，属于典型的"套板反应"。"套板反应"意味着艺术创作者偷懒，他实际上没有真正努力去感觉他所描写的对象，只是在重复别人的感觉。他的感觉力钝化或退化了，落入了窠臼。

看到杨柳，就是离别；写到美人，就是"柳腰桃面"。这不只是文字有没有"新奇的意味"的问题，而且是对对象有无真切感受和体会的问题。

以上只是随便举实例，说明咬文嚼字的道理。例子举不胜举，道理也说不完。我希望读者从这粗枝大叶的讨论中，可以领略运用文字所应有的谨严精神。本着这个精神，你随处留心玩索，无论是阅读或写作，就会逐渐养成创作和欣赏都必需的好习惯。你不能懒，不能粗心，不能受一时兴会所生的幻觉迷惑而轻易自满。文学是艰苦的事，只有刻苦自励，推陈翻新，时时求思想情感和语文的精练与吻合，你才会逐渐达到艺术的完美。

　　作出这样的批注之后，我得出一个教学判断：教这篇课文，不妨把对这些例子的探讨作为教学内容。首先，对《咬文嚼字》来一番"咬文嚼字"，算是贯彻了这篇课文主张的精神和方法；其次，对于学生来说，"从具象到抽象"比"从抽象到抽象"更易把握，一个好的案例胜过一大堆的说教。如果把《咬文嚼字》当作一篇讲文艺的寻常议论文来教，很可能无法让学生领受到它的精髓。

第二讲 散文的解读与教学

在中学阶段，语文阅读教学所教的大多是"文章"，而不是"文学"。即使像《香菱学诗》《鲁提辖拳打镇关西》这样的文本，也是从文学作品的大文本中截取一小段来作为教学范本，这种范本实际上更近于"文章"。这种文章，与其说叫小说，不如说更近于散文。在中学教材中，诗歌、小说这种文学文本还是有的，但分量不如散文重。散文固然属于文学的范畴，但教学通常更多地从文章学的角度入手。

散文的解读，与其他文体的解读，在基本的原则和方法上没有区别。但由于散文是一个文体概念，所以我的讲解会更多地涉及文体。

一、应该强化的两个观点

第一，写作者的写作，文本的构造，必然都是基于理性的。

这决定了文本教学与文本写作的理性特质——在教学上，其实也是如此。事实上，一切可教的，都是能够诉诸理性的。语文教学要少讲感性、感情、感悟，虽然语文课文和语文学习中确实存在这些因素，但从教学的角度来说，语感、感悟之类的说法毕竟容易陷于虚空。

语感也不是能够教出来的。很多语文方面表现出众的人，语感都还可以，请问这是哪位教师教出来的呢？语感是基于学习者长期的阅读体验和语言运用实践而形成的，而不是外在于学习者的教师传授给他的。

有的语文课上得很煽情，让人感动；然而，让人感动，并非语文课的目的。生活中也有很多的感动，但那是语文课吗？课文文本和语文教学，当然可以也可能给人感动；但更重要的是，语文是一门学科，既然是一门学科，就应该有其学科规范。任何能够叫作学科的，首先就要有理性。

至于感悟，那就更玄乎了。感悟是内心对外部世界有所领悟，是由内而外的。但教学这件事，却是由外而内的。也许我们能够创设出一些让学生感悟的机缘，但无法创造出感悟本身。

凡是理性的，都是可分析的；凡是可分析的，就是可教的。阅读教学，必须立足于理性。我经常强调，教学永远是一个理性的行动。

第二，文本解读本质上是基于统合文本内各种信息的推理。

严格依照文本信息，根据文本构造的理路而获得理解，就是正确的理解。阅读课首先是教会学生阅读理解，更直接地说，就是要教学生读得懂文章。理解要正确，就会涉及思维推理，如数学解题，要运用相当于已知条件的各种文本信息，推出我们的结论。

二、文本定位：散文的文本特征

我们都知道散文的文本特征是"形散而神不散"，即"形散神聚"。从思维的角度说，"神聚"指向的方法是概括，"形散"指向的方法是"形神关系"的分析。

从"神聚"方面说，其实不单单是散文，任何文章都是神聚的，亦即存在一个核心话题或核心意念（尽管该意念可能是很含蓄的）。如果"神"不聚，那岂不是散架、垮掉了？因此，散文的基本特征应该是"散"。教散文的关键，是抓住它的"散"，分析它是怎样"散"的，这样"散"的价值或意义是什么。

（一）散文的神聚

散文的解读和教学，首先要关注的是整体把握，一言以蔽之，它在说什么。

"一言以蔽之"，常常并不容易。例如鲁迅的《雪》，其文甚短，不必也不可能写尽南国之雪与朔方之雪。故知其文写雪，而其意不在雪。此话怎讲？

解读这篇散文，必须在南国之雪与朔方之雪二者之间建立合理的逻辑关系。这种建立，必须有效且无矛盾地解释文意，达成前后圆融无碍。两者是对比的吗？看起来是，其实不是。对朔方凛冽孤独勃然奋飞的雪，赞之以"雨的精魂"；而对南国温润之雪的回忆，文中并无鄙薄的证据。"它自己也以为不幸否耶？"南方的雪既不单调又不见"不幸"，作者笔下的温润与温情，历历可见。可见二者不是对比关系。

如果简单地解释为鲁迅矛盾的心境，实质上是以对比关系在进行理解。这种理解显然未求得前后的圆融。如何解释为妥，则须进一步分析。我们注意到，鲁迅文中写南方的雪，有"青春""处子"等措辞，联系到此节主要内容是关于孩子塑雪罗汉，将如此种种联系起来分析，就可以大致推测出：儿童或人生早期经验的呈现，是写江南的雪这部分的基本内容。与之相比，朔方的雪，则显出人生中冷酷、孤独、严峻、奋争的特点——这是人生须经历奋斗与忧患之后才可能具有的经验。这不再是儿童所能具有的经验了。相对于儿童时期的经验来讲，朔方的雪表现的是一种新的经验，是与早年经验迥异的变化和发展。南方之雪与北方之雪的关系，是一种蜕变与发展的关系。文章这样写，应该是为了表现（作者的或普遍的）人生的蜕变史——世界由滋润美艳变成严峻凛冽，人生由堆雪罗汉的无忧的戏耍变成孤独而悲壮的奋争。

这种解释是经得起文本检验的，是合理的。再如文中"暖国的雨，向来没有变过……雪花""……是死掉的雨，是雨的精魂"。首尾的这些文字，告诉我们童年是温润的，这份温润"死掉"（蜕变）后，变成了独立（"决不粘连"）、孤独、奋飞、灿烂的"雪"。雪是雨的固态凝结，故曰"精魂"；而雨凝结，是因为环境的凛冽而"死掉"，故有悲壮之感。

对散文"神"的概括，应该具备两个标准：第一，要能完整地覆盖文本。对主旨的概括，显然必须总括文本全部内容；第二，逻辑与情理要合宜。这种概括，不得与对文本任何局部的解释构成矛盾。如果有矛盾，那么可能的原因只有两种：要么概括不准确，要么文本有瑕疵或漏洞。

(二）散文的形散

形散，是散文形貌的基本特征。"散"，题材有跨度，笔法讲纵横，是散文的美学特征。正如若干人写一篇同题的文章，题目虽然一样，即使主旨也一样，不同的人写出来的文章，差异仍是很大。这就是"神"相似，"形"不同。这很值得细细研究。把握形散的特征，是解读散文、把握散文教学的一个关键。

散文为何要"形散"呢？这里有两点说明：

第一，"形散"是假的，或者说这是表象而非实质。任何好的散文都不可能真正"散"——换句话说，它没有真的散漫；它的所有部分都有表达功能，都不是可有可无的，都是与"神"有关的。它要么是对"神"的表现，要么是对"神"的丰富。

从一定意义上说，散文的"形"不过是表现其"神"的流动。无论看起来多么散漫的"形"，都是不能脱离"神"的。没有精气灌注，一个有形体的事物就没有生命；没有"神"的存在，"形"就成了一堆死的材料。

第二，"形"表面上的"散"，本质上是一种表达姿态。犹如一棵树，其斜逸旁出的枝叶是围绕树的主体的，并非可有可无。同时也正是其不同的斜逸旁出，决定了树的千姿百态和不同的美感——换句话说，"神聚"是实质性的，而"形散"不过是一种美学特征。如魏巍的《我的老师》，在表意上为了凸显师生关系融洽、教师的影响重大，作者有意拉大了时间跨度，使得材料在叙述的时间轴上的分布更"散"，以此来达成其表达目的。

无论形怎样散，怎样变，散文"神聚"的本质是不变的。

（三）聚散为整：文本内部的语义响应

这里介绍解读文本的一种重要方法：关注文本内部的语义响应关系。

响应关系分为正响应、逆响应两种。

正响应关系。包括三种情形：①相似性关系：是指上下文的内容和句意相近或相似，包括并列、对称、总分等关系；②毗邻性关系：是指上下文的内容和句意不同但相关，存在着语义的发展，包括承接、递进、铺垫等关系；③补足性关系：是指下文的内容和句意不同于前文，对前文内容有补充作用。

逆响应关系。这种关系是指上下文的内容和句意存在背离，甚至是相反，包括转折、反衬、对比等关系。

我们以卡夫卡的一则小寓言为例，运用此种方法来解读它。此文虽然不是散文，但很能说明如何分析文本内部的语义响应关系。

小寓言

"哎，"老鼠说，"①这世界变得一天窄似一天。②当初它是那样辽阔，辽阔得我都害怕了，③我跑呀跑呀，我真高兴，我终于看到远处左左右右出现了一道道墙，④可这些长长的墙以极快的速度靠拢过来，我已到达最后一间房子，角落里有个陷阱，我跑了进去。"——⑤"你得改变奔跑的方向。"猫说，⑥伸出爪子抓住了它。

首先，进行句意的分析。

句①：世界正在变窄。

句②：老鼠（"我"）对世界辽阔感到害怕。

句③：老鼠奔跑，为世界变窄感到高兴。

句④：狭小的世界缩小成为陷阱。

句⑤：猫的反讽性提示：改变奔跑方向，是可能获救的办法。

句⑥：猫抓住了陷于困境的老鼠。

其次，分析句子与句子之间的响应关系。

②是③的原因。（说明为何要奔跑和高兴。）

③④是对①的原因的说明。（说明世界为何变窄。）

④是③的发展。（世界越来越窄，直到成为陷阱。）

⑤与①—④构成相反的关系。（改变方向，朝辽阔的世界奔跑。）

⑥是①—④的结果。

最后，逐步梳理句意，看出文本内部的思维过程（思路、意义走向）。

人对辽阔的世界会有恐惧，因为这容易失去把握。于是，人们设法寻求一个有边界的世界。狭小的世界导致生存空间的压缩，最终人会走入绝境。"改变奔跑的方向"的结果是：即使逃脱了死亡的命运，但又只能是退回原来的世界。

综合以上内容，得出整个文本的主旨：辽阔的世界让人失去把握，狭小的世界又让人陷入绝境。所以，整个故事的主题是：揭示进退失据、无所适从的生存困境。

卡夫卡就这样表现了存在的荒谬性。这样的主题，其实在我国古代的诗词中也曾出现过，如苏轼的《念奴娇·赤壁怀古》。这首词的首句"大江东去，浪淘尽，千古风流人物"，就直接宣布：如果放大时空尺度，人生是没有意义的，在大自然面前，人是很渺小的。这与尾句"人生如梦，一樽还酹江月"直接呼应，是正响应关系。中间内容却又写自己羡慕周瑜的人生功业，哀叹自己早生华发。这与词的首尾似乎相矛盾，语义上是逆响应的。如何对此进行合理解读呢？放大尺度看人生，人生无意义；着眼当前现实，活着却又只好努力拼搏，企图建立起某种最终并不存在的意义——这就是人类普遍面临的生存困境。其实，这首词和卡夫卡的这则小寓言，在表现人类的生存困境这一点上是一致的。

这样去研究文本，才是精细的阅读，才是讲理性、讲逻辑的分析。如果不这样，就有可能误解文本，极有可能误导学生。

再来看《藤野先生》一文，我们可以将文本分成若干较小的意义单元，分析单元之间的响应关系。

一读此文，就觉得文章开头有明显的散漫内容。你不是要写藤野先生吗？藤野先生不就在仙台吗？那为何写去仙台之前的那部分？它们之间有着怎样的关系？

写东京，为何偏偏写两部分内容——"清国留学生"的辫子和他们学跳舞。东京的樱花那么漂亮，怎么不大写特写呢？水户，别的不写，只拈出来个明遗民朱舜水先生，说这里是他的客死处。这些看起来与核心内容没有关系的地方，闲散得很，但往往也是微妙之处，必须把它们与核心内容联系起来考虑，寻求合理解释。

首先，讽刺中国留学生的辫子，不满"学跳舞"，这至少表达了"我"去仙台的缘由。其次，更重要的是，这暗示了对其不满的"我"才是真心去日本求新知以挽救国家的人，彼时的留学生实际上思想保守（"辫子"）而且并无对国家的责任心（"学跳舞"）。提及朱舜水，则有两种符合逻辑与情理的解释可能：一是折射"我"的爱国情怀——"我"在水户没关注别的，仅仅关注了一个忠于自己国家的人（朱舜水宁当遗民不做臣民）；二则慨叹国家文化命运（朱舜水作为文化传播者，而"我"仅作为学习者：以前日本以中国为师，而现在中国以日本为师）。由于文中措辞有"遗民"，故以前者为佳。

这些内容与藤野先生又有什么关系呢？藤野先生在生活中的形象确实非常随便不讲究，但他对教学非常负责，对学生、对中国、对学术充满尊重。他所看重的在于道，师道与学术之道，而对现实的生活细节非常轻视，正有所谓"君子之风"。文章之末，这句话的信息量比较大：

> 每当夜间疲倦，正想偷懒时，仰面在灯光中瞥见他黑瘦的面貌，似乎正要说出抑扬顿挫的话来，便使我忽又良心发现，而且增加勇气了，于是点上一支烟，再继续写些为"正人君子"之流所深恶痛疾的文字。

责任、良心、勇气，大概是几个关键词。藤野先生的责任心，使得"我"不能偷懒；而"我"的良心和勇气，也是来自藤野先生的激励。这里的"正人君子"是讽刺，联系前面的分析，可见藤野先生才是真正的"正人君子"。由此可见，《藤野先生》的基本意图，是要塑造藤野先生这一"君子"的形象。这一君子形象在文中着墨最多的还是责任，他对学生、对教学、对学术的责任。而写东京抵达仙台之前的那些内容，看似散漫，其实也是符合"责任"这个关键词的。藤野先生是个核心，而那些"清国留学生"，那些日本同学，与藤野先生形成逆响应，写他们是为写藤野先生作反衬的。

（四）聚散之间的逻辑

形散与神聚之间存在着逻辑关系，不易聚合，则先察散漫者以整齐之。以巴金的《月》为例，我们先梳理文本内容：

想象1：我在望月，或别有望月者。

想象2：月若如镜，则有人影于其中。

经验：月如霜冷。

认知：月是冷的，月是死的。

疑惑：姮娥何以奔月？

猜测：姮娥是想救已死之月吗？

判断：从冷与死的月镜中看到人影因而奔月。

对于"为什么还有姮娥奔月的传说"这个问题，文本中说，"难道那个服了不死之药的美女便可以使这已死的星球再生么"，已死不可复生，结论显然是否定的；"或者她在那一面明镜中看见了什么人的面影吧"，才是一个终极性的回答——因为看见了人影，姮娥因而奔月。由此推断出可能的主题：由于对冷（死与孤独）的畏惧，人总是企图奔向另外的一个人。得出这个结论后再看文本思路，分析上述各项内容之间的联系，可以发现这个主题结论是合理的。

这篇《月》的深度与理解难度，比巴金的《日》要超出些。它更深地触及了生命的实相。

总之，文本可以自己说话，一定要据文本作相应的分析推断。整合文本信息，其实就是围绕"神"来整"形"，或者通过整"形"来寻"神"。读书品文，那些善于"一以贯之"者，必是深得个中三昧的人。

三、散文文体观察与解读要领

散文有叙述性的、描写性的、议论性的、抒情性的。这种分类的边界，并不清晰。

这种划分的依据是表达方式。不同的表达方式具有不同的功能。叙述的功能是呈现人类的时间经验，描写则重在呈现空间经验，议论是表达人类的思想，抒情是表现人类情感。由此可以理解该细分文类的重点。

叙述性散文应该表现具有个性的独特的经验，否则它就没有什么价值。因此，好的叙事文所传递的经验都是具有个性和独特性的。叙述性散文阅读教学，首先要教会学生捕捉文章中表达的经验的独特性，这是叙述性文本的价值所在。人的一生都是在时间中线性前进，因此任何人的人生经验都是有限的；阅读叙述性文本，其实就是模拟体验他人的生活，自己的生活与经验借此得到拓展。

解读叙述性散文包括作为叙事性文体的小说，必须解释其经验的独特性。如《台阶》的独特性在于，父亲的执着追求终获成功后表现出的却是尴尬和不自在，父亲的这种反常表现就是经验的独特性，也是文本的独特性。不同的文章都有其独特性，《再塑生命的人》表现的是一位残疾人的经验，而不是正常人的经验；《我的早年生活》中的主人公是一位成功人士，但他却呈现了曾经作为一名"差生"的经验，文章写的是他的自我发现和人生机缘，启示我们只有发现自身的长处才能成就自己；《王几何》写的是数学教师，但学科特征并不明显，课文并没有涉及数学知识，主要表现的是人物的内在精神品质。

为什么叙述文本中常会有多种表达方式并用的现象呢？这是因为单一表达方式难以满足经验的完整表达。如此则能解释记叙文中的描写，本质上是时间的停驻与体验的饱满；抒情作为伴随性体验，则只能占据尽可能少的篇幅。知此，则知教学之重点。叙述性散文重在经验的呈现与模拟，从而通达人情人性；议论性散文重在理解他人思想以及支撑这一思想的依据，唯有获得强力支持的思想，才可能具备力量。

上述分析，实际上是要求回到常识与常理去理解文本，理解人类的写作行为。若能回到基本面，则很多语言现象的理解也都可以迎刃而解。例如比喻，为什么会有比喻？比喻的本质是什么？从语义来看，"比"，两个对象的接近；"喻"，明白。可见比喻的本质，是联想和想象，把关于喻体的经验，带入对本体的体验之中。比喻的基本意图，就在于通过唤醒人类的既有经验，进而理解新的经验。

四、文本构成元素观察

要特别注意观察两个要素。

首先是语义（意义）。以《紫藤萝瀑布》为例，"生死谜、手足情"与"生命的长河是无止境的"，这两处是解读主旨时容易被捕捉到的。然而，二者能否统一？主旨究竟是什么呢？

仔细观察文本内容：文章写景重点突出了紫藤花开的蓬勃，但同时写到此时花开"春红已谢"，无人赏花乃至无蜂无蝶，突出了环境的冷清。接着，回顾了十多年前紫藤"试探"着开的伶仃状态，而"试探"与前文的"我要开花"相反，"伶仃"与前文的"蓬勃"相反；十多年前的说法是"花与生活腐化有什么关系"，当时花不开或不敢开存在着社会原因。综合起来，能够推导出一个主题：生命为自身而自在地绽放，不要干预，应给生命自由的空间。

这基本上能够解释"生死谜"，但是"手足情"却不能统一到这一理解之下。"手足情"是弟兄姐妹之间的感情，《紫藤萝瀑布》一文中找不到理解"手足情"的其他线索。如果把各朵紫藤花理解为"手足"，似乎也不甚妥帖。据此可知，这是文本"杂音"，属于瑕疵。宗璞写作此文本，意在歌颂"文化大革命"结束后的自由欢欣，但这篇文章的精细度不够。

其次是表达方式。散文的表达，必以某一种表达方式为主。其他表达方式可以合法参与，但必须相当克制，否则会造成对文体的干扰。这就是为何记叙文中的议论只能"画龙点睛"，而议论文中的叙述必须尽量简短。以丰子恺先生的《竹影》为例，《竹影》的第4—6段，表面上看是人物语言，实质上是变相的议论。它削弱了记叙性散文传递经验的效能，让我们看到的不是儿童直观有趣的艺术游戏，而是成人的抽象的艺术观点。更突出的是，这几段"化了装"的议论，篇幅还很庞大。在这个意义上，这篇散文是失败的，是文体不纯正的。

所有课文都是严格选出来的，基本上都是好文章，那是不是可以说，所有课文的"好"都是一样的？是不是都是完美的呢？答案是"不"。我认为，有的散文还是有瑕疵的。教师不应仰望教材，而应俯视，课文无非是一个例子。教材是为我们服务的，是为培养学生服务的，教师要有勇气作出判断，这是学术的勇气，也是道德的勇气——当然，我们更有义务证明自己的判断的合理性。

如果你的解读跟别人不太一样，但完全符合理性与逻辑，那么这就是我所认同的文本解读中的"个性解读"。个性解读，并不等于随意解读。任何解读都必须尊重文本，尊重理性与逻辑。若不如此，必是打胡乱说。散文的文本解读，当然也是如此。

对谈二

我们先从比较的视角,来解读鲁迅的散文名作《从百草园到三味书屋》,并顺便讨论一下阅读教学的问题。再结合朱自清的《荷塘月色》,谈谈文本解读中的提问和辨析这一话题。《爱莲说》是一个讨论比较的好例子,我们也可谈谈;《端午的鸭蛋》行文姿态非常特殊,对领会散文的"形散"很有帮助。

一、关于《从百草园到三味书屋》

视角为何是比较:基于文本的整体特征

《从百草园到三味书屋》,最大的特点就是文中有很多的比较。

首先,从标题来看,"百草园"和"三味书屋"就是两个不一样的空间的比较。如果没有比较的思路,鲁迅就应该分别写百草园或者三味书屋,没必要把两个空间中发生的事情放在一起。把"百草园"和"三味书屋"放在一起,客观上还存在着结构的风险——如果两个空间彼此不能通过比较发生关联,那么文章结构就会崩溃。之所以放在一起,其实就是要把二者联系起来,通过比较来揭示出某种东西。其次,文章里有三个角色——"我""先生"和"同窗"。思考三者之关系,也涉及比较。

百草园和三味书屋的比较,这是本文最宏大的一个比较。

全文中"我"是主要人物,百草园中的"我"与三味书屋中的"我"的比较,反映出"我"人生社会化开始阶段的状态。第一段直接出现了比较——先前的"乐园"与如今的"荒园",这种比较反映了人生变得荒凉的现实,也折射出"我"的现实人生和"我"的家境的沦落——百草园卖给朱文公的子孙了。"先生"陶醉地读书,所读的内容折射出他曾经的功业梦想,而如今沦落在三味书屋做私塾先生,这也是比较。三味书屋中的"同窗"小时候热爱绣像,而长大后不再关心甚至可能扔掉了那些绣像,仍然是比较。

比较,是这个文本中最基本的思维。

从文本的细节看,我们能看到更多的比较。

如第一段,"连最末次的相见也已经隔了七八年……野草;但那时却是我的乐园"。如今百草园的破落、荒凉,和充满生机、充满趣味、"我"热爱的当年的那个百草园,就是一个比较。这个"百草园",此时是"荒园",那时是"乐园"。

此外,还有非对比性的比较。如第二段,"不必说……也不必说……单是……"用这种句型有一个好处,把前面的内容作为一个方面,意思是我不会详细地去写,"单是"后面才是细写,有一种衬托式的作用。"单是"前面的内容有没有趣味?也有趣,但这些东西都不必说。

置于比较中的两个对象,可以有异,也可以有同。例如,东方朔渊博,先生也渊博,这是共同点。但不同点在于,东方朔是滑稽者流,而先生是严正的,不但不会讲这些滑稽荒唐的事情,而且听见"我"问这些事还要发怒,这是一个比较。这个比较说明了先生是个"不语怪力乱神"的儒家人士,他严肃、正统,跟东方朔不是一路人。

又如,先生的读书和学生的读书的比较。先生每次都要读赋文,而且读得非常陶醉;学生读的内容很杂乱,而且只是放开喉咙,人声鼎沸,有口无心。先生沉浸在文字所描绘的境界之中,学生却是"你读你的,我读我的"式的杂乱无章的情况。这种比较能够很好地用孩童的无知和热闹,映衬出先生内心的悲凉和寂寞。

之后,还有同窗在三味书屋时热爱绣像和后来出入社会的比较。

比较,是这个文本的典型特征。抓住这些比较,可以扣住文本特质,把文本中的很多东西串起来。

提出这些比较的目的是什么

文本解读，就是在文本中发现信息、处理信息，最终得出对文本的合理的解释。处理信息，首先涉及信息之间的关联。要看出信息之间的关联，就需要对不同信息进行比较，发现其同质性的部分和异质性的部分。

比如，在三味书屋中读书的那节叙述里，先生读书，学生读书，在读书这一点上是相同的，这是同质性的部分。但异质性或不同之处是什么？一是状态的不同——先生是陶醉的，而学生无所用心；二是先生与学生所读的内容不同——后者读书是被要求的（学习内容），前者读书是自发的，是自己想读的，没有谁迫使先生必须读书。进一步分析可以发现，先生之陶醉，必然与其所读的内容有关；分析其所读的内容，则可发现，先生实际上是陶醉于他早年曾有的指挥倜傥的功业梦。他渴望或曾经渴望自己能够处于李克用那样的状态——而现实情况显然并非如此。

于是，我们就看出先生读书与学生读书两个信息之间的结构关系：这是一种比较性关系，文本不仅仅是想要展现三味书屋中读书的情形，而是企图通过这一比较，来折射出先生内心的失落与人生困顿的境遇。

在教学中，教师肯定是先对文本有所发现，然后才能带领学生去发现。文本中信息之间的关联性，比如以前的"乐园"和现在的"荒园"，先生的陶醉和学生的无所用心，同窗以前对绣像的热爱和后来的无视，都需要教师首先发现并作出有效的阐释。这是备课中最重要的事。

抓住文本特质，聚焦思维培养

阅读教学的核心部分，是培养学生在语言和思维方面的能力。阅读中的思维，涉及对信息的理解和加工。要有效理解信息，梳理整合信息，就必须有分析与综合。阅读教学过程，就是一个不断训练学生对语言符号的分析和综合能力的过程。虽然能力要求都指向分析与综合，但教不同的课文，文本不同，特质不同，培养能力的路径也就有所不同。

在《从百草园到三味书屋》中，"比较"是文本特色之一。因为文本中客观存在着这个特色,所以教这篇课文时,我们就来研究它的比较。从文本的特质切入,对准学生思维能力的发展,这种教学才是比较高效的。如果只是依次找出一些句子、片段、描写点来教学,或者按照教参意见按部就班来教学,这种课就会有问题。

语文阅读教学中一定要有一种意识:如何真正立足文本,聚焦学生的思维能力。一堂课只有具备足够的思维含量,才是高效的、不肤浅的。教学《从百草园到三味书屋》,抓住比较,把文本中所有存在比较的地方找出来,对每一处比较进行分析和阐释——比如,为什么现在是"荒园"而曾经是"乐园"——这样设计教学,我觉得才是合适的。把全文中的比较都作一个系统的梳理和分析,教学就有了主题,有了整体感。

很多时候,语文阅读教学是支离破碎的。例如,一些教师讲这篇课文,常常去抓文章的第二段,细致分析,说这一段写景很好;又抓雪地捕鸟,说动词使用精妙。难道《从百草园到三味书屋》这篇文章写得好,就好在这里吗?其实,这不过是细枝末节,对文章没有整体概念。"一叶障目,不见泰山"的教学,很容易误入歧途。教完之后,学生可能觉得《从百草园到三味书屋》无非就是描写比较精彩罢了。这是不对的,是对这篇文章缺少起码的整体认识。

这是一篇经典课文,如果要学会写景的层次,我可以找到更多、更典型的案例来教学生。比如《荷塘月色》里先写荷叶,接着写荷花,再写流水,又写风之类的,写景层次比鲁迅的这篇还要清晰。那《从百草园到三味书屋》是不是最典型的写景教学材料?这是一个问题。《从百草园到三味书屋》这个文本的真正价值何在?就是因为写景漂亮?如果是这样,我们把第二段节选出来学习就可以了;这么长的一篇文章,何必摆在这里?这太肤浅了,没有看到文本的核心价值所在。这是经典名篇,它的经典性并不在于写景写得好。鲁迅作为文学家,最为人称道的也并不是他写景写得好。阅读教学之所以质量不高,很多时候是因为教师没有抓住文本特质。

一堂课要有主线。比如第二段的写景部分,为什么有两个"不必说"?一般作者写景,可能会写碧绿的菜畦怎么样,光滑的石井栏怎么样,皂荚树怎么样,桑葚怎么样……鲁迅没有这样写,他用两个"不必说"回避了若干景物的描写,使得这里的景物描写不至于那么繁复。那么,前面两个"不必说"的重要性是什么?它展示了百草园的丰富性。如果只有"单是"这一节,百草园就可能显得有点单调,不像"百草园"了。"百草园"应该有很多草,很多种植物,所以这种写法,是一种详略处理的技巧,有简和繁的问题,点和面的问题,这就是写景的方法。我强调课堂教学要有主题,并不是说这些细节分析都不要了。如果你要讲《从百草园到三味书屋》的景物描写,那么这堂课就讲这个主题,只讲景物描写的问题。这样的教学很聚焦,学生的思维能够得到反复的刺激,印象才会深刻。课堂教学,不能见子打子:这一段写景,我们就讲写景;下一段叙述读书,我们就讲读书。这样的教学就是没有规划,没有整体感,就会有问题。

"比较"不能涵括的重要内容如何处理

伟大的作品总是丰富的。《从百草园到三味书屋》中,还有一些不能完全用"比较"来涵括却又很重要的内容。怎么处理?一般的处理方法是设置一个"语言细节分析"主题,把这些不太便于归类的部分统合进去。

比如,"我"要离开百草园的那个过渡段:

> 我不知道为什么家里的人要将我送进书塾里去了,而且还是全城中称为最严厉的书塾。也许是因为拔何首乌毁了泥墙罢,也许是因为将砖头抛到间壁的梁家去了罢,也许是因为站在石井栏上跳了下来罢,……都无从知道。总而言之:我将不能常到百草园了。Ade,我的蟋蟀们!Ade,我的覆盆子们和木莲们!

如果只看到它的过渡作用,很容易忽略一些真正精彩的地方。这一段最精彩的地方有两处,第一处就是揣测为什么要把"我"送到三味书屋去。这几个"也许"列举的情况其实是:第一、第二个叫"捣蛋",第三个叫"调皮"。"调皮"和"捣蛋",后者的程度要重一些。在"我"的意识中,"我"之所以被送到三味书屋,就是因为"我"调皮、捣蛋。三味书屋代表的是严厉的教育，教育是什么？教育就是接受管教和惩罚。因为调皮、捣蛋，"我"必须接受约束。所以，这几个"也许"，其实是写得很有意思的。

第二处，写得有点奇怪："Ade，我的蟋蟀们！Ade，我的覆盆子们和木莲们！"为什么要用这个德语词，从百草园走出来的"我"，会懂得德语吗？有人说，这是儿童心理的真实流露，脱口而出显示了他的不舍。这是胡说。请问，百草园里的那个儿童懂得德语？你怎么能说他用"Ade"就是儿童心理的直接流露？

我认为，这里恰好显示了鲁迅后来的知识对他的童年经验的干涉。写这篇文章的时候，作为叙述者的鲁迅已经不是童年的鲁迅了，已经形成了成年人的知识结构。此时对儿童时期的经验加以回顾，复述儿童时期的经验，就显示出了现在的痕迹。连用两个感叹号，说明回忆时的"我"仍然充满了激动之情，这就可以反向推测离别的当时"我"的情绪是何其激动！很多年之后，具备这些复杂的知识后，"我"想到以前的经历情不自禁，不小心露出了马脚，把现在的知识也放了进去。百草园中的"我"只有一个，而回忆时的"我"则有两个——作为行动者的当时的"我"和作为回忆者的此时的"我"。现在和过去，同时在此处并存。"Ade"，导致这里有两个声部，一个是现在时态的，一个是过去时态的。

这也涉及文本解读的问题。为什么要使用"Ade"这种语言，这种语言背后折射出了什么？这就是在对语言（文本）进行研究。顺便说一下，我们刚才的讨论涉及一个很重要的问题，即我们提出任何解释的时候，一定要符合常识和常理。我们前面所例举的别人的那种解释，就经不起反问，无法解释"Ade"为什么是儿童心理的直接流露。解释不通，就麻烦了。

看似没有必要的插入或延伸

文本中有时看起来存在冗余的或不必要的部分。这种"冗余"部分的解读难度，往往是比较高的。来看《从百草园到三味书屋》的最后一段：

先生读书入神的时候，于我们是很相宜的。有几个便用纸糊的盔甲套在指甲上做戏。我是画画儿,用一种叫作"荆川纸"的,蒙在小说的绣像上一个个描下来,像习字时候的影写一样。读的书多起来,画的画也多起来;书没有读成,画的成绩却不少了,最成片断的是《荡寇志》和《西游记》的绣像,都有一大本。后来,因为要钱用,卖给一个有钱的同窗了。他的父亲是开锡箔店的;听说现在自己已经做了店主,而且快要升到绅士的地位了。这东西早已没有了罢。

这段文字我们不妨以"后来"为界,分为前、后两部分来看。前面的部分是写三味书屋中的孩子们趁着"先生读书入神"而走神,"做戏"或"画画",这是符合本文题目的,因为它是三味书屋中实际存在的情景。但"后来"之后的内容,不再是三味书屋中的故事了,因而不再是本文题目之下必不可少的部分。依据本文题目来看,这部分就是"冗余"的。那么,如何定性这部分冗余的文字呢?

这部分文字是关于"我"的画的命运的交代。这些画与"一个有钱的同窗"有关,文中提供的语义信息如下:

①这些画能够被"卖给一个有钱的同窗",说明这位同窗当时喜欢它。

②这位同窗现在"自己已经做了店主,而且快要升到绅士的地位了",他已经由当初的少年变成有一定财富和社会地位的成年人。

③"这东西早已没有了罢",暗示这些画不再被这位同窗认为是有价值的,可能被丢弃了。

综合这些语义信息可以推断:在"我"看来,当一个人还是少年时,无论其家庭境况如何,他总是有童心的,不会从功利的角度看事物,会看重那些不一定值钱而自己感兴趣的东西;当一个人逐渐长大,具有一定社会地位之后,他将发生改变,所追求的将是社会功利的东西。不难看出,文本中的这部分内容,正是在本文写作的当下语境中发出的对儿时真趣的失落、社会环境对人的巨大改变的深沉感慨。恰恰是看似冗余的这部分内容,显示出追忆儿时真趣而儿时真趣不再的苍凉心境,从而深化了文本的主题。

文本信息阐释的合理性:以高尔基《海燕》为例

文本分析涉及分析的合理性或有效性问题。为什么我认为《从百草园到三味书屋》中所谓"批判旧教育"之类的主题概括是错误的?因为这种概括所依据的分析是不合理的,你会发现回到文本中很难自圆其说。下面再结合高尔基的《海燕》简要谈谈。

这个文本中有几组事物:

第1组:海燕。

第2组:海鸥,海鸭,企鹅。

第3组:乌云、狂风、雷声等构成的环境。

第4组:太阳。

"海燕"是本文标题。海燕是核心,也是这篇文章描写的主要对象。

"乌云"等第3组事物,是海燕和第2组事物所面对的环境。对于第1组和第2组事物来说,环境是相同的。第1组和第2组事物都面对第3组事物所构成的环境,是行动的主体,但它们对这个环境的反应不同。因此,第1组和第2组事物,构成了对比关系。

接下来的问题应该是:为什么它们对相同的环境作出的反应不同?

第2组事物的主要反应是恐惧。恐惧表现了意志力量的萎缩。但海燕作出的反应是勇敢奋斗,它具有战斗的自由意志。在这个反应之中,第4个对象,也就是太阳,象征了意志的取向。

这样一看,这篇文章就很清晰了。这个文本的主题,简单来说,就是勇气;深刻一点说,是自由意志。

网上有这样一段话:"海燕象征了坚强无畏、英勇善战的无产阶级革命先驱者;大海及波涛象征了革命高潮时的广大人民群众的力量;暴风雨象征席卷一切反动腐朽势力的革命浪潮风暴;太阳象征光明的未来;狂风、乌云、雷电象征丑恶而又虚弱的沙皇反动势力;海鸥、海鸭、企鹅象征害怕革命要破坏他们安乐窝的形形色色的假革命和不革命者。同时,这些象征义随着形象的发展逐步加深。其中海燕的形象渐趋完整,随着情节的发展愈来愈鲜明突出;乌云、狂风则是作最后的垂死挣扎。"这种分析是很不准确的。

用前面的分析来评估,乌云、狂风、雷电等意味着一个动荡的、严酷的环境。这是海燕勇敢飞翔的场域,也是海鸥等感到恐惧的场域。它们象征着一个严酷的世界。怎么能说"狂风、乌云、雷电象征丑恶而又虚弱的沙皇反动势力"呢?在文本内的证据是什么?根据文本是怎么分析得出这样的结论的呢?

至于"暴风雨象征席卷一切反动腐朽势力的革命浪潮风暴",更是胡扯。请问,如果这是对的,那怎么解释原文中"狂风紧紧抱起一层层巨浪,恶狠狠地"?狂风抱起的巨浪既然是"恶狠狠地",还能说它是革命浪潮吗?革命浪潮是"恶狠狠"的吗?我们应该知道,海燕这时是在暴风雨中飞翔,暴风雨对海燕实际上也构成了阻碍。

"大海及波涛象征了革命高潮时的广大人民群众的力量",大海与人民群众二者之间是怎样联系起来的?依据是什么?

这是典型的乱套"革命的意识形态"的解释,不是有效的文本分析。

文本分析一定要严格依据文本,依据文本的内在逻辑,才能自圆其说。自圆其说,逻辑自洽,才是立得住脚的。

二、阅读教学需建立课型的概念

如何处理课文生字词等相关基础知识的问题

阅读教学要立足文本,聚焦思维,那么一篇课文中的生字词怎么办?

我认为,真正的阅读教学,课堂上不应该包括生字词的处理。在课堂上作字词的正音、正形,这种语文基础知识的教学是语文教学的一部分,但不是阅读教学的内容。

在一个文本中,生字词、语法、修辞等属于语言的知识。一个词语,脱离这个文本后仍然是一个词语;一个比喻句,抽离这个文本后仍然是一个比喻句。阅读教学要解决文本理解的问题,要带领学生分析文本并最终读懂它。那么,生字词这类问题,怎么解决呢?这个部分要由学生自主解决。教师要给学生立规矩——预习!预习是最典型的自主学习,极其重要。

要教会学生预习。在阅读教学之前,对将要学习的课文,学生都必须预习。学生没有预习,教师就不讲课文!课文里字词的读音、字形,生词的意思,必须交给学生自己完成。课本有注释的看注释;没有注释不懂的,就去查字典。

为什么要让学生自己处理生字词?因为教材只是例子。这些例子中只有非常有限的生字词,难道学生只掌握这些生字词就可以了吗?肯定不行!这种基本的字音、字形之类的问题,是比较容易处理的,要交给学生。

为什么要建立课型的概念

以《从百草园到三味书屋》为例,现在阅读课的一般操作程序是:

展示课题;

展示学习目标;

知人论世(介绍作者鲁迅及其成就,介绍时代背景特别是鲁迅早期的经历);

课文中生字词的字音、字形;

课文的内容分析;

课文的形式分析;

课文的主题分析(对童年自由快乐的体验,对三味书屋旧教育的批判);

读写结合(课文中手法的借鉴)。

这样,阅读教学就被搞成了"大杂烩"——介绍作者及课文的时代背景,这是文学史的教学;处理字音、字形,这是语言基础知识的教学;分析课文的内容和形式,这是文本分析;批判旧教育,这是对文本相关内容的评价;读写结合,这是写作教学。

这样的课，是"四不像"。什么都在讲，又什么都没讲清楚。我认为，语文教学应该分出几种课型，至少应该包括如下几种。

第一，预习课。就一个单元的教学而言，应该把整个单元中各篇课文的生字词统一处理。这应该在预习课上完成，完全由学生自己处理。学生完成字词的积累，并在这个过程中初步熟悉课文内容。

第二，语言基础知识学习课。字词肯定属于语言基础知识。字词原则上应由学生自主处理，教师不讲。实在要讲行不行？当然行，但要从文字学、训诂学的角度去讲。而我所说的语言基础知识，重点是指一个单元内涉及的语法、修辞等方面的知识。这部分需要教师进行讲授，学生自己可能无力处理。

第三，文本分析课。这部分是最正宗、最核心的阅读教学。其根本任务，就是教学生读得懂文章，培养其理解、分析和综合的能力。

第四，文本评价和鉴赏课。这种课型应该放在一个单元所有课文都分析完之后进行。完成课文分析之后，再带领学生作鉴赏评价：哪些课文你觉得受用，哪些课文你觉得不受用，为什么？这些课文相比，各自的特色是什么？这些文章中的理念，你是否认同？它们有无某种可能的局限？

第五，文学史和文化知识课。讲一篇课文，不要先介绍作者。一个单元讲完了，再统一介绍各篇课文的作者。这些作者是怎样的人，作品表达有怎样的特点，我们就可以以刚学过的课文为证据来说明。这就是"因文知人"。语文需要"因文知人"，不要弄所谓的"知人论世"。各篇课文涉及的文化现象，各篇课文作者自身的文化观念，也是这种课型中应有的内容。

第六，写作课。语文肯定需要写作课。写作课怎样上才有实效，这是一个很大的课题，这里不多说。阅读教学之后实施一些读写结合的活动是可以的，但这不是阅读教学而是写作教学。

第七，训练课。语文应该有专门的训练课。"训"和"练"是不一样的，"训"有示范的含义，教师要讲；"练"是学生过手，教师批阅后评讲。

上面这些课型，都是缺一不可的。每一堂语文课，都要根据课型来定位。定好位，有了一个中心，这节课就可以比较纯粹。上一堂课就像写一篇文章——一堂课必须有一个主题，在结构上有起承转合。建立课型的概念，可以使课堂教学纯化，这是提升语文教学效益的关键。课型分清楚了，学科目标就会更明确，这样我们才是在教语文，而不是在教课文。

语文课在人文性方面可以作哪些尝试

不少语文课文，尤其是文学类文本，都具有明显的人文性色彩。一个单元学完，这些课文里提出了哪些思想？这些思想是否值得汲取，能否给人启发？这样的问题可以放到"文本评价和鉴赏课"或"文学史和文化知识课"中来进行讨论。比如《从百草园到三味书屋》，它的主题是表现人生的不断沉沦。我们如何看鲁迅的这个观点？人生既然随着持续的社会化会沉沦下去，我们该怎么办？这里就有讨论的空间。

再如，课文里有一些细节，涉及若干可讨论的人文现象。长妈妈讲的那个美女蛇的故事，表现了儿童对奇异现象既害怕又好奇的心理。这种心理其实是普遍的，真实的人性就是如此。"肥大的梅花鹿伏在古树下"，"鹿"是"禄"的谐音，而"肥大的"则表示"厚禄"。为什么鹿是"伏着"的呢？中国传统中讲"福禄"，鹿不是站着的，伏着的鹿就表示"福禄"。这些其实都是很有意思的。三味书屋中的价值观，还是通过读书以求得福禄。这表现的是一种文化心理。像这些课文内容，放在文化课上，可以帮助学生理解人的一般心理和特定社会的文化心理，让学生对人性和社会环境有一些了解。

又如，《伤仲永》中提出了学习的重要性，要实现人生的可持续发展，必须放弃短暂的功利，注重学习。学习的重要性是儒家最强调的，孔子、荀子都特别强调学习，王安石的这篇文章不过是这一传统思想的延续。学习对于人生可持续发展的重要性，在现代观念中就是"终身学习"的概念。

强调人文性的这种课型，是构建在文本分析课的基础之上的。这种课型和文本分析课不同，文本分析课不需要作评价，而这种课型要鼓励学生参与评价。通过这种课型，对这个单元各个篇目的思想观念进行讨论。这种讨论，有很多好处。第一，学生的思想逐渐形成。人只有思考能力而没有思想是不行的，就像一个好的冶炼炉中没有加工的原材料，只是在空转。思考能力强大但没有思想资源，也很难产生出思想成果。第二，讨论本身实现了尊重学生个性，允许学生提出多元观点的理念。第三，这种能力有助于提高作文水平。作文是有思想的人的事。

三、关于《荷塘月色》的讨论

意义过剩，还是解读缺乏

《荷塘月色》是一篇传统课文。研究者众多，对这篇课文的解读也是众说纷纭。

对于《荷塘月色》的主题是什么，历来存在争议。这些争议说明这一文本的内蕴是丰富的，有可能存在意义过剩的现象。但这些解读能否成立，则需要回到文本中才能回答。这里列举存在争议的部分观点及其论据，我对这些说法只提出一些简要的意见，不作太多分析。

主题一：政治愁闷的抒发。

依据：①《荷塘月色》写于1927年7月，正是北伐战争时期，也是朱自清思想极端苦闷的时期。②欣赏荷塘月色的淡淡喜悦之中，夹杂着无法超脱的哀愁，正是黑暗时代在作者心灵上的折射。

这篇文章一开篇就宣称自己"心里颇不宁静"，奠定了文本的情感基调。"心里颇不宁静"是人类的普遍经验，这种经验非要与特定的时代、特定的人物、特定的事件相关吗？在这个文本中，"颇不宁静"和"政治愁闷"的关联，有什么证据能证明吗？"黑暗时代"的说法，在原文中能够找到证据吗？只要严谨地思考，你就会发现答案是否定的。

我最近心里也颇不宁静，但和政治完全无关。如果我们仅仅依靠时代背景或所谓的"写作背景"来解释文本，就会使得历史压倒文学。文学是一种具有超越性的存在，政治却很现实。"心里颇不宁静"，任何时代、任何地点、任何人都可能有，这种心绪浮动的现象可能基于五花八门的原因。在某个特定文本中，这种不宁静究竟基于什么原因，要回到文本中去找。找不到，就不要乱猜。

主题二：知识分子的孤独。

依据：①"妻"不理解我。开头"我""心里颇不宁静"，而"妻"却"迷迷糊糊地哼着眠歌"；结尾返家时，"妻已熟睡好久了"。②大段引用《采莲赋》和《西洲曲》，是在孤独、冷清的现实世界中的一次快乐的精神畅游。

"'妻'不理解我"，证据是什么？在文中，你是找不到证据的。开头与结尾所写的妻子的表现，为什么不能理解为她在家里尽一位母亲照顾孩子的责任呢？文中说"妻在屋里拍着闰儿，迷迷糊糊地哼着眠歌"，明明就是一个母亲在哄着幼小的孩子睡觉。

你说引用《采莲赋》和《西洲曲》，是"在孤独、冷清的现实世界中的一次快乐的精神畅游"，然而月光下看荷塘，不也是一种精神畅游吗？

大段引用《采莲赋》和《西洲曲》，到底是为了表现什么呢？

引用《采莲赋》之前，文本中说，"那是一个热闹的季节，也是一个风流的季节"。《采莲赋》里引的这一段，也是描述"热闹"和"风流"的。文中"忽然想起采莲的事情来了"，前面有一句"但热闹是它们的，我什么也没有"，这就意味着"我"实际上是渴望着"热闹"和"风流"的。不难推出，引用《采莲赋》和《西洲曲》，与其说是"在孤独、冷清的现实世界中的一次快乐的精神畅游"，不如说是表现此时心头的憋闷和冷落。

想到采莲，自然会想到江南。"于是又记起《西洲曲》里的句子"，于是"这令我到底惦着江南了"，都是正常的情理。然而，古代是回不去的，这里也不是江南。现实就是现实，你既然活在现实中，现实就是无法被超越的。

主题三：伦理的自由。

依据：①当时家境惨淡，家庭失和，使朱自清精神上非常痛苦。②文中说《采莲赋》妖童媛女在船中嬉戏的场景自己早已"无福消受"了，这是羡慕他们没有家庭的枷锁、伦理的负担。

这样的主题理解，仍然是脱离文本的。文中有任何信息说明"我"家境惨淡、家庭失和吗？这在文本中是找不到的。既然找不到证据，凭什么要这样说呢？我经常说，解读文学文本，要依托文本，慎用所谓"知人论世"的方法。

如果朱自清当时真的家境惨淡、家庭失和，是否意味着当时他的所有作品都必须表现这一点呢？答案也是否定的。写作是一种选择，并不企图还原写作者本人全部的生活。

《采莲赋》中妖童媛女在船中嬉戏的场景，是古代的情形。朱自清不是古人，他"无福消受"；而朱自清时代的其他人，大概也是"无福消受"的。这是事实。我要进一步问的是，现代人包括我们，都"无福消受"，是否能解释为这些现代人都存在着家庭的枷锁、伦理的负担呢？

主题四：对自由婚姻、爱情和女性的向往。

依据：①"这几天心里颇不宁静"，可以解释为作者又一次见到自己真正所爱的人。"另一个世界"是充满真爱的世界。"裙、袅娜、明珠、美人、风致"等用词，暗示了作者对爱人的爱慕，透出了淡淡的喜悦。②文中"莲子清如水"，含蓄地表达了对爱人的爱；"惦着江南了"，"江南"可能暗示了美如江南的爱人。③首尾对妻子的叙述，可见想摆脱而摆脱不了婚姻的苦恼。

针对这三点依据，我有如下问题——这是证据充分的解释吗？原文中有无明确信息证明文中的"我"想摆脱妻子而另有爱人？文学文本中出现女性意象，就一定能证明作者有对女性的爱慕吗？捕风捉影，厚诬先贤，莫此为甚啊！

我们阅读一些经典文本时，常常遇到各种评论意见。这些意见可以参考，但不可盲从。我们要善于提问，勇于质疑。毕竟，我们面对的文本是第一位的，评论者的意见是第二位的。

阅读的各个阶段都要善于提问

对于文本本身，提出有价值的问题，也是很关键的。针对文本的细密的提问，是细读文本的要求。文本的阅读，包括阅读前、阅读中和阅读后三个阶段。三个阶段都要针对文本提问，这样的阅读才是细读。而这三个阶段所提的问题,在角度与层面上,应该是略有分别的。那怎样的提问才合适呢?这就要看是否能够挠到文本的痒处了。

以《荷塘月色》为例,我们在阅读前就能够提出有意义的问题吗?

阅读必然要运用所掌握的知识和经验,所以阅读前看到文本标题,就可以依据自己的知识和经验,对文本的内容进行一定的预测。这主要涉及想象力。

例如,在开始《荷塘月色》的阅读之前,我们可以回顾一下自身的经验,并作一些推测性的设想:

①你有过观察或观赏荷叶荷花的经历吗?在你的印象中,荷的主要特点是什么?你能细致地描述一下吗?

②如果要求你来写一篇题为"荷塘月色"的文章,你将写些什么?怎样写?

像这样的问题,其实是很有意义的。我们可以通过这种方式,发现自己与朱自清的差距。

阅读的过程中,提问就应该更多了。文本阅读时,要力求详细地提出问题,对任何有疑问的词句,都要仔细审视,诘问其语义,以期完全弄懂其在文本中的意思。这些问题主要涉及理解力。

以《荷塘月色》为例,我们逐词逐句细读,可以提出如下这样的语义理解问题:

①"这几天心里颇不宁静。"——开头一句突兀而起,下文中可能发现"心里颇不宁静"的原因吗?既然是"这几天"心里颇不宁静,是不是意味着"这几天"之前,心里可能是颇为宁静的?

在文本中一直找下去,你将发现"心里颇不宁静"原因不明。你找不到具体的、明确的原因。但是你会发现,文中有若干暗示。"这一片天地好像是我的;我也像超出了平常的自己",说明"平常的自己"是不能自主的。"一个人在这苍茫的月下,什么都可以想,什么都可以不想,便觉是个自由的人",说明"平常的自己"是不自由的。这就是原因。《荷塘月色》所写的并不是观赏荷塘月色,而是企图通过独处来实现对现实的超越。

②"一个人在这苍茫的月下,什么都可以想,什么都可以不想,便觉是个自由的人。"文本中的"我",是如何定义"自由"的?根据这个定义,"自由"是美好的,还是可怜的?为什么"我"在这个晚上获得了"自由",却面临一种孤独冷清的困境?

"什么都可以想,什么都可以不想",这就是这里所谓的"自由"。这时候"什么都可以想",说明平常有些东西不可以想,不能够想;"什么都可以不想",说明平常有些东西不得不想,不能不去承受。这样的"自由",不是对美好境界的展望,而是对无奈现实的逃避。这种"自由"是可怜的。

既然"我"在这个晚上获得了"自由",却为什么面临一种孤独冷清的困境呢?因为现实是无法逃避的。你可以看到荷叶荷花想到美人,联想到古代的热闹风流,但到最后,你必须转过头来面对现实。其实,在文本中,"我"一直是"心里颇不宁静"的,荷塘月色下的景象不是热闹的而是冷清的,不是美好的而是孤独的。

像上面这样的问题,都是很重要的。文本阅读中可以提出大量类似的问题,提问越密集越好。提问表示你在思考,表示你对文本不是麻木的。

经历了这个阶段之后,文本就读完了,理解了一遍。但是,读一遍是不行的,于是进入第三个阶段:回读。

"回读问题"是指回头再读文本时所应提出的问题。"文章不厌百回读",一个好的文本,一个解读有难度的文本,都是需要"回读"的。"回读"之时,视界要扩大一些,不能只着眼于词句,而要着眼于词句的关联,意义的概括,意义之间的关联性。这些问题主要涉及逻辑能力。因为是回头再读,所以主要的任务是在文本内各项内容之间梳理出逻辑联系。当然,回头再读时也可能提出更多的、涉及面更广的问题。

还是以《荷塘月色》为例,在回读过程中,我们可以尝试着提出这样的问题:

①"曲曲折折的荷塘上面……"是描写荷塘中的景象,所描写的有荷叶荷花等。写荷叶荷花的部分,有没有某种一致性?这部分

写景文字，与整个文本的主题有无关系？

笔法细密，这是第一个一致。为什么要写得这么细密？你不能简单地说，这是朱自清的表达习惯。一切景语皆情语，作者写这些写景文字是要表情达意的。联系到"心里颇不宁静"这个"文眼"，我认为这是表现了"我"的努力——努力把自己不宁静的心投射到外部景物上。为了使内心宁静，"我"在努力转移注意力，试图用荷塘月色的景象来安顿这颗不宁静的心。这就是为什么要写得这么细致。

比喻繁密，这是第二个一致。繁密的比喻是"心里颇不宁静"的又一个表现。为什么这样说？因为比喻本质上是一个从本体到喻体的联想活动，本体是眼前的，喻体是非眼前的、虚拟的。看到眼前的实际景象，"我"却联想到非眼前的虚拟景象，这说明眼前的景象并不能使"我"的心宁静下来。心如果真正宁静下来了，大概就是"相看两不厌，只有敬亭山"，而不会看到眼前的敬亭山，而心中尽是些泰山、黄山、峨眉山之类。比喻在文本中如此众多，这意味着荷塘边的这个"我"，内心是很不宁静的。

如果继续观察，我们还能发现女性意象也是一个共性。什么"舞女的裙""刚出浴的美人"，这与后文引用的古代文献中的女性、风流之类，具有一致性。对此，我不想多说。

②对于现代读者来说，梁元帝的《采莲赋》容易产生语言障碍，引用在现代汉语文本中，容易败坏阅读兴趣和阅读的连贯性，但文中为什么仍然要引用？《采莲赋》里的热闹情景与"我"独游荷塘的孤独形成对比，是为了传达什么信息？

这实质上是在问引用的必要性。既然要引用，尤其是冒着风险引用，肯定要有作用才行。为什么要引用呢？是为了表现古代采莲的热闹和风流。这与荷塘边的"我"又有什么关系呢？有，因为"我"此时所在的荷塘边，既不热闹，更无风流。它表现的是"我"此时的冷清和寂寞，以及"我"对热闹与风流的热望。

③文本中"我"最后的终点实际上就是文本开头的起点，这是

否存在着象征性含义的可能？是否可能意味着，独处的"自由"，联想的诗意境界，最终都会破灭，人只能不可避免地面对并不诗意的现实世界？

这就是本文的所谓"圆形结构"，圆形结构在文本中具有象征性意涵。它意味着，现实本质上是封闭的，是无法被突破的。你在精神上可以有胡思乱想的自由，可以站在荷塘边浮想翩翩，想美人可以，想古代可以，想江南也可以，然而，无论你想多少，想什么，最后必须从幻想中转过身来，面对现实。无论现实多么的不堪，你多么不愿意面对，你最终必须面对。你的理想可能在别处，但现实始终是无法逃离的。生活就像是一个封闭的圆，你只能处在这个圆中。

在上述三个方面的问题中，"读中问题"和"回读问题"在解读文本过程中，数量最为庞大。所谓"细读"，主要是在阅读过程中不断地提出问题，并加以分析探究。"回读"也是阅读过程中重要的一环。"读中"固然要竭力提问，但由于开始的一两遍阅读不见得就能宏观地把握住文意，所以，"回读"的时候更有可能产生较多的问题。

四、再谈"比较"：《爱莲说》

比较的原则

比较，是初步梳理文本内容时不可缺少的逻辑方法。我们在阅读一个文本，初步梳理文本内容时，通过比较各种语义信息的异同、文本中各种各样对象的异同，并由此归类，作出分类。相同点多而相异点少的，归属于同类；相同点少而相异点多的，归属于不同的类。分类之后，比较就可以展开。这样我们对将要分析的文本的认识就不再是孤立、零碎的，而是全面、系统的。这一步工作很重要。

运用比较法，应当注意的原则包括以下几点：

第一，比较必须在同一范畴下进行。这是对象是否可比的问题。例如，树木和夜晚哪一个更长，前者是空间的长度，后者是时间的长度，没有可比性，因此，二者不能比长短。你的想法很多，但它在数量上不能与一碗米相比。前者是精神的、无形的，而后者是物质的、有形的。在《从百草园到三味书屋》中，"我""先生""同窗"都是人，其生命状态具有可比性；"我"在百草园中的体验和"我"在三味书屋中的体验，具有可比性。在同一逻辑范畴内比较不同对象或对象的不同特性，这种比较就是合理的，不在同一范畴，就是不合理的。

第二，确定并保持稳定的比较标准。这一点是很明确且容易理解的。当比较标准固定在"命运走向"这一点上，我们就能发现《从百草园到三味书屋》中，"我""同窗""先生"的命运走向具有一致性，而不会说这三个人中有一个是老头儿，而另外两个是孩子。

第三，越在不相同的对象中探求到相同点，或越在相同的对象中探求出相异点，在发现文本内涵方面的价值就越大。你看到"先生"和"我"的年龄的区别，这没什么了不起。在三味书屋中，你看到"先生"是教师而"我"是学生，这不算什么有意义的发现。但是你看出了"先生"和"我"的人生感受具有相似性，这就是了不起的发现。

《爱莲说》中三种花之比较

我以前听其他教师讲《爱莲说》，没有一位教师讲对过。

这篇文章写的是"爱莲"，你爱莲，那就写莲，没有问题。可是把牡丹和菊拿出来"垫背"，这是什么意思？而且，这篇文章非常短，既然篇幅很短，如果构成元素太多，反而构成一种风险，容易发生混乱。一会儿是莲，一会儿是牡丹，一会儿是菊，这么多的对象拥挤在一个狭窄的篇幅里，可能会使作者所要表现的主要对象不突出。一般的作者写一篇"爱莲"，会努力描写莲，然后来几句抒情，学生写作文一般就是这个路子。

不难看出，《爱莲说》的特质，就是比较。

一般教师都会讲到"反衬"，这难道不对吗？其实，"反衬"不是问题的重点。牡丹象征富贵，比较世俗，好像和"君子"形成了反衬，那么菊是

"反衬"吗？菊也是品性高洁。作者为什么不爱菊呢？这就要比较"莲"和"菊"的差异了。菊的定性是"隐逸"，根据文意，是要被排除在"君子"之外的。

爱莲，究竟爱莲的什么？一般教师会讲，爱莲的高洁，它"出淤泥而不染"。可问题是，菊在中国传统中也是高洁的象征。如果说菊是对莲的正衬，总要回答它"衬"的是什么。比如菊高洁，而莲更高洁，这就是正衬，这样才衬得出。在"高洁"这点上，二者可相提并论，有什么可"衬"的呢？"衬"有主次之分，所以，应该有另外的理解。

牡丹是世俗富贵的象征，它的问题是"入世太深"。菊是什么？是隐逸的，它的问题是"出世太远"。一个"入世太深"，一个"出世太远"，都不符合中庸之道。

莲才是符合中庸之道的。在这三种花中，莲处在菊和牡丹的中点上。"不染""不妖""中通外直""香远益清"，具有种种优良品质，高于红尘世界。但同时，它站在世俗世界之中，"出淤泥"又"可远观"，能够被世俗世界看见。这就是中庸。

三种花具有明显的可比性。在人格特征、社会属性这样的维度上，仔细比较，我们就能发现这三种花之间的关系，揭示出文本内部的事实，发现文本真正想要表达的意义。

《爱莲说》的主题就是中庸

"中庸"是《爱莲说》的主题，但几乎没有教师这样讲。

"中庸"就是要讲尺度，讲分寸。

第一，你在红尘世界必须高洁，必须和红尘世界保持一定的距离——"可远观而不可亵玩"。如果可以"亵玩"，那就和世俗世界打成一片了。

第二，你必须站在红尘世界。你要在淤泥之中，能够被"远观"，这样你的存在才能够引领这个世俗世界。菊的问题就在于它是一个"隐逸者"，隐逸确实很高雅，但对于我们这些在红尘中挣扎的芸芸众生有什么意义呢？孔子拒绝当隐士，其实他很理解隐士的乐趣，知道隐士的生活悠闲、从容、自在，但是孔子认为不能这样，"鸟兽不可与同群"。既然身为一个人，你就必须承担对社会对人类的责任！这就是孔子比隐士伟大的地方。

菊追求隐逸，不与世俗为伍。你固然高洁，但是对这个世界、这个社会没有建设性。你如果是一朵追求富贵的牡丹，却又完全成了世俗之徒。而莲，首先是站在红尘之中，淤泥之中；与此同时，在红尘世界保持了一种高度，是"不染"的。什么是"可远观而不可亵玩"？和红尘世界保持距离，拒绝狎昵；同时，又让红尘世界看得见，并未与世俗完全隔离。

这就是中庸的理念，是儒家思想。这样来看，这三种花之间就不是正衬、反衬的关系，而是为了把莲、牡丹和菊联系起来，构造一个比较的框架，通过比较来指明莲在这个框架中所处的位置。莲的位置，恰好允执厥中：既不是"入世太深"，又不是"出世太远"；既站在红尘世界，又在引领着红尘世界，标志着红尘世界之中我们可能达到的一种高度。不处于两极，安居于中央，这就是中庸，就是文本的核心理念。

这篇文章为什么成为名篇？主要就是它的思想。"中庸之为德也，其至矣乎"，这是一种极境，也是文本的主题，表达的是儒家中庸的理念。这样理解文本，也完全符合周敦颐作为一个北宋大儒（思想家）的身份。

回到前面的问题，《爱莲说》这么短的文章，为什么要写几种花？标题是"爱莲说"，就该写莲。既然这么短的文章写了三种花，我们就必须思考这样写的必要性。

通过比较发现，牡丹和菊都被归为否定的一类，文章肯定的是莲。一个是"富贵者也"，一个是"隐逸者也"，莲是"君子者也"。三种花联系在一起，建立了一个比较的框架。为什么要建立起一个比较的框架呢？因为没有这样的框架，"中庸"的概念就较难表现出来。牡丹在入世的极端，菊在出世的极端，而莲站在红尘世界又超越了红尘世界，保持着入世和出世的平衡，处于牡丹和菊两个极端之间的中间位置。如果没有这三种花构筑的比较框架，想要如此简明而直观地表现君子的中庸，必然是极其困难的。

五、散文的行文姿态:《端午的鸭蛋》

闲散的行文姿态

文章题目"端午的鸭蛋"是一个偏正短语,据此可知:第一,文章表现的主体应该是"鸭蛋";第二,不能泛泛写"鸭蛋",这个"鸭蛋"必须是"端午"的。

由此观察,文本的内容构成为:第一,开头就写家乡的端午风俗,篇幅不短,最后引出端午节的鸭蛋。在"苋菜、虾、鸭蛋"三样端午节必吃的东西中,鸭蛋仅为其一。第二,接下来写高邮鸭蛋。第二、第三自然段篇幅甚长,写高邮的鸭蛋,而这部分不见鸭蛋与端午的关系。第四、第五、第六自然段说端午节时孩子挂"鸭蛋络子",这部分中鸭蛋与端午是相关的。

根据上面的观察,可以初步得出结论:行文比较散漫,不集中,也不聚焦。内容之间的联结,不硬,不紧,比较松散。

行文姿态如此,需要合理的解释。下面从文本的宏观层面和微观层面,简要谈谈我的看法。

首先,从文本的宏观角度来看。

作者对文章风格的追求是闲散,对文意中心、文本逻辑的严谨,也并不很在乎(这不等于说它没有中心与逻辑,中国传统审美观念中有所谓"妙在有无之间")。

作为"中国最后一个纯粹的文人",我认为作者汪曾祺对"中心"这个概念是有他自己的看法的。在一般的理解中,写文章要步步严谨,抵达"中心",而且要使得"中心突出""中心鲜明"——这其实是一种硬生生的"文以载道",其内核是功利主义的。为趣味而文章,随兴致而运笔,这才是文人的散淡自在。这种散淡自在,需要超然,需要心境的老而淡。

其实,这是人到晚年才能达到的心境。在文中,"我对异乡人称道高邮鸭蛋,是不大高兴的,好像我们那穷地方就出鸭蛋似的",这是他早年的心境,还有世俗的虚荣心。晚年自己捉笔来"称道高邮鸭蛋",说明把"穷"放下了,他的心已经自在解脱了。

其次,从文本的微观角度看。

第一,从细节方面观察。文章叙述、描写了很多细节,这些细节展现了作者对故乡的端午、鸭蛋的记忆。人是会遗忘的,能被记起来的细节,显然是铭刻得较深的回忆。越是描写得细腻的部分,越是记得深刻的内容。因此,找出文中的细节,揣摩那些被细致描写的细节,是很重要的。因为这就是作者念兹在兹的地方,由此可进一步推测作者的写作意图。文本中的细节重在趣味的表现,意义都不复杂。

第二,从特征方面观察。鸭蛋是土的、俗的,而文中谈鸭蛋却用了古代的书面资料或典故,使得雅俗兼具。古代的资料,袁枚的《随园食单·小菜单》与囊萤映雪,也有雅俗之别,前者俗,后者雅。作者懂得雅,不装雅,文章说的东西俗,却写得不俗。把雅俗连通,在雅与俗之间,没有分别心,这也是超然、淡然的表现。语言也是口语与雅言杂用,如"我走的地方不少,所食鸭蛋多矣,但和我家乡的完全不能相比"。这种杂用,显得很随意,有自在散漫、没有拘束之感。

值得注意的是,作者为了突出他的散漫姿态,有时候刻意把文字与主题对象拉开距离,如"不过用萤火虫照亮来读书,而且一夜读到天亮,这能行么? 车胤读的是手写的卷子,字大,若是读现在的新五号字,大概是不行的"。这种手法很飘忽,说明作者善于打飘拳。刚刚要切入内核了,却马上绕开。等你以为要脱缰了,他又收回来了。若即若离,似散非散,这一招也算是汪曾祺的一大特色。

文本的教学价值

这篇课文的教学,对于初中生而言,他们能学到什么呢? 哪些东西对他们来说是有价值的呢?

我个人认为,初中生学习这篇文章,大概很难欣赏到真正的妙处。首先,可教给他们比较容易把握的,如细节(如"筷子头一扎下去,吱——红油就冒出来了")、语言(如"有的样子蠢,有的秀气")的品味,可能是最重要的。其次,让他们初步懂得写文章要有趣味的道理。如果能引导学生体会到文章的淡然自在,那是最好的。然而,这很难。学生达不到这种境界,实际上,仅仅理解这种境界都是困难的。

所以,教学目标设置为"品味文章细节和平淡有味的语言",应该就可以了。教学紧紧扣住这个目标,把与此无关的环节全部剔除。而能够达成这个目标,就很不错了。

教这篇课文,也不宜搞"读写结合"。要让学生体会到"平淡有味"就已经很不容易了,他们怎么可能写得出"平淡有味"的东西呢?弄得不好,画虎不成反类犬,变得淡然无味。何况小孩子写文章,还是应该追求繁华绚烂的。繁华的年龄应该追求文字的繁华,文字繁华起来之后才有可能返归朴素平淡。"寄至味于淡泊",若无"至味",淡泊就只是单薄,没意思。我曾经说过,如果经济上从不曾富有过,文字上从不曾华美过,那么他很难理解什么是真正的平淡。他的所谓平淡并不是平淡,只是寒酸。

至于汪曾祺打飘拳的功夫,更是初中生望尘莫及的。这不宜给学生讲,讲了他们不但不太能理会,反而会带来恶果。因为这篇文章的散漫行文姿态,跟学生作文条理不清、中心不明,乍看起来非常相似。

在我看来,这篇文章最有价值的部分,是不可教的。这就意味着,教材编选者选入这篇文章,是不恰当的。不是这个文本不好,而是不适合这个阶段的学生。

第三讲　小说的解读与教学

小说的文本解读，原则上说，和别的体裁的文本解读在方法上没有太大的差异。文本本身是自足的，文本内已经存在足够的信息，解读无非就是对文本信息进行识别、梳理、整合，并最终得出分析结论而已。

一般认为，小说的文体特点，在于它的"三要素"（人物、情节和环境）。我一直认为，"三要素"只不过是关于小说构成要素的共性的表述，并不能直接揭示具体文本的文本特质。一篇小说的艺术质量高不高，并不取决于是否具备"三要素"。凡是文学类文本，都应关注文本的特质，亦即其独特的个性特征。小说的教学，如果只是泛泛地去抓"三要素"，很可能不得要领。

一、什么是小说

小说叫作"小说"，不叫"大说"。传说蒲松龄在路边设立茶馆，通过听人讲故事来收集《聊斋志异》的素材，这说明"小说"还可能是"道听途说"。

（一）小说之"源"

在中国传统文学观念里，小说和戏剧都难登大雅之堂。"小说"这个词，最早的出处大概是《庄子·外物》："饰小说以干县令，其于大达亦远矣。"尽管并非从文体意义上使用这个词，但这个词显然带有贬义。"小说"和"大达"对举，指琐屑的言谈、无关宏旨的小道理。"小说"的最佳反义词是

"大道","小说"的字面意思实际上是在暗示它与崇高的真理无关。小说甚至算不上是"小道"。《论语》中子夏说,"虽小道必有可观者焉","小道"毕竟还是有可观可取之处的,这比起琐屑无谓的"小说",要高级得多。

我以为,《庄子》"饰小说以干县令"的说法,并不是我们今天所谓"小说"的词源。小说的"说",并非源自《庄子》里"小说"的"说",而是源自"说唱"的"说"。"说唱"历史悠久,究竟起源于何时,已经无从稽考。但我们今天能够看到东汉的击鼓说唱俑,这证明早在东汉时期,说唱艺术已经得到比较广泛的流传了。到了宋元时期,说唱艺术已相当成熟。"说唱",顾名思义,是有"说"有"唱"的,"说"和"唱"是相互为用、相互补充的。作为文体概念的"小说"的"说",不是一般的言谈,而是"说话"。这里的"说话"有特定的含义,宋元时期称小说为"说话",称讲小说的人为"说话人",而把他们说唱故事所用的底本叫作"话本"。

(二)小说之"卑"

"小说"作为文体概念,在词源上就有歧视的意思,它是"小说",不是"大说"。古代有名的小说家,大多生平不详,没有诗人和古文家那么显赫和受人尊敬;小说家自己往往也不太好意思在他们的作品上署真名,如《金瓶梅》署名"兰陵笑笑生",就显然是个假名。《红楼梦》的作者是谁,也是经过研究者们的考证才被确知的。

小说在中国历史上被轻视,原因有很多。它出身卑微,非官方,是民间的。说唱艺术源于民间,官方人士、士大夫们是瞧不起的。诗文是贵族的,高雅是基本的审美风格;小说是平民的,通俗是基本的审美风格。

唐宋以来,随着社会的变迁,文化重心越来越下移。词、戏曲、小说的兴盛,就是文化重心下移的表现。这些事物并非在象牙塔里产生,满足的是普通大众的审美需求。随着文人的逐渐参与,词、戏曲、小说的文化品位也逐渐提升,最后发展成为重要的文学体裁样式。元明清时代,实质上是小说和戏曲的天下。尽管诗歌作品仍大量出现,但品质已经大不如从前。

明清时代,尽管小说实质上已领文学的风骚,但知识阶层仍然普遍轻视小说。这其中有历史的巨大惯性在起作用,也有文化观念在起作用。

(三)小说之"小"

小说之所以名为"小说",我觉得还可以这样解释:它不同于那些宣扬"大道"的高头讲章,看起来确实"小";它里面更多的不是宏大的"思想",而是细腻的"体验"。

但"小"与"大"是辩证的。小中有大,大中有小,看起来小的,未必不大;看起来大的,未必不小。好的小说中,可能有非常深远重大的内容;而有些看起来很庄严的存在,却可能是宏大的"泡沫"。伟大的小说其实并不"小",其中很可能就有"大道"。

二、小说的虚拟性

一般人会误解"虚构",对"虚构"抱有偏见,以为"虚构"似乎就是不真诚。所以,我这里的用词是"虚拟",但是这只是虚晃一枪。我所说的"虚拟",实际上就是"虚构"。

小说通常都存在较多的虚拟。巴尔扎克说,"小说是庄严的谎话"。然而,在中国文学的传统中,强调"修辞立其诚""辞达而已矣",反对诈伪,虚拟也因而受到排斥。中华民族的民族性,是相当务实的,对虚构或虚拟抱持着本能的反感。"小说家言"之类的称谓,历来含有不可信的意思。即使喜欢小说的文人和评论家,也只能硬着头皮抬出"虽小道必有可观者焉"之类的话来做挡箭牌。正因为如此,在我国古典文学中,小说这种需要虚拟的、规模较大的叙事文学体裁,与散文和诗歌的热闹与繁荣相比,显得有些冷清和零落。其实,公正地说,文学虚构不等于日常生活中的撒谎,文学艺术要表现真理往往就得"扭曲"事实;文学的虚构正表现了人类超越现实的努力,它不但是正当的而且是必要的。文学也正是以其虚构激发了人们的想象和激情。轻视小说,恰好反映了我国传统的正统文学观念的狭隘。

我们经常听人说"文史哲是一家",而亚里士多德认为,文学是具有普遍性的，它比历史还要高级。在我看来，历史近于小说，而小说高于历史。

历史追求真实，而小说可以虚构。但是，历史不可能达到完全的客观真实，在这个意义上，历史可以说是"失败了的小说"。且不说历史文本中其实也不乏一些可疑的叙述，例如《烛之武退秦师》中烛之武那番言辞的原始记录来自何处，《荆轲刺秦王》的叙述者如何得知属于机密的易水送别，单是克罗齐的一番话就足以瓦解历史的客观性。克罗齐讲"一切历史都是当代史"，历史不过是历史学家对事件的有选择的叙述，带着叙述者的既有观念，它的叙事并不是我们所想象的那么客观。这就是为什么历史近于小说。

那小说为什么高于历史呢？首先，好的小说会表现出作者对人生与世界的整体观念，而不只是他对具体的人和事的判断。小说中的人物，都是综合或改造了现实中的人物之后而形成的虚拟性人物，这样的人物大于现实中的人物。而历史人物，都是现实生活中曾经的真实人物，他的容量比小说中的人物要小。其次，小说中所表现的经验，不等于是直接的、真实的经验。它是一种"被改写""被扭曲"，或者说"被极端化""被典型化"了的经验。文学的任务并不是反映现实，现实已经摆在那里，不需要你多此一举去"反映"。如果文学的任务仅仅是反映现实，就是对精力的浪费。文学要超越现实，要"扭曲"现实来表现社会的真相与人生的理想。在这个意义上，小说也高于历史。

鲁迅说司马迁的《史记》是"史家之绝唱，无韵之离骚"，正确地指出了《史记》固然是历史著作，但同时具有文学性。这不是对《史记》的贬低，而是对《史记》的赞扬。其实，《史记》里的一些内容，读起来和小说没有太大的差别。从项羽兵败直到乌江自刎的过程，其间曲折的故事和生动的细节，很难排除虚构的因素。《史记》的文学性，正是它成为影响深远的名著的一个重要原因。当然，和小说不同，历史还是希望自身能够努力还原当时的事实的，尽管实际上几乎做不到。而小说却完全没有追求所谓真实性的负担，它可以而且应该大胆虚构——不需要考虑事件的真实，只需要考虑情理的真实。

其实，一切文学类文本，都有一定的虚构或变形，我们没有必要也不应该把它们当作历史文本来看。即使是散文,也是如此。尽管《从百草园到三味书屋》《荷塘月色》都是散文,但完全没有必要把文中的"我"等同于历史上的"鲁迅"或"朱自清"。没有谁规定散文中不允许虚构,没有谁认为散文必须等于传记。它既然属于文学类文本,就可以变形或虚构。

在小说阅读和小说教学的时候,追问文本中所叙述的事实的真实性,是不必要的。在具有文学性的文本(不限于小说,如《五柳先生传》)中,"我"不见得是我,"真"只不过是"似真"。对那种固执地要把文学文本中的"我"与作者等同起来的人,可能以为文学不过是排除了一切虚拟的自传,我只能赞扬他的"老实";但恰恰是这种"老实"把他和文学隔离开来,使他成为文学的"门外汉"。

三、经验与主题

小说是典型的叙述性文本,它通常不需要在叙述之外加以大肆的描写、议论、抒情。散文很"散",文体构成元素通常很丰富,表达方式也很多元。小说不能,它要追求叙述的境界,写小说最忌讳在最后画龙点睛、点明中心、卒章显志之类的。小说中也有环境描写,但绝不会努力追求写景散文的表达效果。小说中的写景主要是为了营造人物活动的背景,而对于写景散文,写景的效果是一个很重要的追求。

小说的核心是什么?小说的核心主要是传递人生经验、人生体验,让读者感受到某种特定的人生体验。我们为什么要去读小说?因为每个人的人生是一次性的直线,你只有你的生活,正如弗罗斯特在诗歌《未选择的路》中所说的,选择了这一条,就不能走那一条。其实,读小说就相当于你可以走右边那条路,但也可以看看走左边那条路上的人的状态怎么样,他所看到的风景如何。小说所写的和我们的生活有区别,这才使得它具有阅读的价值;如果它写的和我们的生活完全一样,根本没必要去读。

文学必须立足于人性和社会的现实,同时又必须与现实保持距离,甚至表现出超越现实的意义。立足于人性和人间的现实,表现人类的共有经验,因而具有普遍性和典型性;与现实保持一定的距离,其表达的经验与我们的一般经验存在差异,因而具有独特性。典型性和独特性,可以说是小说中最重要的部分。正因为小说中所传递的经验是独特的,它才对读者产生足够的吸引力,帮助读者扩展人生经验;正因为小说中的经验是典型的,它才能融合和引导我们自身的经验,从而给我们带来启示。

一切叙事性文本的要点,均在于传达人生中的经验事实。透过这些经验事实而获得的对人生世界的认识与领悟,就是主题。

当经验具备独特性,其本身就具备了叙述价值。这一点很好理解。例如《老人与海》,你不是那位老人,也没有在大海上与一条鲨鱼不懈搏斗的经验。顺便说一下,学生要写好记叙文,第一任务就是寻求经验的独特性。经验的独特性意味着题材往往要具有独特性,你不要写那些司空见惯的内容,除非你从中发现了别人不曾发现的亮点。

当经验不具备明显的独特性,那么你对经验事实的理解和领悟必须是深刻的,亦即主题的深刻。例如《孔乙己》,孔乙己这个形象现在看起来还是较为独特的,但文本大量的篇幅并不在于强调这种独特,而在于突出社会人群对孔乙己的反应。人们对孔乙己的反应,不分年龄,不分阶层,都是惊人的一致:以孔乙己之痛为自己之乐。没有人对孔乙己抱有一丝同情。嘲笑一个落魄的读书人,对他人的痛苦没有同情只有冷漠,这是当时中国社会中的常见现象,并不具备独特性。然而,小说文本通过对这一平凡现象的摄取和定格,过滤掉孔乙己人生中被人虐待和讥嘲之外的所有生活片段,从而凸显出社会的冷漠与生存的冷酷这一主题。

和所有文学文本的解读一样,小说文本主题的解读,是一个核心任务。在把握小说主题的时候,有几个基本点是我们需要认知的。而对它们的认知越透彻,越有利于我们深刻地解读小说文本的主题。

(一)小说是对人的行为模式和生存境况的表现

小说显然是对人生的再现或表现。在这个意义上,我们可以说,小说也是历史,是人生史,是心灵史。读小说,就是读人性,读人生,读社会。小说可以帮助我们扩充人生经验，进而深刻理解人生。

读曹文轩的《孤独之旅》，你将体会到一种与社会隔离的孤独经验，并理解自我成长是一段孤独的旅程这一事实；你能看到人在孤独的环境中，对外部境况如何作出行动的和心理的反应。读莫泊桑的《我的叔叔于勒》，你能看到亲情与金钱的纠结，尤其是在因金钱缺乏而威胁生存的时候。读卡夫卡的《变形记》，你能领悟到我们想象中那种牢不可破的亲情，实际上无法经受极端情况的考验；你之所以觉得亲情无比可靠，只是因为你还没有变成一只大甲虫，你的家庭生存境况还不算太糟。

小说是对人的行为模式和生存境况的表现，可以说这是对小说的"真实性"最恰当的描述。但是，小说绝不追求客观事实的真实。在文学中，"文学真实＝情理的真实"。文学不限于"已是"，而常常表现为"应是"，这是我们应该知道的。忠实地复制或准确地再现人生，不仅是不可取的，也是不可能的。小说是艺术，而复制并不是艺术。

（二）小说要包含人对宇宙人生的思考和感受

作为叙述性文本，小说和历史一样，其基本任务是为我们揭示出"人的法则"或人生的真理，其意义在于使人生不再盲目，有所依归。

文学中的这些法则或真理不能归结为简单的、哲学式的箴言或命题。小说对人生真理的揭示，必须通过丰富多彩的人生现象来体现。读《红楼梦》，我觉得这部小说的重点，是通过贾宝玉来表现一个时代的绝境——贾宝玉，这个时代的一个年轻人，他既不想走老一辈贾政的人生道路，时代也没有提供新出路的可能。于是这个年轻人，在贾府中只好混迹于一堆脂粉之中，无故寻愁觅恨，有时似傻如狂。到了最后，他仍只得在仕途经济与离家出世之间进行选择，在儒家与佛道之间选择，时代无法提供新的选项。这就是说，整个《红楼梦》实际上表现了一个时代的困境。然而，这一主题不能用这么简单的几句话概括出来，它需要我们进入整个故事的情境中去体会、去领悟。主题只是一个"神"，它必须"附体"在故事的"形"上，才能有血有肉，才能鲜活，具有感染力。

（三）小说（文学）教人向善，启示我们去爱

现实中，不公正远比公正多；人生中，失落远比满足多。因此，文学中愤懑与悲愁占据绝大部分篇幅。尝试比较《西游记》《水浒传》和《红楼梦》的结尾，我们就会明白后者为佳。《西游记》的最后，你也成佛，我也成佛；《水浒传》的最后，你也成仙，我也成仙。总之，最后都是排排坐吃果果，各得其封，皆大欢喜。而《红楼梦》的结尾，却是那样让人怅惘低徊。

但是，文学绝不止于表现痛苦而已，它总是有意无意地引导我们憎恨不公，同情善良而受苦的人，使我们对人世心怀悲悯。这就是所谓的"理想的赏罚"。孔乙己在当时受到了嘲讽讥笑，然而在我们这里他却得到了悲悯。《孔乙己》揭示了人世冷漠的实相，让我们认识到不应该如此无情地对待那些遭遇痛苦的人。

人必然是向往爱的。爱存于人心，也被人感受和觉察。爱有不同程度和种类，小说试图表现不同人物、不同环境、不同性质的爱，使人爱上"真诚的爱"。《老人与海》教导我们要有尊严地爱自己或维持自尊；《金瓶梅》让我们看到欲望的低俗丑恶，那不是真正的爱的方式；《笑傲江湖》告诫我们，林平之的仇恨和岳不群对权力的爱，都将使人性变态而导致毁灭；《祝福》启示我们，一个没有爱的社会，实际上是不受祝福的。

在实际的文本解读过程中，探索小说的主题，第一，要了解人，理解人之常情。所谓"人情练达即文章"，读小说，当然要理解人情。这是人生经验的一个重要部分。读小说，就是理解人性，了解人生。例如《我的叔叔于勒》，为什么标题不是"于勒"，前面要加上"我的叔叔"？"我的叔叔"突出了亲情关系，全文涉及的也是金钱和亲情的关系。从人之常情来看，父亲不爱他自己的亲弟弟吗？父亲的冷漠是因为生存的艰难。家里穷，自己的女儿嫁不出去，做父母的作何感想？这种情况下，他们能不重视金钱吗？那是一个金钱决定地位的社会环境，贫穷带来的生存困境迫使"我"的父母不得不如此。不是他们无情，而是这个社会太残酷。所以这篇小说讲的，无非就是人世的悲凉。

第二，如果一个文本的主题丰富，应该整合，而不要割裂。教材上有些看似多元的理解，要斟酌多元中的每一"元"是不是真的能够成立。例如《我的叔叔于勒》，"金钱对人性的腐蚀"这一说法根本不成立。文本中，金钱是怎么腐蚀人性的？有什么证据证明了金钱的腐蚀？是否存在一个腐蚀过程——假设于勒叔叔一开始就以穷光蛋的身份出场，父母难道会热烈欢迎他吗？父母行动的逻辑，在小说中一直是没有什么变化的。他们对于勒，始终是一样的态度，并不存在一个由未经腐蚀到被腐蚀的变化过程。

古典主义文本，是诉诸理性的。一般都是单一中心或单一主题。西方现代主义文本和后现代主义文本，有的追求主题模糊，甚至出现"去中心化"。在一些小说家看来，人类很多时候是感性和盲目的，很多行为是感性的、麻木的，很多念头是流动的、混乱的、无意识的。生活在很多时候也是无中心的，盲目，随顺环境，根据环境随机反应，所以文学模拟生活，就可以是中心模糊，或者无中心的。然而，这类作品被创作时，作者其实是有意的，刻意表现了生活的无中心、无意义。这就是它的主题。

四、解读小说，看"情节"，不如看"叙述"

情节是被"叙述"出来的。对于叙述，一般不把它单独作为小说的要素来讨论。但我觉得，解读小说以及小说的教学，谈论"叙述"是非常必要的。只是机械地分析情节，对情节的分析很可能无法到位。如果从叙述的角度切入分析，倒更有可能触及情节分析的要核。

当我们关注文本写了什么，第一反应就是小说中的"情节"或"故事"。而当我们思考"情节"或"故事"怎么被讲述出来时，就涉及叙述的问题了。

谁在叙述？为什么叙述者是这个而不是那个？是怎样叙述的？为什么要这样叙述？关于叙述的这些问题，是小说解读的重要问题。

对于"叙述"，我们可以从叙述者、叙述视点、叙述结构、叙事时间、描写的介入等方面着手，进行考察分析。

（一）叙述者

叙述者决定了叙述的视角。同样的人和事，如果视角不同，其结果也是大相径庭的。不同的视角，所看到的世界图像并不一样。如果我们从人类的角度去看，朝菌蟪蛄是短命的；但假如从朝菌蟪蛄的角度来观看或描述这个世界，这个世界的图景一定会有巨大的不同。

我们知道，《水浒传》《金瓶梅》中都出现了潘金莲的故事。这两个文本都是以男权社会的男性视角来叙述潘金莲的，对她的叙述和评价自然也受到这种叙述视角的影响。假如以潘金莲的视角来叙述这件事，尽管还是同样的故事，一定会出现惊人的差异。因为从这个角度来叙述，就会迫使叙述者进入潘金莲的内心世界，就会同情地理解她真实的内心渴望。如果叙述者从潘金莲的视角出发，我们也许会发现，西门庆也可能有他的魅力，武大郎的缺陷也不仅仅是身材矮小。潘金莲的经济地位和社会地位决定其无法主宰自己的命运，她被地主卖给武大郎，其实是一个受害者。对于这样一个年轻女人来说，从人性正常的基本面来看，她的需求在客观上也具有某种合理性；她的希望与行动，固然是病态的，但这种病态是被社会强加给她的命运导致其心理扭曲的结果。因而，她所作所为的动机，或许可以理解为她对外部世界强加给自身的不公正的命运的反抗。只是面对荒谬的命运，她采用了荒谬的反抗方式。

很多情况下，我们对人性缺乏同情与尊重，直接进行价值判断。这样的判断方式，往往不是文学的而是道德的。这个时候，叙述视角的变化并不是没有意义的。

因此，为什么是这样一个叙述者，为什么要通过这个视角来完成小说的叙述，这是解读小说文本时应该好好分析的课题。

我们来分析一下《孔乙己》的叙述者。《孔乙己》是以第一人称叙述的。叙述者"我"，在小说里具有双重身份，一个是二十年前咸亨酒店里那个十几岁的小伙计，另一个是二十年后已经长大成人的"我"。这种叙述者身份的设计，究竟有何作用，就很值得分析。

小说的中间部分，叙述者是二十年前作为小伙计的"我"。"我"既是孔乙己的观看者，完成了情节的叙述，也作为孔乙己的嘲笑者介入了情节。"我"不仅完成了叙述，也帮助了主题的表达——"我"对孔乙己既麻木地旁观又参与了嘲笑，而这恰好反映出当时社会麻木冷漠的彻底与普遍，就连一个少年，也毫不例外地被同化了。这实质上还暗含着中国社会"吃人"的这一主题——这在鲁迅那里几乎是一以贯之的。

小说一开始，叙述者是现在的"我"，结尾又回到了现在的"我"。现在的"我"对二十年前那些情节的记忆还如此深刻，说明它们对于现在的"我"具有特别的意义。关于孔乙己的种种记忆，成为现在浮现出来加以省视的对象，暗含着把主题引向反思与批判的意图。

《孔乙己》中的"我"的价值，绝不只是借由第一人称的叙述方式带来叙述的方便。根据以上分析，这种叙述方式与这篇小说的主题具有重要的关系。

（二）叙述视点与叙述结构

先解释一下，这里所说的"视点"，字面意思就是"所看到的点位"。小说叙述者，起到的作用是"看"。讲出他所看到的。为什么他所看到的是这些点位上的内容呢？分析"看到了什么"，对于解读比较关键。

社会生活无比广阔，为什么小说偏偏让我们看到这些，而不是另外的东西？这实际上就是为什么小说所提供的内容是这些而不是那些的问题。一部小说，之所以提供这些情节，讲述这些故事，和小说的主题是紧密相关的。而各部分情节内容之间，经由主题发生联结，就形成了一种叙述的结构。

鲁迅的《祝福》，只让我们看到祥林嫂在鲁镇生活的几个片段。这是为什么？一个简单的解释是：他不想使得故事在时间上是连续的，以时间的断裂来呈现祥林嫂命运的变化，或者说生命状态的恶化。这就形成了一个片段串联的叙事结构。祥林嫂出嫁之前的种种情况，她改嫁之后的生活情景，文本都屏蔽掉了，不让我们看到。为什么呢？一个简单的解释是：被屏蔽的内容，无助于文本预设的主题的表现。

大家都知道，鲁迅的《药》在叙述结构上采用了"明暗双线"。夏瑜被放在暗线，在文本中他是被遮蔽的；而其他各色人等，都浮现在前台。也就是说，这篇小说是在淡化和暗化牺牲者夏瑜。作者为什么要这样做呢？英雄的故事往往才是激动人心的，凡夫俗子的故事并不能令人兴奋。合理的解释是，这与文本表达的意图相关。这篇小说的主题，并不在于赞颂英雄的可歌可泣，而在于展现中国社会的普遍愚昧。作者正是通过让愚民们活跃在前台，以实现这一主题。如果让牺牲者夏瑜正面出场，直接亮相，英雄的光辉压倒了民众，就会削弱小说预设的主题。社会愚昧是普遍的，这更具有悲剧性。中国社会就是一个"铁屋子"，活跃在小说中的都是愚民，看不到拯救的希望。这些愚民正在吃人，要么直接吃掉了牺牲者的血，要么观赏了杀人的血腥，要么在茶馆中奚落着牺牲者。这篇小说的叙述视点与叙述结构，都与它的主题密切相关。

《孔乙己》这篇小说中，各个片段性叙述没有叙述时间上的连续性，"有一回""有几回"等词语甚至模糊了它们的先后顺序，各个片段之间被切割开来，没有构成"一个"完整而统一的故事。没有从第一次开始的地方一直沿直线发展下去，几个故事片段都有各自的开始和结束。它们在情节关联上彼此独立。这种结构布局，实际上表明了《孔乙己》这一文本无意于完整地讲述孔乙己的故事。孔乙己并非小说的核心，他只是一个道具。通过社会中各色人等对待这个"道具"的态度来表现主题，揭示中国国民的意识和精神状态。也就是说，《孔乙己》中，孔乙己这个"人物"并不重要，真正重要的是各个片段中人们对孔乙己的态度和反应。这是一篇批判社会的小说，它的意图并不在于刻画孔乙己这个"人物形象"。既然这样，阅读教学中过多地根据"人物要素"把精力耗费在对孔乙己形象的分析上，就是不恰当的。

我们读小说、教小说，一定要在视点与结构这两个方面善加分析，这样才能准确地把握住小说的内涵，正确地实施小说教学。

（三）叙述时间

叙述时间，相对较为简单。时间本身就是叙述必不可少的元素。人物总是在时间过程中完成行动的,情节是在时间中有序展开的。在很多时候,时间不过是起到了事件的坐标的作用。例如《西游记》,九九八十一难,总得一件一件地发生。

但有时候,时间可能与主题相关,构成主题的核心要素。例如,在鲁迅的《故乡》中,实际上存在着两个"我",一个是成年的、回到故乡的"我",一个是幼时的、在故乡的"我";存在着两个闰土,一个是现在的闰土,一个是当年的闰土;存在着两个杨二嫂,一个是现在的"圆规"一样的杨二嫂,一个是过去的"豆腐西施"杨二嫂。这三个人物都具有时间性,对此加以比对,就能直接看出故乡的普遍沉沦这一社会变迁图像。

成年的"我"回到故乡,成为故乡的观察者和叙述者。而重回故乡,又召唤出童年的记忆。"现在"召唤着"过去",然而又无法回到"过去"。童年的回忆不断与当下的现实形成对比,鲜明地凸显了故乡今昔的反差。海边那一轮金黄的圆月再也不见了,故乡已经成为一个永远无法回去的地方,已然变得陌生,而现实迫使"我"必须重建对故乡的感受和认识。如果没有时间的介入,故乡的残败沦落这一主题,就根本无法实现。

(四)描写的介入

描写为什么会干预叙述,它是怎么进入叙述的?在这里,我只是简单地谈谈自己的看法,供各位参考。

小说属于叙述性文体,核心和要旨就在于呈现人类经验。本质上讲,叙述是要呈现人类在时间进程中的历时性经验,描写是要呈现人类的空间经验,议论是要表现人类的思想,说明是要展现人类的知识,抒情是要抒发人类的情感。这五种表达方式已经完全覆盖人类所要表达的所有内容。这就是为什么恰好是这五种表达方式。

人类的一切行为、体验,都是既在一定的时间中又在一定的空间中展开的,这就决定了叙述和描写是密不可分的两种形式,它们相互配合才能使经验完整地呈现出来。所以在小说和记叙性文本中,叙述和描写基本上是要相互配合的。描写介入叙述,主要功能在于使体验变得更加真实丰满。因此,分析情节就要关注情节中的细节，关注叙述中的描写。描写实际上就是时间在叙述进程中的短暂停留，从而形成一个内涵丰富的"有包孕性的瞬间"。可以说，描写就是集中力量来展现那些有助于呈现核心经验的部分。其实，这就是大家平时常说的"详略"。详，就是时间的延迟、停留。既然有必要笔酣墨饱地来描写，肯定存在某种表达意图。所以，小说中哪里有描写，哪里写得特别详细，表达意图是什么，值得分析。

凡是笔墨细致繁密的地方，都要思考为什么这样写。写作不是一件随便的事情，作者究竟想要通过这些细节来传递怎样的意思，这些细节中包含着什么有价值的经验和认知，是分析文本时不可回避的。

五、解读小说，看"人物"，要分析其行动

人物是小说文本解读的核心，分析人物须分析其行动。

（一）虚构行动以表现意义

小说中的人物，都不是真人，不是现实生活中的真人，而是假人。为什么说是假人呢？因为小说中的人物，本质上仅仅是小说家根据自己对生活的认识而构造出来的，是为了展示作者对人类中某一类角色的理解而设定的。人物本身只是表达作者观念或认知的工具，不过是一个观念的载体。即使是自传体小说，其中的人物也不是真人。如果你认为小说中的人物是真人，那就混淆了文学与历史。《红楼梦》中的贾宝玉，或许有着近似于曹雪芹的身世，但贾宝玉绝不是曹雪芹。《西游记》中的唐僧以玄奘为原型，但他绝不等于玄奘。《故乡》中的闰土肯定不等于现实中的闰土，《祝福》中的"我"也不是鲁迅本人。

小说是虚构的。在小说中，人是一种观念性的存在，不是真实的存在。小说以人物形象为载体，传递对人类或人类生活的某种认识；解读则是通过理解文本中的人物，理解该文本对世界及对人的某种观念，进而构建读者对现实中的人类与人类生活的认识。你不是孔乙己，但通过阅读《孔乙己》，你

能感受到社会人情的冷漠和残酷。阅读若干的小说文本，在不同小说中接触到不同的人物形象，通过观察各种各样的人物，我们就能借此认识到人的生命形态的多样性，认识到不同的人类生活，进而扩展我们的人生经验。你不会在大观园中穿梭，不会在风雪中住宿山神庙，通常也不会在海上与鲨鱼搏斗，但通过阅读《红楼梦》《水浒传》《老人与海》，你就能模拟性地体验到那样的场景与心情。我们每个人的人生都是线性前进的，但阅读小说可以让我们看到别样的人生，想象性地体验别人的人生，这有助于丰富我们对人生的认识，让我们自己的人生变得饱满立体。

理解小说的人物，关键是要理解人物承载的观念（意义）。要达成这一目的，就必须分析人物行动，分析人物与人物、人物与环境的关系，理解人物的性格与命运。因此，分析文本中人物的行动、采取行动时的心态及行动的动机与逻辑，就显得非常必要了。

（二）行动分析的一般切入口

人类行动是有动机、有目的的，遵循基本的情理逻辑。

分析小说，一些教师机械地找分析方法如"矛盾分析法"。确实，不少小说都构造了所谓的矛盾，如情节矛盾、人物冲突，但并不是所有小说都是这样。如果从哲学角度理解"矛盾"，那么我们可以说矛盾确实是无处不在。但是，很多教师对"矛盾"并无深刻理解，只是从字面上理解语义，就有可能产生严重的误导。

我觉得可以这样去理解小说的"三要素"。小说一般都有核心或主要人物，这个主要人物不是生活在真空中的，他周围有一个世界。这个世界中，可能有一些人，构成了小说中的次要人物；可能有一些客观的自然环境或社会条件，构成了小说中的环境。主要人物生活在这个世界中，在这个世界中展开行动，这就是所谓的情节。这就是一篇小说的全部。那么，全面把握"三要素"的切入口是什么？就是说在一篇小说中，主要人物有怎样的行动？是怎样与他周围的世界展开互动的？

据此可以划分出几个小的观察方面。

①主要人物有哪些行动？这些行动的动机、效果如何？

②主要人物和次要人物是如何互动的？这种互动说明了他们之间存在着怎样的人类关系（社会属性）？

③主要人物和环境之间是如何互动的？环境如何制约了人物的行动，或者人物如何改变了环境的状态？

人物的行动，有的是"自动"，有的是"互动"。不管怎么说，人物的行动都是有原因的。对原因的分析，最终会让我们意识到："自动"与"互动"并无明显界限，"自动"本质上是"互动"——"自动"不是无缘无故的盲动，不是自己无意或随意的乱动。一个人物之所以会有那样的"自动"，原因之一就是他的行动不可避免地受到了社会或文化的影响。例如《林黛玉进贾府》中，林黛玉先说自己刚只念了"四书"，后面则说些须识得几个字，这都是她自己说出的话，属于"自动"。但她之所以这样说，实际上是基于社会观念、礼法观念的。她是在"互动"中发生了行为的改变。《祝福》中，祥林嫂几次到鲁镇，看起来是"自动"的，但实际上是命运（本质上是社会）的胁迫。她不一定想到鲁镇来，但她不得不如此。

互动关系，在逻辑上存在三种可能的情况：

①同向的：不是对立的而是一致的。例如鲁迅小说《药》中，华老栓父子与看客们的一致性。

②异向的：表现为对立性或冲突。例如鲁迅小说《药》中，夏瑜与整个人群和整个环境的背离性。

③复杂的或混乱的：表现为部分的同向和部分的异向。例如鲁迅小说《药》中，夏四奶奶从情感角度趋向她的儿子，而观念上则与整个人群和整个环境具有一致性。

（三）行动分析要素

小说中的人物，作为小说家所理解的人类，其行动逻辑与现实中的人类是没有什么区别的。这里来分析《鸿门宴》这篇课文中的人物行动，帮助大家实现对人物行动分析方法的理解。事实上,《鸿门宴》写得绘声绘色,司马迁并不在场,刘邦、项伯和张良在夜晚的谈判和交易,司马迁是看不到的,虽然不能说那个夜晚的情形都属于编造,但也无法排除想象的因素。在我看来,作为叙事性文本,小说和历史并无太多本质上的区别,所以我喜欢混合着来阐释。下面我来讲一下怎样分析人物行动。

1. 行动的构成要素

当事人,即行动者。

目的,行动所要指向的未来状态。

情境,行动者不可控制的外部条件(资源)、行动者可控制的手段及这些因素之间的关系。

行动者根据自己实施行动的目的,通过各种手段,运用已有资源(包括各种形式,政治、经济、文化、个体能力或特长等)以获取收益。

2. 行动理性

基于常识,我们知道,人们有意识地采取行动,应符合下列原则:

①存在动机:个体的行动是有目的的。

②趋利避害:行动旨在获取(物质的或精神的)收益,避免受到损害。

有两种较为特殊的情况,下面作一个简要的解释。

第一,行动者控制着能够使自己获利的资源,却对这种控制进行单方转让。之所以出现这种情况,是因为行动者认为,他人行使对这些资源的控制比自己亲自控制带来的好处更大(或能够避免风险),如垂帘听政。

第二,出于情感动机和出于传统的行动。出于情感动机的行动,例如为了信念或价值而牺牲的文天祥,为了感情与誓约而牺牲的刘兰芝、焦仲卿(《孔雀东南飞》),尽管这样的牺牲在我们看来不一定具有建设性,但行动者自身在主观上认为是有利的,或只能如此选择。

大多数的人类行动都属于传统的或习惯性的类型,也就是说,体现为例行化、非反思性的规范遵从。习惯性行为主要是基于自我意志与心智的反思能力较弱,传统性行为则能使行动者更具安全感。

3. 行动的心态和观念

上述解释，着重看到的是行为的理性部分。然而，人是复杂的，人的心理也很复杂。人在采取行动的时候，其心理状态具有很大的作用。关注心态，这在文学作品中尤其重要。读历史，更多需要关注行动的理性部分；读小说，更多需要关注人物的心态部分。

《林教头风雪山神庙》中，林冲的行为明显受到心态的影响。他是被陷害的，本心上自然有复仇动机；然而他又心存幻想，企图委曲求全——这是一种矛盾心态。这种心态背后也有利益权衡：复仇即使成功，也是自绝于朝廷和体制的一条死路，现世的利益会全部毁灭，因此逆来顺受的忍辱成了他的主导性选择。直到最后，他发现对手非要置自己于死地——这相当于取消了林冲此生的全部利益——他才在心态上走向彻底绝望，忍无可忍而暴烈反抗。

人行动时的心态，可能包含若干复杂的因素。这些复杂的因素，一般来说，在文本中是有迹可循的。行动者心态的核心部分，就是观念。林冲被逼得那么惨，但始终忍住，主要就是因为他观念中认为与体制对立是危险的。

在《祝福》中，祥林嫂初见鲁四老爷，后者得知她是个寡妇，就"皱了皱眉"，是基于男权社会中歧视寡妇的观念；而鲁四老爷并不反对"将她留下"，则是基于中国人的实用主义观念——她有体力，有用。祝福之时不让祥林嫂沾祭品，也是基于尊祖的观念和迷信的观念。当祥林嫂的婆家带人绑走了祥林嫂，这冒犯了鲁四老爷，所以他很不满；但他还是"宽洪大量"不计较，这是基于鲁四老爷的宗族观念。在《阿Q正传》中，赵太爷讨厌假洋鬼子的假辫子，而阿Q也讨厌假洋鬼子的假辫子，赵太爷和阿Q在本能性地维护封建秩序的观念上，是完全一致的。

人是观念的动物，人的行动往往离不开观念，且受到观念的指引或指使。有些观念，在小说文本中历历可见，如权威意识（包括对身份、地位、等级和实力的确定）。人是认同权威的。你可能不认同我心目中的权威，我也不一定认同你心目中的权威，但是我们会认同我们各自心目中的权威。即使是那些反抗权威的，他们对于历史上某些反抗者或叛逆者实际上也是认同的。这种认同当然也可能较为复杂，包含着复杂的社会内容。在《阿Q正传》

的未庄中，赵太爷就是权威。文中这段文字很准确地揭示出权威蛮横的影响力：

> 至于错在阿Q，那自然是不必说。所以者何？就因为赵太爷是不会错的。但他既然错，为什么大家又仿佛格外尊敬他呢？这可难解，穿凿起来说，或者因为阿Q说是赵太爷的本家，虽然挨了打，大家也还怕有些真，总不如尊敬一些稳当。否则，也如孔庙里的太牢一般，虽然与猪羊一样，同是畜生，但既经圣人下箸，先儒们便不敢妄动了。

在这样的权威面前，不只是阿Q，未庄的人们的基本反应都是顺从，很难有反抗行动。阿Q的权威意识，甚至通过他的精神胜利法表现了出来。他被赵太爷打嘴巴之后自欺欺人地幻想是"儿子打老子""于是忽而想到赵太爷的威风，而现在是他的儿子了，便自己也渐渐的得意起来"，这就是幻想通过赵太爷这一权威建立自己"权威"的心态。

人们认同的道德规范，也是其观念中的重要内容。当人们认为自己的行为符合社会道德，便会更有底气；反之，就会觉得心虚。祥林嫂之所以对改嫁拼死反抗，就是因为她所认同的还是"不事二夫"的封建道德。她要去捐门槛，以及临死前询问灵魂的有无，都与她觉得自己有违上述道德规范有关。很明显，这极大地影响了祥林嫂的心态和行动。

亲缘关系，包括扩大的或心理认同上的亲缘关系，也是影响心态和行动的因素。中国社会是人情社会，亲缘关系是人们特别看重的。《林黛玉进贾府》中，黛玉的行为、言语与心理感受等，与这种亲缘关系的亲疏、尊卑等均有关系。

阅读小说，分析人物，分析人物行动背后的心态和观念，是把分析导向深入的重要一环。

(四)《鸿门宴》：刘邦阵营的行动分析

1. 行动的构成要素

当事人：以刘邦为核心成员的行动集体。

目的：化解项羽集团的进攻，避免与对手的战争。

情境：彼时危机显现，刘邦阵营缺乏足够实力，控制力欠缺。战争将有可能导致刘邦阵营的覆灭，在此情形下，运用已有资源，以合适的手段和妥协的方式化解危机，是唯一的选择。

刘邦集团的资源及资源的可运用性，不难列举。

他们所具有的资源包括：①沛公兵十万，是项羽集团的四分之一；②先入秦所占有或积累的各种资源；③怀王与诸将"先破秦入咸阳者王之"的约定；④刘邦阵营中主要人物的能力与谋略；⑤项伯（项伯与张良的关系）。

上述资源的可运用性分析：①沛公兵十万，是项羽集团（四十万）的四分之一。实力悬殊，必须避免交锋。此项资源只能是后盾，不可用。②先入秦所占有或积累的各种资源。"籍吏民，封府库"，原本是为了自己占有，但此时可以构成一种可供交换的资源。③怀王与诸将"先破秦入咸阳者王之"的约定。这是一项可运用的资源，但实力不济，兑现约定不可能；但刘邦可以通过出让自己率先攻占的咸阳，化解危机，并赢得道义的优势。④刘邦阵营中主要人物的能力与谋略。这显然属于可运用的资源。⑤项伯。属于敌对阵营，但他意外地自己跑上门来，他与张良的交情可以作为一种资源使用。

2. 行动的策略与效果

第一，利用机会与创造机会。

项伯告知情况，属于刘邦阵营意外获得的一个机会。

项伯出于友情，想拯救张良，这是出于情感动机和出于传统的行动。他并不懂得此一战役的意义，可见项伯只是一个看重情感的普通人。刘邦针对这种情况，采取了用感情拉拢的策略："奉卮酒为寿，约为婚姻。"这一策略奏效了。实际上，项伯还为刘邦创造了一个摆脱危机的机会：提出赴鸿门宴向项羽道歉的建议。项伯无意间成为化解危机的关键人物。

第二，精心策划并执行行动方案。

鸿门宴上的行动，刘邦阵营在头一天晚上是做了预案的。以一般事理推测，刘邦不可能送走项伯之后就马上安然就寝；危机时刻，他必然要思考次日如何确保自身安全。于是，召集主要人物来商量次日的行动方案，几乎是必然的选择。

有谋划的证据之一，就是樊哙闯帐后的一系列言辞。这番言辞，与头天晚上刘邦对项伯所讲的几个要点是完全一致的。事实上，刘邦并不能确保他去鸿门宴完成利益交换和道歉之后就绝对安全，因此，借上厕所之机逃跑，也应该是行动预案中考虑到了的情形——假如完成利益输送后是安全的，那么刘邦溜走后项羽不会追击；假如完成利益输送后仍不安全，那么留下来就更加愚蠢。因此，刘邦留下张良完成礼节而自己溜走，这是相对较为明智的选择。

第三，利益的输送与交换。

"吾入关，秋毫不敢有所近，籍吏民，封府库，而待将军"，这是重大的利益输送。这意味着刘邦完全放弃了"距关，毋内诸侯，秦地可尽王"的路线，决定把所占据的秦地利益输送给项羽。所换取的利益是化解了迫在眉睫的危机。这是关键性的行动。重大的利益输送，是项羽作出不杀刘邦决定的关键。

第四，情感策略与抢占道义高地。

先以情感绑架项伯，次以道义绑架项羽。"日夜望将军至，岂敢反乎！愿伯具言臣之不敢倍德也""臣与将军戮力而攻秦，将军战河北，臣战河南，然不自意能先入关破秦，得复见将军于此"，都是这一策略的体现。这种策略照顾到项羽的面子，"范增数目项王，举所佩玉玦以示之者三，项王默然不应"，可见这一策略完全奏效（当然，这仅仅是次要手段，最核心的手段是利益输送）。

此策略之所以能奏效，还因为有另一策略的配合：抢占道义高地。"沛公不先破关中，公岂敢入乎？今人有大功而击之，不义也，不如因善遇之"，而项羽已然许诺，这在很大程度上成为项羽的决策障碍和行动障碍（他自己会在内心觉得攻击刘邦是不对的）。樊哙闯帐之后的一席言语，实质上也是抢占道义高地。

3. 另一方：项羽能在鸿门宴上杀掉刘邦吗？

刘邦已经送上门来，杀掉他具有现实可能性。但是，在鸿门宴上杀掉刘邦是不明智的。即使要杀刘邦，也不能在鸿门宴上。在宴会上杀掉刘邦，固然是容易的，但是项羽不得不为此付出政治代价。刘邦与项羽等各路人马都是反秦的；此时刘邦作为反秦义军领袖之一，来到项羽军营登门道歉，在这样的场合被诛杀，势必让其他各路反秦人马不服和寒心，项羽将失去号令诸侯的道义力量。《鸿门宴》中的刘邦阵营强调"不义"，也是抓住了这一点。

刘邦完成了利益输送，把自己已经占据的关中地区的利益尽数让渡给了项羽。项羽认为他已经得到所能得到的，何况自身的军事实力远超刘邦，已经没有了非杀刘邦不可的想法。当时项羽也看不出杀掉刘邦的额外利益何在。因此，宴会上范增多次"举玦"，项羽仍然无动于衷。而刘邦如厕逃跑，虽有失礼，但项羽也没有追杀他的意思。所以，我们不能说鸿门宴上的项羽"优柔寡断"，事实是，他当时是有自己的判断的。

有人说：项羽没有趁鸿门宴杀死刘邦，说明他"缺乏远见"。项羽是否缺乏远见，这可以讨论。但仅看鸿门宴一节，则得不出项羽缺乏远见的结论。在那个时候，刘邦实力远远不及项羽，天下诸侯无人能与项羽争锋。实力摆在那里，谁能预见刘邦后来能夺天下呢？我们后来的人，当然都能做"事后诸葛亮"啊！

（五）行动的变化与背离

人物在文本中出场，其行动就开始铺展开来。观察人物的行动，会看出其行动的逻辑和心理。如果人物直到文本最后，其行动的逻辑和心理是一致的，就说明人物的性格具有高度稳定性，解读这种人物的性格、观念等是较为容易的。例如，《西游记》中的猪八戒、沙和尚等，其行动都表现出前后的高度一致性。传统小说中多半是这样的情形，人物定型化、脸谱化的情况比较严重。

《射雕英雄传》中诚恳憨厚的郭靖、机灵古怪的黄蓉等，也差不多。他们的行为维持了较强的一贯性。但是在《笑傲江湖》中，令狐冲、林平之前后的行动是有若干明显的不同的。换句话说，在表现人物的复杂性、可变性方面，《笑傲江湖》超过了《射雕英雄传》。我觉得前者更符合人与人生的实情，其艺术成就也更高。

　　人物行动当然有基本的逻辑、基本的理性，前面已经讲了很多。解读小说，一定要在这个基础之上进一步观察人物行动的前后变化，甚至是前后的背离。例如在《祝福》中，祥林嫂几次到鲁镇来，每次都是有一定的变化的。捕捉这些变化，分析变化的原因，就能逐渐达成对祥林嫂这一人物的理解。在《台阶》中，则能发现人物行动前后明显的背离。"父亲"一生都致力于造台阶这一使命，他竭尽所能、坚忍不拔地实现这一目标。当台阶造好之后，"父亲"终于完成了自己的心愿，按照一般的逻辑，"父亲"应该高兴、满足、自豪，具有强烈的成就感。然而，并不是。"父亲"的行动开始变得反常，他表现出来的是尴尬、失落和不自在。应该说，这恰好是观察和解读《台阶》这一文本的关键。在"父亲"的观念中，台阶意味着社会地位。而一个残酷的事实是：不是因为你家的台阶低了，你的社会地位才低；恰恰相反，因为你的社会地位低了，你家的台阶才会低。社会地位低，是实质；台阶低，仅仅是地位卑微的外在表现。"父亲"把因果关系搞反了。因此，多造几级台阶，并不能真正改变他的社会地位。台阶造好之后，"父亲"才明白，他毕生的努力都无法改变他的卑微，他的努力是绝望的。

 对谈三

　　小说是很重要的文学样式,虽然在教材中数量不多,但须认真对待。在我看来,不同文学文本都有各自的特质,抓住文本特质来解读和实施教学是绝对必要的,就这个话题也可进行一点简单的讨论。

一、小说的文本解读:以《故乡》为例

　　鲁迅的小说,在课本中数量较多。这些小说都具有很高的艺术性,在文本解读和阅读教学中的疑点也较多,这次主要以《故乡》为基本案例进行讨论。

小说教学不可机械地分析"三要素"

　　小说以叙述为手法,以形象为载体,所以有其言琐繁、其意隐曲之感。很多人阅读小说的直观感觉是,读起来津津有味,了解到一些人、一些事,生动形象,然而读了大半天,要说领略到了什么深刻的思想内涵,则几乎没有。叙述总是需要篇幅的,而小说需要以形象的方式来表达抽象的意涵,从形象到抽象是需要耗费脑力的,所以它究竟有什么意涵,一般读者也懒得理了。而我要说的是,正因为小说"其言琐繁、其意隐曲",读小说才更需要有分析的耐心。

　　"其言琐繁",是指小说中往往有很多细节,但并不是指小说中有很多冗余的笔墨。理想文本不可能存在冗余。看似琐繁的细节,都应该仔细分析其表达的意义。正因为"其意隐曲",如何透过情节与人物形象,看清小说背后所表现的人生经验,探索其中蕴含的主题,才构成了解读小说的关键。

小说构筑在细节之上。在教学中，精准的细节分析，往往比大而无当地分析"三要素"来得重要。要解读小说的主题，机械地抓住"三要素"来讲，是不行的。"三要素"并不决定小说的艺术特征和艺术价值。一篇小说写得好不好，艺术质量高不高，并不取决于它是否具备"三要素"。因而，如果每篇小说都按照机械地套用"三要素"的模式逐一讲授，就难以解释各篇小说各自的艺术个性是什么。小说的解读肯定要考虑"三要素"，但这三个要素在所有小说中的构成模式和比例并非都一样。比如，我们常常认为人物是核心要素，但不少小说并不是这样。鲁迅的若干小说中，例如《孔乙己》《药》，本质上是社会批判小说，或者说是以表现社会环境为核心意图的小说，不是以塑造典型人物为核心任务，而是以表现社会的冷漠、人群的麻木为核心任务。

鲁迅的小说《药》，是以表现社会环境为基本目的的，其中的人物并不聚焦：写华家的人、夏家的人，还有茶馆里出现的各色人等，实际上没有聚焦来写的核心人物。又如《故乡》，闰土、杨二嫂都算重要人物，但比较不出二者谁是核心人物。不少小说的核心人物确实只有一个，其他人物都是配合他，为表现他而存在的。例如，《祝福》里就只有祥林嫂这一个核心人物，文章前后都是围绕她来展开，虽然文中还有其他人物——鲁四老爷、四婶、柳妈等，但这些人物都是次要的，用在他们身上的笔墨不多。但在《故乡》里，却不能得出闰土是核心人物，杨二嫂不是核心人物这样的结论。为什么？一是因为文本中描写杨二嫂的笔墨较多，二是因为杨二嫂和闰土几乎没有交集。从标题来看，这篇小说不是意在刻画闰土这个形象，而是意在表现故乡的变迁。"故乡"实际上是一个环境的概念；《故乡》意在通过闰土、杨二嫂和"我"这几个人的命运走向，揭示故乡的沉沦。

小说教学中，对"三要素"的分析绝不能是机械的，不能分为三块，讲完了事。

"三要素"里，有些小说是以刻画典型形象为主要目标，有些小说是以表现某种社会景象为主要目标。《孤独之旅》表现一个人在孤独中的成长历程，杜小康是主要人物，这无可置疑。但《故乡》却不是以人物为中心，它是在表现故乡的变迁这一社会图像。

文本分析,当然可以从"三要素"的路径进入。然而,真正重要的是,进入之后进一步观察它对"三要素"的处理有何特点。对"三要素"的处理有什么侧重或区别?这种处理所指向的最终的表达意图(主题)有什么区别?主题究竟是倾向于指向个体人生,还是指向一个时代中一群人的共同的或有差异的命运?这种区别,就是《祝福》和《药》的差别,就是《孤独之旅》和《故乡》的差别。

《故乡》——用人的命运变化来展示故乡的变迁

怎样理解《故乡》的主题?这篇小说,我们都看得出闰土是主要人物,写他的笔墨很多。从集中笔墨的角度来说,应该写闰土。那为什么还要写杨二嫂?这是我们要斟酌的。在整个文本结构里,闰土和杨二嫂形成怎样的关系?这是第一个要考虑的结构问题。第二,整个小说是写故乡的,题目就是"故乡",但它写的是人。人,其中主要的是闰土和杨二嫂,他们和"故乡"有何关系?这两个问题需要我们思考清楚。

运用结构分析,首先可以看出对比是主要的结构模式。通过少年闰土和现在闰土的对比,来表现其人生的基本变化轨迹。而杨二嫂,年轻时候的她和现在的她,也形成了一种对比关系。以前的她是坐在店里边的"豆腐西施",而现在成了喜欢游走着到处揩油的两脚伶仃的"圆规"。其次,在结构上闰土和杨二嫂形成互为补充的关系。因为单是一个闰土还不足以代表整个故乡,所以就写了一个杨二嫂。闰土是男的,出身农民;而杨二嫂是女的,出身城镇作坊。他们性别不同,社会分工不同,但从美好变得不美好,这一基本的命运走向是一致的。

共同点在于他们的人生都是处于沉沦的态势。闰土由美好变得沧桑、麻木;杨二嫂由美好变得市侩、刻薄;"我"小时候也和闰土一样简单而快乐,现在却流落在外,"我"在故土的老家也破落变卖了。闰土代表故乡农民,杨二嫂代表故乡小市民,"我"代表从故乡走出的知识分子,通过这几个人,把故乡走向沉沦破败的基本命运揭示了出来。写闰土的笔墨为什么更多?是因为在中国农村，农民是数量最多、最主要的那部分。

然后我们就明白了："故乡"只是一个标题，文本的基本构思是要用故乡的人来表现故乡——中国农村的变化。在《故乡》中，人和社会图像都发生了变化。

以上所用的就是结构分析的方法，这种分析是整体把握文本的关键。

故乡本质上不是空间的而是时间的

"故乡"这个标题有什么深刻的意味？

故乡是一个空间概念，但是读《故乡》时，你会发现文本中的空间表现很少。比较引人注目的，大概就是海边那一轮金黄的圆月下的那一幕，这是一个很典型的空间表现。然而，它同时也是时间的：它属于过去，属于记忆。

此外，更重要的是，这一空间场景具有虚拟性——关于少年闰土的这样一幅美好的图景，实际上并不真实。是"我"亲眼看到的吗？不是。那实际上不过是"我"的美好的想象。

"闰土在海边时"，"我""只看见院子里高墙上的四角的天空"，这个信息很清楚。没有任何证据能够证明，童年时代的"我"在某个月圆之夜来到海边沙地，见证了少年闰土和猹的那场游戏。这一幅"神异的图画"只是在"我的脑里忽然闪出"的，是"我"童年时代想象的重现而已。

故乡永远属于过去，是一个你永远无法真正回归的地方，一旦离开，它就永远只能属于回忆和想象。"少小离家"无须等到"老大回"，在离开故乡的那个时候，你就再也回不去了。

"啊！这不是我二十年来时时记得的故乡？"确实，这已经不再是了。文本一开始就表现了故乡的萧索，"我所记得的故乡全不如此"，直到闰土让童年的记忆"全都闪电似的苏生过来"，才"似乎看到了我的美丽的故乡"。这里表达的意思已经很清楚：故乡不是地理意义的，不是空间意义的，而是时间意义的。

乡愁也不是空间的，而是时间的，它的方向是遥远的、不能返回的过去。

乡愁不是恋物，所恋的不是故乡的山水，也不是自家祖居的老屋。乡愁本质上就是自恋，是悲悼自己已逝的生命与曾经美好的韶光，哀叹的是岁月对自己无情的抛掷。然而鲁迅的乡愁，不只是他个人的乡愁，他内心更多的关切指向了闰土、杨二嫂，指向了宏儿和水生，指向了故乡的芸芸众生。这是一种慈悲情怀。他所关心的不只是"笑问客从何处来"的一己的尴尬，不只是"昔我往矣，杨柳依依，今我来思，雨雪霏霏"的自我的心境。这就是鲁迅的社会意识。

鲁迅真的是慈悲的，同时又非常孤独。

在《故乡》中，"我"看到的是已经改变了的一切，而别人看到的是已经改变了的"我"。在闰土那里，"我"变成了老爷；在杨二嫂那里，"我""放了道台了"。月光下的闰土已然面目全非，沙滩上的故事变成永久追忆。如今再次见面，促膝而坐，说些无关紧要的话，如同不曾相识——这就是故乡，《故乡》中的深刻的孤独。"金黄的圆月"下的那一幕，是这篇小说中的诗。它是想象的产物，是故乡的象征，在小说中被重复，折射出了一种近于绝望的孤独。

小说主人公的界定及其与表现主题的关系

《故乡》的主人公是谁？是闰土吗？

刚才已经说过，闰土是主要人物，杨二嫂也是。实际上，从故乡走出来漂泊在外地"谋食"的"我"也是，"我"代表着那个时代从中国农村出走而接触到了外部世界的一群人。其实，也正因为"我"接触到了更广阔的世界，才有可能对传统中国社会进行有意义的观察和反省。

我认为，这三个人一起构成了《故乡》的"主人公"。如果缺少其中一个，这篇小说对中国农村社会图像的表现就可能是不完整的。

顺便来说《孔乙己》。不少人在谈到《孔乙己》的主人公和主题时认为，主人公当然是孔乙己。而关于文本主题，大致有三种看法：一是批判封建科举制度对读书人的毒害；二是揭示孔乙己的不幸遭遇；三是揭露社会民众的冷漠麻木。赞成第一种说法的，为数还不少。有的教师还把此前学过的小说

《范进中举》与《孔乙己》的主题进行前后勾连，说这两篇课文都批判了科举制度。

那么，关于《孔乙己》主题的三种说法到底哪种最为准确？主人公究竟是不是孔乙己？要明确的是，我们以什么样的标准去判断一篇小说的主人公？标题是"孔乙己"，主人公就是孔乙己吗？描写孔乙己的分量多，主人公就是孔乙己吗？

在《孔乙己》中，孔乙己确实是个焦点。但是，他不是人物塑造的焦点，而是众人嘲讽的焦点，这是一个明显的事实。文本中并没有完整地描述孔乙己的生活，也没有充分地刻画孔乙己的形象。至于主题，如果是批判封建科举制度对读书人的毒害，那么小说中应该有大量篇幅展现孔乙己是如何受到科举制度毒害的，毒害的过程是怎样的。然而，文中没有这些内容。

判断一个角色是不是一篇小说的主人公，首先当然可以看小说对其描写的分量，也就是描写谁的成分多。《孔乙己》中，虽然有名有姓的是孔乙己，而且写孔乙己的笔墨在数量上超过文中任何人，但是关于众人对孔乙己的讥嘲的描写，显然多于对孔乙己本人的描写。其次，要看文本中反复强调的信息。文中反复强调的是人们对孔乙己的打击和讥讽，把孔乙己的痛点作为自己的笑点，几乎没有叙述科举制度是如何危害孔乙己的。一个信息被反复强调，一定和表达意图有关。

读者观察不到，是因为他们根本就没有观察。一看标题是孔乙己，文中到处都是孔乙己，于是就推论孔乙己是主人公。这种推论十分粗糙。为什么我强调分析小说要分析人物的互动关系？因为分析《孔乙己》中人物的互动关系，你就会发现这篇小说基本上是以酒店为固定舞台，展现了孔乙己与酒店中各种人的互动。在这种互动关系中，孔乙己是被动方，其他人是主动方。人们主动发起的行动主要就是讥嘲。酒店中的各种人，才是小说中真正的行动者，他们才是小说所要表现的主要对象（主要人物）。

同样的道理，《我的叔叔于勒》的主人公显然也不是于勒。这篇小说中的主要行动者是"父母"。这篇小说虽对于勒描写的成分非常多，但真正的主人公还是"我"的父母，于勒叔叔不过是小说的"道具"。分析人物之间的互动关系，可以知道父母才是行动的主动方。当美好的亲情与艰困的生存之间存在着难以调和的矛盾，"我"的父母不得不向生存现实投降。

　　作家为表现主题，往往会借助一些道具。孔乙己是用来表现社会人群麻木冷漠的道具，于勒叔叔是表现人类在金钱与亲情之间纠结的道具。鲁迅、莫泊桑，都是高明的写作者。

　　《孔乙己》真正的主人公是社会群体。顺便说一句，鲁迅喜欢以集体群像作为主人公，他之所以这么做，是因为这有利于表现国民性。他的小说《药》，也是这样的。如果说《故乡》有主人公，那就是三个，肯定不能只说是闰土。

　　当然，很多情况下，一篇小说的主人公确实只有一个。在《祝福》中，虽然展现了很多方面，写到了不少人物，但它的主要内容都聚焦祥林嫂，其他人物也并不具备明显的一致性，只有祥林嫂才是主人公。以这位主人公为载体，其主题就在于揭示一个农村底层妇女的命运以及她所面临的精神困境。

《故乡》细节分析示例——是谁偷偷埋下了碗碟

　　以前我没注意到，再翻看《故乡》时（很多年没有翻过这篇文章了），我发现一点：文中闰土后来的形象（我不知道初中教师是怎么分析这个形象的）——这次回去见到的闰土不只是和早年相比不淳朴了。

> 　　下午，他拣好了几件东西：两条长桌，四个椅子，一副香炉和烛台，一杆抬秤。他又要所有的草灰（我们这里煮饭是烧稻草的，那灰，可以做沙地的肥料），待我们启程的时候，他用船来载去。
>
> 　　……
>
> 　　我和母亲也都有些惘然，于是又提起闰土来。母亲说，那豆腐西施的杨二嫂，自从我家收拾行李以来，本是每日必到的，前天伊在灰堆里，掏出十多个碗碟来，议论之后，便定说是闰土埋着的，他可以在运灰的时候，一齐搬回家里去。

　　我的疑惑是：这些碗碟是谁埋进去的？

以前读到这个细节，你一定觉得这里表现的是杨二嫂的斤斤计较、挑拨离间。但我不同意这种说法，没有这么简单。

杨二嫂的形象固然让人厌恶，但碗碟埋进草灰是一个事实。文中后面有一段话：“那西瓜地上的银项圈的小英雄的影像，我本来十分清楚，现在却忽地模糊了，又使我非常的悲哀。”为什么那个美好的形象会"忽地模糊"，会"使我非常的悲哀"？

文中并没有写碗碟是谁埋的，但最有可能是闰土。因为他要所有的草灰，既然这样，他就可以趁着运灰把碗碟偷走。如果是杨二嫂要偷碗碟，她会直接拿走，没有必要埋在灰堆中，更没有必要当众掏出来揭发此事。她去掏灰堆，不过是想在草灰中发现点什么，多揩一点油、多拿一点东西罢了。实际上，这些碗碟也不可能是周围邻居埋下的——他们既然能够把碗碟偷出来埋在草灰里，那就完全有机会直接拿回他们自己的家。多此一举地埋碗碟，只可能是摇着船从外而来的闰土做的。

回到原文，母亲提到这件事之后，文中写到"我"的心情，其中说，"西瓜地上的银项圈的小英雄的影像，我本来十分清楚，现在忽地模糊了"。为什么会突然之间模糊？原因之一就在于闰土的美好形象垮掉了。闰土不只是"苦得他像一个木偶人"的问题，也有由于贫穷和艰难而可能"饥寒起盗心"的问题。这与少年时候那个淳朴的小英雄形象相去甚远。

文本中有一些语言上的细节，值得咀嚼。在教学中，抓住这样的细节是很重要的。比如，"现在我的母亲提起了他，我这儿时的记忆，忽而全都闪电似的苏生过来，似乎看到了我的美丽的故乡了"。"美丽的故乡"指的是什么？是与闰土相关的那些"儿时的记忆"。少年闰土所代表的美丽的故乡是淳朴的，单纯而美好。而现在的故乡是什么样子？就是现在的"我"、闰土、杨二嫂所代表的故乡。分析闰土和杨二嫂这两个人，就会发现：闰土麻木了，灵性不再，也有由于生存艰难的堕落；杨二嫂，美丽的年华褪去，变成现在"辛苦恣睢"的状况，从他们身上都能看出故乡的人的沉沦。

对短小的文本，要实现整体把握，离不开到位的局部分析。在文本解读和阅读教学的时候，越是理解有障碍的地方，我们越是容易屏蔽它，好像它看起来无关紧要。其实，并非无关紧要。比如上面谈到的谁会去埋"碗碟"，"我"和家里的人肯定不会，杨二嫂和邻居可以直接偷走，那还有谁呢？只能是外来的闰土了。这样分析下去，就会发现重大的结论。这也可以解释为什么在已经上船离开故乡的时候，还要补写出母亲提到闰土和灰堆埋碗这件事情——因为它表明，不只是痛苦的生活让闰土变得麻木，更糟糕的是，在麻木生活中他堕落了，在可怜之外还有些许可憎的一面。这和早年淳朴的形象完全不同，使得小英雄的形象彻底崩溃。所以，这是一个重要的细节。

在一个理想文本中，任何一处用笔都是必要的，不是多余的。有些读者可能觉得以上这些地方只是作者无心的交代，并非精心设置的细节。如果存在这样的想法，就很有可能漏掉一些重要的、有隐微含义的细节。很讽刺的是，在教学中，教师常常专门拎出一个细节甚至一个词来分析，为什么？因为觉得它重要。为什么觉得这里重要？因为教师看懂了这里。那么，还有没有同样重要而教师没有注意到的地方？所以，教师对文本的研究要把所有的细节全盘纳入，不能先入为主地认为哪里重要哪里不重要。那只是教师自己的看法。

《故乡》的结尾是瑕疵吗

《故乡》的结尾之处，看起来多了一些正能量："其实地上本没有路，走的人多了，也便成了路。"有人觉得这个结尾似乎与这篇小说的主体部分不搭调，这种感觉是有道理的。

其实，这是鲁迅小说的瑕疵。我曾经说过，鲁迅具有绍兴师爷的精明，在文学领域，他就是一个极其精明的绍兴师爷。在操作语言和小说构思上，鲁迅常常显出惊人的精明。他很少显露出他的瑕疵，但并非没有瑕疵，文本最后的议论就是一个瑕疵。小说必须靠现象和事实说话，最忌讳的就是卒章显志、发表议论，因为这意味着你不相信读者能看懂你的小说，或者你对自己的叙述能否有效传达你的想法没有信心。

那么，鲁迅这么水平高超的人，为什么会出现这样的瑕疵？我们可以到

《〈呐喊〉自序》中去寻求答案。

《故乡》选自《呐喊》。在《〈呐喊〉自序》里，鲁迅谈到了他对中国社会的认识，他认为中国社会就是一个牢固封闭、没有希望的"铁屋子"。"假如一间铁屋子，是绝无窗户而万难破毁的，里面有许多熟睡的人们，不久都要闷死了，然而是从昏睡入死灭，并不感到就死的悲哀。现在你大嚷起来，惊起了较为清醒的几个人，使这不幸的少数者来受无可挽救的临终的苦楚，你倒以为对得起他们么？"鲁迅认为中国是个绝望的社会，大家只有闷死的下场。但因为黑暗中有疾驰的前驱在劝导他，所以他还是呐喊起来了。在《〈呐喊〉自序》中，他说为了"听将令"，给前驱者更多的勇气，他故意在若干的作品中增加了一些亮色。《故乡》最后的议论，就是故意增添的亮色。其意思就是，好像还不能说中国社会毫无希望。

根据《〈呐喊〉自序》，在鲁迅看来，中国社会是沉沦和绝望的。他之所以还要增添亮色，是为了鼓舞那个时代、那些民众、那些已经醒来的人继续前进。然而，以鲁迅自身的本意，这样的希望即使不是不存在的，至少也是极其渺茫的。换句话说，《故乡》的这个结尾，并不符合鲁迅个人的本心。如果说这是一个瑕疵，那也是一个"自觉的瑕疵"，这一点鲁迅自己完全知道。

其实，这个结尾也不符合小说文本的内在逻辑。从整个文本的主体叙述中，看得到的只是绝望而看不到希望。中国农村不过是一个"荒村"，人们的命运走向是沉沦，这在整个文本中是清晰的。

不过，鲁迅其实是很精明的人。他知道哪里增加一点亮色对艺术的破坏性不大，哪里增加了破坏性就会大。为什么他不在《孔乙己》《阿Q正传》中增加一点亮色？因为这样做将会带来巨大的破坏。在《故乡》中，"希望是无所谓有，无所谓无的"，这样的句子站得住脚——带着宏儿，宏儿毕竟是很小就走出故乡的新生命，还是可能有新的出路的。但孔乙己的最后如何增加亮色，知识分子去迎接新时代？人们突然觉悟去帮助孔乙己？这就很可笑了。

二、文本特质和阅读教学

迷信文体，不如重视文本特质

每个具体文本都有其个性特点，这就是文本特质。

课本中的小说有两种，一种是全文收录的，比如《祝福》；一种是节选的，比如《林教头风雪山神庙》。全文收录的，各个作品当然各有个性，《孔乙己》叙事的简约冷峻，就与《猫》的细腻婉曲有很大的不同。既然如此，教学中不关注文本个性特质的差异而以"三要素"为套路，就较难切中要害。作为节选，除了不同文本的个性差异，还涉及节选文本的特性。教《杨修之死》不是教《三国演义》，教《香菱学诗》显然也不是教《红楼梦》，因为你只是"窥一斑"而看不到"全豹"。如果讲《杨修之死》大谈《三国演义》，这是有脱离具体文本的风险的。比如《三国演义》所谓的"分久必合、合久必分"的历史发展经验，在《杨修之死》中是没有的。

所以，要根据文本本身的特点切入解读，设计教学，这是基本思路。

不少教师很重视文体，重视文体本来并不是多么严重的问题，但迷信文体就不对了。朱光潜先生讲过，文体其实是不值得充分信任的。事实上，郑振铎的《猫》、鲁迅的《社戏》，究竟是叙事性散文还是小说，很难说。而为什么要纠结于此呢？把它们看成叙事性文本就可以了。

阅读教学固然要讲文体，但不能过于强调文体，强调文体往往会使教师屏蔽对文本个性的关注。一教散文就是"形散神不散"，一教小说就是"三要素"，一教记叙文就是"六要素"，一教议论文就是"提出问题—分析问题—解决问题"，这种做法很可能太"泛"了以致难以挠到文本的痒处。不关注文本特质，那还教什么呢？一种文体只需要教一篇就够了。

教学价值：两个长篇小说的节选文本

《杨修之死》《香菱学诗》的共同点是，都是长篇小说的节选，节选文本并不是完整的文本,在教学中,这种文本该怎么办?

我们应该建立起"文本特质"这个概念。任何文本尤其是文学类文本,都有其独特的部分。一个文本之所以具有不同于其他文本的教学价值,是因为它们之间彼此不一样。彼此不同,才能具有不同的教学价值。要根据文本特质来思考教学,实施教学。

节选小说文本的教学,尤其要观察节选出来的部分究竟有什么独到之处。一般来说,把它当成完整的小说文本来教是有问题的。例如《香菱学诗》,重点去分析香菱这个人物,很可能不妥,因为在《红楼梦》中,《香菱学诗》可能只是香菱这个人物活动的一小部分,节选部分对香菱的表现的描述并不完整。因此就《香菱学诗》来分析香菱,这样的分析很可能是片面的。《香菱学诗》和《红楼梦》的主题有没有关系?我觉得看不出来。

在我看来,《香菱学诗》是很好的古典诗歌鉴赏材料。香菱写的三首诗,一首比一首好。它的教学价值其实不是在小说文体上,而是香菱写的这三首诗,如何看出她的进步?第二首比第一首好在哪里,第三首又在哪些地方比第二首好?要去认真分析。一联一联地分析哪些方面有进步,学生在此过程中才能真正体会到香菱在艺术上的进步。

这个文本的教学价值,不在小说文体上,不在"三要素"上。文本的情节有什么特殊?其实没有。香菱这个人物形象有什么特殊性和复杂性?也看不出来。从"三要素"来讲,人物、情节、环境在节选部分中都没有独到之处,而独到之处就是香菱写的三首诗的水平确实不同。曹雪芹能编出这三首不同境界的诗,也说明他是很讲究的。通过对《香菱学诗》的学习,在诗歌艺术方面获得某种领悟,这也是语文教学的目标。

从"三要素"的角度看,《杨修之死》哪一方面做得很好?情节很简单——杀杨修,其间插入了一些小故事。从叙述上讲,连贯性有一定的缺失,主要情节就是曹操看杨修不爽,最后把他杀掉。那么,人物形象是不是刻画得很饱满?也不是。文本穿插了这么多小故事,并不是为了让杨修这个人物形象更加丰满,而主要是来反映杨修之"才"和为人处世所表现的特点——恃才放旷。

所以，抓住"三要素"分析《杨修之死》是不得要领的。那么，这个文本的教学价值在哪里？

从文本中我们可以看出，杨修的才华涉及两点——处世之智、文艺之智。善于猜字之类的，可以叫作文艺之智。杨修在这个方面确实是有一些聪明的。至于处世，则有大问题。杨修反应很灵敏，读者一般都能感受到他很聪明。但这种聪明肯定是小聪明，小聪明最后招来杀身大祸。为什么在故事中，杨修多次让曹操很不爽，曹操没有把他杀掉？此前已经产生了那么多可以杀他的机会却没有杀，说明曹操对杨修是很容忍的——但为什么到了这里杨修就不得不死？核心原因在哪里？

语文学习也涉及人生智慧的学习问题。很聪明就是有智慧吗？不是，聪明不是智慧。聪明反被聪明误，聪明不等于智慧。中国古人讲"大智若愚"，而杨修是很外露的，恃才放旷，没有大智慧。曹操喜欢聪明人，惜才爱才。杨修最终不得不死，最核心的原因是参与了曹植和曹丕之间的继位之争。

从中国历史经验来讲（《三国演义》涉及历史经验的问题），臣下涉入君王继位之争是犯大忌，很多人为此而丧命。曹操为什么在杨修最初参与继位之争的时候没有杀掉他？最合理的解释是——曹操那时候还没有最终决定谁来继承，还在犹豫和观望，他并不需要马上作出决定。

我们来分析一下可能性。首先，如果曹操让曹丕继位，曹植肯定要被废掉，那么紧跟曹植的杨修必定会死。其次，如果曹操让曹植继位，会是什么情况？杨修也要被杀掉，因为他参与了曹植争夺大位的密谋，在这个过程中起了作用，有功。一旦今后曹植成为君王，他可能居功并以此来"要挟"君王，这对继承人曹植有害，所以为免除后患曹操也会把杨修杀掉。参与权位之争是很凶险的事情，杨修对此没有概念。谁来继承大位，这是君王独断的事情，不容任何旁人参与。在封建社会，继位之争是很血腥的事情，杨修参与其中就是巨大的愚蠢。这是极其"不智"的体现，所以杨修也有其取死之道。

这才是《杨修之死》的真相。假如讲这些，是不是偏离了语文？不是。这恰恰是语文学科人文性的表现，是客观存在的历史文化。这是语文的"文化"的部分，学生了解这些，有助于更充分地理解传统文化。杨修确实有才而死得冤枉，而曹操也不得不这样做，这不是他们个人的问题，而是时代的体制问题。而且，当一个人能对杨修之死因进行有效分析的时候，就说明他的分析思考能力提升了。这就属于核心素养中的"思维"了。

为什么杨修注定了必死的悲剧性命运？对这个问题的分析，有文化的，有思维的，这就涉及语文核心素养的两个层面。我们能够说这样的教学不是语文的吗？如果只是机械分析"三要素"，反而可能达不到这样的层面。教学就是要让人更有智慧，而不是更蠢笨。这就是此文的教学价值。

如何观察文本特质

我们如何观察文本特质呢？

第一，观察文本的语言。

从文本的构成元素来看，最基本的就是语言。比如郭沫若的《雷电颂》，明显看出是在充满激情地咆哮，抒情一览无余，热烈，凶悍，淋漓尽致。这就是它的特质，从语言特征可以观察得出。

第二，观察文本的结构。

从文本的宏观结构观察，有的文本具有明显的特征。比如《从百草园到三味书屋》，写成两篇文章分别来介绍百草园和三味书屋不行吗？为什么非要把百草园和三味书屋放在一起来写，从而形成一个比较的结构？又如《爱莲说》，这么短的文章一般不需要比较，专注写莲就可以了，但为什么要把牡丹和菊拉出来？这样的文本，从结构上就具有了某种特质——它表现出某种特异性。

第三，观察文本中不合常规的部分。

要观察文本中一些不合常规、不合常理的部分。例如，写文章要讲究详略，如果一个文本的详略处理出乎我们的意料，那就很值得研究。一句话在一般情况下该怎么说，但文中却不这么说，这也值得关注。

比如《台阶》，这篇小说详细地叙述了父亲造屋的奋斗过程。当我们读到父亲把台阶成功地修好了，就觉得这个故事该结束了，但并没有，而是又花了很多笔墨来凸显房屋落成之后父亲的失落，这就显得很特别。当一个人长期奋斗达成目标之后，非但不高兴，反而无所适从，感到失落，原因是什么？这样去引导，学生就开始读懂了。

《台阶》如果缺了后面三分之一的内容，就不再精彩，不再有什么价值。如果没有后面的内容，就无法体现出父亲这种人实际上无法获得自己的尊严，他骨子里深刻的卑微感使他无论怎样努力都无法得到他想追求的尊严这样深刻的主题。离开了对文本特质的观察，我们的教学就会是浮泛的。

文本特质，意味着每个文本都具有无可替代的特殊性。很多时候，观察文本的特殊性，就是对文本中看起来有些矛盾的、不合情理的部分进行观察——虽然这可能只是局部的。这往往是理解文本的一种突破口。有矛盾的地方就是富有张力的地方。《从百草园到三味书屋》中，如果那个同窗现在还在妥善保留绣像，把它当成一个宝贝，就不能说明人生在沉沦这个问题。《台阶》中，如果父亲造屋成功之后洋洋自得，就无法展现中国底层农民的悲剧人生。正是这种对比、矛盾、反差，构成了文本内容的某种特性，而这恰恰就是我们观察和理解文本的重要入口。

特质就是个性、特殊性，而不是共性。特殊性涉及根据文本进行多种层面的观察，如语言、内容、结构等方面。在文本解读和实际教学中，务必要注意这一点。

《答谢中书书》是一封怎样的书信

《答谢中书书》，从写法上来说，显得比较怪异。不看标题，你很难相信这是一封书信。它不像一封信，全部都是写景。一封书信而不像书信，这就是它的特质。可为什么是这样的呢？

这封书信的最后一句是，"自康乐以来，未复有能与其奇者"，意思是说，那些世俗之徒不能欣赏到这样的美景。写信人对谢中书说这话是什么意思呢？写信人陶弘景，炼丹士、医药家，是道家很重要的人物。谢中书是什么人呢？朝廷官员。言外之意，这是在劝对方享受自然奇景，做个林泉高士。

文中除了写景，还是写景。其中隐含的信息非常隐蔽。作者不直说你不要只顾在朝廷忙碌，不明说你要有点林泉清高，而是专注写景，突出山水的佳妙，以此打动读信的人。他没有直接告诉你做什么，也没有表达你应该做什么，但通过描述景象，用最后一句话来暗示，企图打动对方。这种写法与王维的《山中与裴秀才迪书》有点类似。通过写景，表现隐士不食人间烟火的状态。这其实也是受魏晋清谈之风的影响，雅士们不屑于谈俗事俗物，谈的都是没有烟火气的、高雅玄远的东西，文本的这种写法和那个时代有很大的关系。这就是它的特质，此文虽然很短，但很有特色。

这篇课文的教学重点很容易设置成学习景物描写。文章确实写了这些景，但在给一个朋友写信的时候，其他事情都不谈，只是写景，这是什么意思？这一点如果不弄清楚，可能导致的结果就是，学生学了之后仍然没懂，便以为这封书信就是写景的。

一个文本，只有教师能够领会深入，才能让学生领会深入。写信是一种沟通和交流的方式，是要企图告诉对方什么，难道《答谢中书书》就只是企图告诉对方这里风景很好？通过写景以暗示情志，我认为学生是能够理解得到的，关键是教师要引导到这一步，要讲到这一步。

文本特质与教学目标的确定

文本特质是教学目标确定的一个依据。教学目标如何实现，也要根据文本特质来寻求路径。

语文课程的目标是由课程本身决定的，而一个具体文本要实现语文课程目标的哪些内容，是根据文本特质确定的。比如培养学生的语言能力，是语文课程的目标之一，假如一个文本的语言乏善可陈，教师也要强行确定一个发展语言能力的目标吗？

有些文本的特质显而易见，有的则比较隐蔽。

有的文本特质鲜明，这是最容易观察的。例如《雷电颂》，特点非常突出，直观上就能感觉到，感叹词、感叹号、整句（排比）特别多，节奏鲜明整齐，声调铿锵有力，它的文本特质就是强烈的抒情性。这种特质很快就能被学生把握住，没有难度。这种文本的风险是其含蓄性比较差，抒发情感一览无余，往往没有余味。

为什么我们觉得《雷电颂》写得还可以？是因为它比较适合戏剧这种体裁的要求。戏剧语言是诉诸观众的听觉的。当演员在舞台上表演时，观众是不看剧本上的台词的，因此戏剧语言必须追求台词尽可能让观众听懂，浅显明白。好的戏剧语言，用词是很通俗的，通过浅显明了的台词折射出人物的内心活动，比如曹禺的《雷雨》，虽然句句都很清楚，但很有表现力。《雷雨》的台词动作性较强，《雷电颂》则不一样。《雷电颂》把屈原拎出来进行大段的朗诵，比较符合屈原自我的、激烈决绝的性格。屈原是中国抒情诗歌的缔造者，浪漫主义的鼻祖，这种只顾自我、不顾一切的倾诉和他的性格就比较吻合。

排比、强烈的抒情与人物性格的一致性分析，显然构成了文本合适的教学目标。

有的文本，其特质并不这样鲜明。比如鲁迅的文章特质就不明显，要基于分析才能看出它的特质。

对《雪》的特质的分析，最终要指向它的结构。"南国的雪"和"朔方的雪"进行对比性分析，通过对照关系揭示出人生发展的历程——从"温润"的时代进入"凛冽"的时代。当我们尚年幼时，是一种温润、美好的状态，当真正长大成人、独自面对生活时，就会发现人生严酷，生命的抗争或奋争带着悲剧性的姿态。这种前后变化以及由此揭示主题意义的过程，实质上就是结构观察。

有了这样的认识，就真正看清了文本特质，我们的教学才有可能是对的，是切中要点的。

鲁迅和琦君写故乡之差别

文本特质，与作者的人生经验、性格气质是有关系的。文如其人，在这个意义上讲是对的。

首先，人生的境遇和对人生的感悟完全不一样。鲁迅写《故乡》，琦君写

《春酒》，二者笔下的故乡完全不同。为什么？其中一个重要的原因是他们的人生阅历不同，所获得的人生体验也是不同的。琦君远离故乡多年，漂泊海外，在渴望安宁的心境中来看故乡，自然就充满了温情。如果你天天在故乡，看到的都是周围的苦难，你的视角和心态会不一样。鲁迅确实看到了儿时故乡美好的一面，但他成年后返回故乡又看到了故乡的破败沉沦，所以他感觉到的是今不如昔的落差。于是，同为故乡，你读到了琦君的天真温暖，读到了鲁迅的沉郁悲愤。

其次，也是更重要的，是作者的性格气质的不同。作者性格气质的差异，内在地决定了他对外部世界的认知偏向。李白和杜甫都经历了安史之乱，但李白写不出《三吏》《三别》。为什么？不是李白不知晓那些痛苦的情事，而是因为他的兴奋点不在这里，他的性格、情感与思维方式甚至可能导致他自动屏蔽这样的题材。

汪曾祺也写故乡，《端午的鸭蛋》就是关于故乡的。汪曾祺无疑知道故乡的苦难，但他却能超脱，是因为他的性格本来比较淡，和沈从文差不多，完全不同于鲁迅的沉郁硬朗。他经历了很多苦难的事情，残酷的斗争，这也使得他看淡了、超脱了。所以汪曾祺写文章，就写远离政治的、不痛不痒的、恬淡平和的；写文章还不能流露过多的尖锐性，常用"飘拳"，看起来往东，实际上往西。而沈从文更淡了，他后来不写小说，而去研究中国服饰文化，实际上是去当了"隐士"。

有人评论张中行写文章，写到紧要处就戛然而止，每到关键处就忍住不说，文章看起来有点儿像闲扯。闲扯，也让人觉得有意思。这和性格与生活境遇有很大关系，这样做也是一种自我保护。这样的文字，含蓄、有味道，像茶，不像酒。鲁迅的杂文很烈，"锋芒毕露"，像酒；而鲁迅的小说和很多散文，写法上像茶，内容上像酒。他的小说和散文比起他的杂文，更有味道，艺术成就更高。

第四讲　古典诗歌的解读与教学

一、诗是语文中最"语文"的部分

经典教育非常重要。对古代经典方面了解太少，有俗而无雅，这是目前语文学习中普遍存在的大问题。

《诗》为"六经"之首。"六经"是儒家的核心经典，包括《诗》《书》《礼》《乐》《易》《春秋》，这是传统的提法。在这个提法中，排位的先后是很讲究的。我的理解是："六经"包括四个具有先后顺序的维度——《诗》《书》，代表性情与文化（典籍）；《礼》，代表人伦秩序；《乐》，代表生命的圆满；《易》和《春秋》，则代表超越个体生命的天道与人道。

《论语·泰伯》中讲："兴于《诗》，立于礼，成于乐。"即学《诗》，是学习的初级阶段，《诗》具有感发人心、熏陶性情的功能；学《礼》，是学习的中级阶段，《礼》帮助人们掌握社会规则，遵守社会秩序，据此来立身；学《乐》，是学习的高级阶段，生命的最高意境就是快乐与满足，到了这个阶段，自我生命就到达了圆满的境界。你看《侍坐章》中，孔子独许曾皙，就是这个道理。

《论语·季氏》云："不学《诗》，无以言。"在孔子那个时代，不学习《诗经》，在重大庄严的场合，你连说几句像样的话都做不到。我们读《左传》会发现，在诸侯聚会、贵族交际场合，引用《诗经》来表情达意，是普遍的习惯。引用《诗经》来表达，在《世说新语》中也能看到。《世说新语》中有这样一则记载："郑玄家奴婢皆读书。尝使一婢，不称旨，将挞之。方自陈说，玄怒，使人曳著泥中。须臾，复有一婢来，问曰：'胡为乎泥中？'答曰：'薄言往愬，逢彼之怒。'"郑玄是一个儒学大师，连他婢女的文化水准都很高超。两个婢女的问答，分别直接引用的是《诗经·邶风·式微》和《诗经·邶风·柏舟》里的诗句。引经据典是中国传统表达中很重要的一种方式，代表着高雅的品位和深厚的素养。

诗与人的成长关系密切。"温柔敦厚""兴观群怨"，都强调了诗歌陶冶情操、体验情感的作用。在言语表达方面，诗歌作为高度组织化、精练化的语言，在超越日常言语、形成书面表达方面，具有重大的价值。诗教在语文学习中具有特殊的地位，是语文教育中最基础、最根本的部分，它在熏染性情、培养表达能力方面，居于核心位置。海瑞《注唐诗鼓吹序》中就说："古先王成就人才，由今考之，大抵'六经'并行，《诗》教为首。"

教育的基本方向是化俗为雅。在语文教学中，古典诗歌是化俗为雅的关键或核心。从这个意义上说，诗是语文中最"语文"的部分。

二、教学价值：精练、微妙、典雅的汉语

诗歌文本的教学价值非常高。古典诗歌的语言，是精练、微妙、典雅的。若不熟悉古诗文，学生的语文表达、语文的教学特色要达到精练、微妙、典雅的境界是艰难的，甚至是不可能的。

当前语文教学中的缺失有很多表现。诸如，一个中学生，不会写春联；做得出数学题，写不出一个高品质的句子；弄得懂电脑游戏，却弄不明白文字游戏。汉语是我们的母语，然而多数人的母语素养太低了。这既有社会环境的问题，也有语文教学的问题。

学生读文章等同识字、不明就里，写文章言不及义、满篇口水，此等现象比比皆是。为什么会这样？主要是古典素养太低。古典诗歌的语言精练、微妙，不时还有言外之意、弦外之音，如果在这个方面有足够的阅读和分析训练，阅读理解力当然能够得到极大的增进。古典的东西读得多，写文章就能够逐渐精练、典雅，而不是纸面上口水横淌了。

我以为，大力加强古典教育，优化课程内容，应该是彻底改革语文教学、提升教学效益的关键。

三、本体、工具与价值

诗是什么？诗的真正本体是人的经验、观念和情感（主题）。诗不是一行一行的字，一句一句的话。"言"是"意"的外壳。语言文字只是诗的载体，而非诗的本体和核心。简单地说，真正的诗不是言辞，而是言辞背后的东西。

诗的"工具"，是指诗歌呈现主题的载体。语言文字是文学的当然工具或载体，这是共性；诗歌特别是古典诗歌，特殊性在于其基本工具是意象，以及组织意象的方式。

语言文字与意象都是符号。意象在诗歌文本中，通常表现为名词或名词性的短语。其他词性的词语，是修饰或联结意象的，用于显示意象特征或揭示意象之间的关系，但不宜视为意象。有人说什么"动作意象"之类的，不可信。

价值是较难评估的，因为可以采用不同的估值标准。一般来讲，以文学史为框架来标定诗歌与诗人的历史坐标，以表达特性和主题深广度为标准来判断文本的艺术价值。

文学史框架，通常能够框定诗歌文本的历史价值，亦即解释其文学史意义。例如六朝诗，其历史价值在于构成汉晋诗歌和唐代诗歌之间的桥梁，其处于古典诗歌的发展期，在语言表达、声韵探索方面为唐诗的繁荣作了必要的准备。文学史价值的评判，在时间上是纵向的。一般来说，具体的诗歌文本艺术价值的评判，要放在同一时代进行横向比较，要放在同一体裁范围内进行比较，这样才有可比性。

"可比性"的概念是重要的。例如"李杜优劣论"，李白的浪漫主义与杜甫的现实主义，是不可比其优劣的，因为他们分属不同的风格类型，不同风格类型都可以做到各自的极限。但同一体裁类型是可比的，李白的律诗在整体上不及杜甫；对同一题材的处理、主题开掘的深广度也是可比的，毕竟他们基本上处于同一时代,当然可以比较其见识的高下和手法的优劣。

四、古典诗歌的文本分析

(一) 诗无达诂?

"诂"就是解释。"诗无达诂",是说诗歌文本中有含蓄意义和模糊空间,对它不可能有一个完全到位的解释。这是中国的传统说法。这种说法可能误导了很多人,包括教师,他们觉得诗歌能不能讲得清楚、准确,都无所谓。这是错误的。

我认为:诗无达诂,字有确义。诗一旦写出来,一旦以文字的形式表达出来,那么每一句话、每一个词的意思都是可以分析的,都是讲得明白的。这一点很重要。

诗当然是自我表现、自我抒发的,同时必须看到:诗作为文本,既是自我表现,又是对外倾诉的。诗写出来就是要让别人看见,被别人理解的。诗歌文本一定有作者主观上想要表达的意思,而且他期望这种意思被别人理解。诗人在构造文本的时候,势必会想:我的意思,我的思想情感,别人阅读的时候能不能懂。于是,他就会想办法传递信息,评估信息传递的有效性,预估别人能不能通过文字体会到他想要表达的意思。这就决定了文本表达的理性。而所有理性的东西,都是可以分析和把握的。

(二) 主题(本体)与文本的关系

如前所说,诗的本体就是诗人的经验、观念和情感,也就是诗歌文本的主题。这个主题一定要从文本中表达出来,由文本所承载。下面讲一下主题与文本的关系。不只是诗歌文本,所有合理的文本都是如此。

①明确性:主题(经验、观念等)应能有效地映射到文本中。如果主题不能明确、有效地映射到文本中,这样的文本就是意义散乱,或意义不明的。

②一致性:主题应能支持和统合文本中各个表意要素,不会导致文本内

部各语义单元之间出现矛盾（即能使各个表意要素组合形成合理的结构）。这就是说，文本有一个中心，围绕中心有一个合理的结构。

③可扩展性：主题应能提供一个概念基础，兼容多种词汇编码，以扩展现有的主题。不同编码或不同类型的编码，在系统中能够满足主题共享。比如，中国古典诗歌中常见的主题有离愁、思乡、闺怨，表现这些主题的意象可以不一样，也可以用不同的语言编码来实现这些主题。这其实不难理解。文学作品中总有一些主题或母题，其数量比较有限，而表现同一主题或母题的文本数量通常会很多。

④最小编码倾向：主题应能制约语言符号层次的编码。作为编码的意象和语言，主要是为了满足主题表达的有效性，编码总是倾向最小化。简单地说，就是文本遵循最简化原则，无废话，无冗余。有效对准主题的编码可以有很多个，但任何一个都不应是多余的。

理想文本的编码应该如此。如果你读到一个文本，里面有些话语或句子可以被删除，且对表情达意无任何损害，那么可删除的部分就叫作废话。废话是文本的瑕疵。

古典诗文以言简意赅、言简义丰著称，因此这一特点表现得相当鲜明。这就要求我们在分析古典诗歌文本时要尤其精细。

（三）古诗文本分析包含的环节和内容

1. 分析语义信息

读诗，首先要一个字一个字、一个句子一个句子地读懂。这就是分析语义信息。分析语义的重要性在于，它是基础。虽然是基础，但很多时候依然是问题多多。

古人说"识字通经"。先要识字，然后才能通经。"分析语义"，"分析"很重要。很多时候，我们没有在分析，只是在感觉。教学生阅读，通常有一句套话，叫作"整体把握"。其实，多数时候，所谓的"整体把握"，很可能只是"整体感知"。"感知"和"把握"是两码事。"把握"必须确凿无疑，确凿无疑才有真把握。怎样才能确凿无疑呢？要靠分析。读了文章后对文章只有一个模糊的大概感受，缺少清晰的判断，这不叫有把握。

我一直在持续强调理性，强调分析。这必须在课堂上不断强化，不断重复。大到一篇文章写了什么、怎么写的，小到一字一句是何含义，都必须认真分析。

"识字"就是要做到字字不放过。凡有疑义，皆须弄明白。"剪不断，理还乱，是离愁"，这是李煜的一句词，大家都很熟悉。可以被剪裁的是软性的，需要被梳理的是混乱的，所以"剪不断，理还乱"潜在包含布丝麻之类的隐喻。一些教师读到这一层就觉得读懂了，然后开始吹嘘比喻如何精彩。其实，这个句子的语义重心、精彩之处，并不在此。

既然可以"剪"，怎会剪不断？既然可以"理"，怎会越理越乱？此处重点是要明白为什么会"不断""还乱"。"不断"与"还乱"，揭示出喻体与本体的差异性，凸显了离愁跟布丝麻完全不同的特质：纠结于心、不可消除。如果仅仅看到此处隐含着比喻，而看不到作为本体的"离愁"与喻体的差异性，就无法把这句词的妙处读出来。它的真正妙处不在于把离愁比喻为布丝麻之类的东西，而恰恰在于强调了离愁跟布丝麻的区别——布丝麻之类的东西，是可以剪、可以理的，然而离愁却是我们无法施加作用、无可奈何的。它无形而纠结于心，无法排解，我们拿它毫无办法。词人用这种方式，把离愁的特征揭示出来。以分析为路径，我们抵达了语义的核心部分。

"识字"有时候并不是一件容易的事情。李白的《蜀道难》，一开篇就是一句感叹："噫吁嚱，危乎高哉！"我看到的注解，包括教材上，基本上都是这样讲的：噫吁嚱，惊叹声，蜀方言，表示惊讶的声音。宋庠《宋景文公笔记》卷上："蜀人见物惊异，辄曰'噫吁嚱'。"我不知道注解的依据从何而来，我是四川人，从未听说过蜀人用"噫吁嚱"表示惊叹。其实，这个"吁嚱"就是"於戏"，也就是"呜呼"，是古文中常见的语气词，朱熹早就指出过这一点。而"噫"也是表示叹息的语气词，这也是多见的，大家熟悉的有《岳阳楼记》中的"噫！微斯人，吾谁与归"。因此，"噫吁嚱"实际上是两个语气词，应该读为："噫！吁嚱（呜呼）！"这两个词都不是四川特有的，而是中国古书中常有的。李白开篇的这一句"噫！吁嚱（呜呼）！"是语气词的连用。接下来，还有形容词的连用："危乎！高哉！""危"也是"高"的意思。所以，《蜀道难》开头这一句，这样读才是不错的："噫！吁嚱（呜呼）！危乎！高哉！"

体裁决定了古诗语言的精练性。因为篇幅超短，语言精练，所以学习古诗，要一字不肯放过。

2. 梳理语言编码

有时候，要理解作者"为何那样说"，才能理解作者"说了什么"。这就意味着，品读诗歌，有时候可以反过来，通过形式去理解内容。比如，"寂寞梧桐深院锁清秋"是李煜的词，他为什么要这样写？这样的写法有什么特别之处？

我读到这个句子时，感觉它的语序好像有点问题。这个句子似乎想说，在清秋作者很寂寞，梧桐深院是锁着的。但是请注意其词语编码，顺序很特别。"锁清秋"是一个动宾结构，"清秋"是能够被锁的吗？为什么要这样说呢？这样的语言编码中，"清秋"是否还暗示着别的意思呢？

词语的连接关系，语言编码的组合关系，构成这句词最关键的关系。这是非常典型的文学语言。"锁清秋"给人的感觉是，整个凄清的秋天都被关进了这座院子。但是，"清秋"不是一个具体的物体，而是一个惨淡的季节，它可以覆盖广大的地域，不是能够被一个"深院"锁得住的。本词却把如此庞大的秋天锁进一个院子，所暗示的意思无非就是天下所有的冷清惨淡均集中于此，幽闭于此。这样写就倍增了诗人心绪的萧瑟冷寂。这就是李煜词的妙处，是他写得好的地方。

梳理语言编码涉及下面几个方面。

(1) 整体观察问题

语言编码是为了表达作者预设的主题的，因此局部分析与整体把握要联结起来。下面是范仲淹的一首词：

碧云天，黄叶地，秋色连波，波上寒烟翠。山映斜阳天接水，芳草无情，更在斜阳外。

黯乡魂，追旅思，夜夜除非，好梦留人睡。明月楼高休独倚，酒入愁肠，化作相思泪。

教材说，作者"文才武略兼备"，本词"意境阔大"。范仲淹也许真的是"文才武略兼备"，但这种说法不适合用到这首词里，为什么？因为本词和武略毫无关系。"意境阔大"，更是乱说。"芳草无情，更在斜阳外"，就是意境阔大吗？"山外青山楼外楼"，叫不叫意境阔大？空间比较开阔，就等于意境阔大吗？

从宏观上观察，这首词的第一个特点是收缩，上阕之景相对开阔，下阕之景相当窄小，全词的大致走势是由外景收缩到了内心。

第二个特点是，情感是悲愁哀伤的。文本语义信息中无丝毫"武略"可言，你看见的不是一个决意牺牲或满腹韬略的武将形象，而是一个思乡者哀苦的形象，表现的是典型的农业文明背景下渴望回归乡土的文人情绪。

第三个特点是，上阕写景，但风景并无塞上独有的特点。边塞有没有"碧云天，黄叶地，秋色连波，波上寒烟翠"这样的景象？也许是有的。但北方有这些，西北有这些，江南也有这些。我曾深秋去苏州（范仲淹高祖范隋，唐懿宗时渡江南下，任丽水县丞，时逢中原兵乱，遂定居吴县）参观过范仲淹纪念馆，那一带的景象就是这首词里的景象。从这首词里，看得见"大漠孤烟直，长河落日圆"这种真正的边塞景象吗？看得到岑参诗里的边塞风光吗？根本看不到关塞、兵器、冰雪、狂风、飞沙走石这种真正属于边塞的景象，我们看见的可能是江南。这首词里所有的意象符号，都看不出边塞独有的特征。

语言编码要统合起来观察，这样才能看出编码的真实意义。全部连贯起来，获得整体认识，对整个文本也就有了准确的理解。

（2）意象理解问题

意象是重要的编码符号。脱离文本的孤立的名词只是名词，不是意象。确定意象中的"意"，要依靠语境，亦即要观察文本中系列的意象符号串。当文本中有多个意象时，单个、孤立地去看意象是不对的。必须把意象组织起来分析,要看清一系列意象之间的关系。如果孤立地看意象,就会出现理解的障碍或偏差。文本理解,实际上是一个不断分析、整合、调整的过程;要根据不同意象、内容之间的关系,不断调整我们的原始理解。比如《天净沙·秋思》:

枯藤老树昏鸦,小桥流水人家,古道西风瘦马。夕阳西下,断肠人在天涯。

孤立地看,第一句可以表示残败甚至恐怖(就像你在一些武侠片中看到的那样),第二句可以表示安详温暖的田园情调,第三句可以表示落拓孤傲、遗世独立。

为什么不能孤立地分析呢?因为存在前面讲到的文本编码的一致性要求。编码必须符合特定主题,编码组合起来要能指向某一个焦点。《天净沙·秋思》前三句写景,我们要分析它们的一致性。如果看不到一致性,这三句就成了三家人。三句必须统合成一家。怎样统合成一家?看这个文本的最后一句,在"景"之后,"人"出现了。作为景象的观察者与感受者,他的心境是"断肠"。这就决定了前三句的情感基调必须与此吻合。

"枯藤老树昏鸦"带着黄昏的阴暗,符合断肠人的心境的暗淡。"小桥流水人家"并不表示断肠人的心境是安详温和的,而是表现心境孤寂的他,对安详温和的家的回忆或渴望。"古道西风瘦马"跟行侠仗义和遗世独立无关,只是表现了天涯断肠人的苍凉和狼狈。文本的统一性是非常重要的。如果不充分关注这种统一性,就可能肢解文本,错误地解释文本,使文本前后的解释相互冲突,无法达成一致。甚至对单个意象的理解,也很难达到准确。

对意象的理解,有两个方面的内容很重要,分别说明如下。

第一,意象构成某种特定的世界图像。那么,就有必要解释:为什么诗人看见的世界图像是这样的而不是那样的?

人总是有选择地观看世界,我们对世界的观察是有选择和偏向的。诗不可能呈现出当时的全部状态、全部想法和实际存在着的全部景象;诗里写出来的,总是被选择了的,如《题破山寺后禅院》。

清晨入古寺，初日照高林。曲径通幽处，禅房花木深。
　　山光悦鸟性，潭影空人心。万籁此都寂，但余钟磬音。

　　首先，写禅院而未写禅院建筑、佛像、僧人等。进入古寺，无疑是能看到这些事物的，可是诗人回避了这些。刻意回避人、与人有关的建筑，主要展示幽深清静的自然风光。这是为什么？一个合理的解释是：能显清幽，不着人相。

　　其次，花木皆有提及，却并不细致描写。"曲径""花木""山光""潭影"，点到为止。为什么不展开描写，写得更细腻一些呢？一个合理的解释是：有乐有空，不着色相。景物写得过于细腻，就难免黏着于"色相"了。

　　中国古代有一种说法，叫"得意忘形"。意思是说，在你已经体会到"意"之后，帮助你体会到这种"意"的外部事物就应该被舍去。既然借助这条船已经过了河，你就不需要继续把船背在背上。"山光悦鸟性"重点是"悦"，"潭影空人心"重点是"空"，如果你对佛教稍微有点常识，就会知道这里分别对应到佛法所讲的"乐"和"空"。佛教还讲"乐空双运"。"空"是事物的终极本质，"乐"是生命的究极体验。这一联是很有佛理的。此外，为什么是山光悦"鸟性"而不是悦"人性"呢？鸟和人都有生命，而佛法认为一切众生都有佛性，鸟也有佛性，和人没有分别。这又增强了此联与佛理的相关性。所以，我可以用一句佛家语言来总结此联的意思：有乐有空，不着色相。为什么不细写？细写就要落于色相；不细写，就是为了不陷落、不纠缠于色相之中。

　　归纳前面的两点分析，可以认为：这首诗写得非常微妙，不着人相，不着色相。它非常微妙地表现了佛法的义理。仔细体会，本诗确实是很有味道的。

　　第二，分析意象，最忌孤立。单个的意象分析是不妥的，真正的关键在于分析意象的组合关系，亦即意象之间的情理关系，或可能的逻辑联结方式。

　　例如，陆游的《临安春雨初霁》：

　　世味年来薄似纱，谁令骑马客京华。小楼一夜听春雨，深巷明朝卖杏花。

矮纸斜行闲作草,晴窗细乳戏分茶。素衣莫起风尘叹,犹及清明可到家。

有教师讲"小楼一夜听春雨,深巷明朝卖杏花",拈出"小楼""深巷""春雨""杏花"这几个意象来分析。有这样一种可能:教师把每个意象都讲得头头是道,但根本没能读懂这两句诗。为什么?因为他没有把握住这两句诗的关键。关键点在哪里?不在这四个意象,而在"一夜""明朝"这两个词。为什么这是关键点呢?因为这四个意象的联结关系中,这两个词最为紧要。

"一夜",说明失眠。"小楼一夜听春雨",在小楼听了一整夜的春雨,说明晚上没有睡着觉。为什么睡不着觉?因为有心事,孤独愁苦。作者在京城感到失落,不得志,所以无聊,郁闷。"深巷明朝卖杏花","明朝"为什么重要?因为这句诗写得很奇怪。既然明天早上才卖杏花,怎么就写出来了呢?这里有两种理解的可能性。第一,这是陆游的联想。春天买杏花可能是陆游家乡的一种风俗,联系到后边"犹及清明可到家"的推测,本句可能表现了诗人在春雨之夜想念家乡。第二,这是陆游的推测。"深巷明朝卖杏花"也可以理解为"本地风光"——根据往年在京城的生活经验,春雨过后买杏花的人比较多,这是夜里不眠的诗人在推想。这两种理解都符合情理,能够被合理地推想出来,而不至于和诗的其他部分构成矛盾。

(3)编码连贯问题

文本编码具有连贯性,解读时要充分注意语句之间、语义单元之间的关联。在阅读和教学中,连贯性是很容易被忽视的,如《次北固山下》:

客路青山外,行舟绿水前。潮平两岸阔,风正一帆悬。
海日生残夜,江春入旧年。乡书何处达?归雁洛阳边。

读律诗,讲律诗,把诗分为前四句、后四句,这样容易把握。金圣叹讲杜诗,很多时候就是这样做的。这是一个方便法门,但容易出现割裂。分开当然是可以的,这便于学生理解;但我们还要讲连贯性,把它们合并起来,观察它们是怎么联结起来的。对这首诗，我作简单的分析。

第一，从意象上看，前四句简括写景，表现的重点是空间；后四句则有更多表示时间的语词："残夜""春""旧年"。"归雁"实际上也暗示了时间变化。从空间表现扩展到时间表现，这是前后两部分之间的区别。这一转换，实际上说明围绕主题的文本编码的"可扩展性"。

第二，文本的"最小编码倾向"，意味着前后诗句绝不只是语义的简单重复，因而后四句要在前四句的基础上有所推进。"海日生残夜，江春入旧年"，不再沿袭前四句的空间思维，在时间的向度上进行了新的拓展。

这里要特别注意5—6句，这里是从空间表现到时间表现的转换处，也是前后连贯的关键。它是怎样联结前面四句的呢？

既然是转换，那就意味着某种程度的断裂。然而，这两句在阔大的气象上和前两句取得了关联。"潮平两岸阔，风正一帆悬"，是一种开阔平正的盛唐气象；而"海日生残夜，江春入旧年"，更是盛唐气象，这是一种摧枯拉朽、破旧更新的态势。这种态势，毫不亚于颔联。"海日生残夜"，"残夜"行将死亡，而即将死去的残夜里却涌动着"生"。"残夜"这一死亡的背景，把新生的"海日"映衬得更加鲜活。"江春入旧年"，旧的一年死亡了，春天再次诞生，也是表现新的力量在发作，"入"字甚至带着新春对"旧年"的侵略性，贯注着一种强烈的扩张性能量。这两句充满了破旧立新的力量强势，我认为比上一联更能彰显盛唐的时代精神。3—4句和5—6句，在力量上是相近的，具有内在的统一性和连贯性。这种连贯性，使得前后浑然一体。

3. 观察文本特征

文本的观察重点，是其特殊的部分。所谓特殊的部分，是与一般文本、一般经验不同的部分，以及文本中看似矛盾的部分。例如，《夜雨寄北》：

君问归期未有期，巴山夜雨涨秋池。
何当共剪西窗烛，却话巴山夜雨时。

28个字中，"巴山夜雨"重复两次，就占了8个字。我们知道，古典诗篇幅小，容不得重复，然而李商隐重复了。"重复"就构成了这首诗的重要特征，而我们需要解释这个特征，解释李商隐为何要冒着风险这样做。

读任何文本，都要首先去观察特征，然后作出解释。若能给出一个有效的解释，解读就到位了。"巴山夜雨"的重复，不是简单的重复，而是有着时间、时态的差异。两个"巴山夜雨"，第一个是在"现在"，第二个是在"未来的现在"。

"现在"的"巴山夜雨"，是冷落孤寂，归期未卜，这不难理解。可是第二个"巴山夜雨"——为何要从未来绕回"现在"，虚拟出一个"未来的现在"？我认为有几点可能：一是可以看出抒情主人公此时对他日聚首之期待，二是可以看出抒情主人公此时对未来相逢时"夜阑更秉烛，相对如梦寐"的悬揣。综合起来，可以看出此时他冷中有热（冷清中有热望）、他日热中有冷（他日相聚的温暖中回味曾经的冷寂）的复杂感受。时间的来回纠缠，冷热的往复，凸显此时带着热望的孤寂，这个重复的妙处就在于此。

在《木兰诗》中，写木兰出发时和归来时的两段文字，也非常有分析价值。

（出发时）旦辞爷娘去，暮宿黄河边，不闻爷娘唤女声，但闻黄河流水鸣溅溅。旦辞黄河去，暮至黑山头，不闻爷娘唤女声，但闻燕山胡骑鸣啾啾。

（归来时）开我东阁门，坐我西阁床，脱我战时袍，著我旧时裳。当窗理云鬓，对镜帖花黄。出门看火伴，火伴皆惊忙：同行十二年，不知木兰是女郎。

通过分析这两段文字所表现的木兰的特征，我们可以看出非常重要的内容。

出发时，不管是走到黄河边还是走到黑山头，没有强调别的内容，主要重复了"不闻爷娘唤女声"，这说明想念父母是木兰一路上的主要心理活动。可以说，此时的木兰，念兹在兹的是亲情和家人，她的心中没有别的，尤其是丝毫没有奔赴战场、杀敌报国的兴奋。

归来时，能明显地看出，木兰对女人身份的恢复，感到非常亢奋和欢欣。一串排比句中，不断地强调"我"，在她的感觉中，这才是真正做回了自我。可以看出，木兰根本无心去做一个女英雄，对功名也毫不在意。她并不想参与战争，只是卷入了战争；她从征的目的，仅仅在于避免她的父亲由于征战而受到伤害。一个上战场"为国杀敌"的木兰，根本不存在；而一个渴望做女人、希望和家人在一起的木兰，才是真实的木兰。这些信息是文本中具有的，是通过文本特征分析可以推导出来的。

4. 意义的一致性

前面说过，文本中各个表意要素，必须与主题具备一致性。一个文本内部的各个意义单元之间，不能形成对立，不能相互拆台。

当一个文本比较长或比较复杂，很容易陷于顾此而不顾彼的孤立理解。无论对于教师还是学生，这都是比较容易出现的状况。窥一斑而不见全豹，最后会出现理解的偏差。只有具备了整体意识，才有可能敏感地关注到意义的一致性。

讲到一致性，首先就涉及一种很重要的观察方法：观察文本内部，看其是否存在看似矛盾的表达。如果我们遇到这种情况，就必须寻求一种解释，使得这种矛盾得以消除。这种解释必须置于整个文本的主题之下，整个文本的结构框架之中。如果你的解释无法圆融地解释文本消解矛盾，那么你对文本的阐释基本上就是错的。

下面我们来看李白这首著名的《将进酒》：

> 君不见黄河之水天上来，奔流到海不复回。君不见高堂明镜悲白发，朝如青丝暮成雪。人生得意须尽欢，莫使金樽空对月。天生我材必有用，千金散尽还复来。烹羊宰牛且为乐，会须一饮三百杯。
>
> 岑夫子，丹丘生，将进酒，杯莫停。与君歌一曲，请君为我倾耳听。钟鼓馔玉不足贵，但愿长醉不复醒。古来圣贤皆寂寞，惟有饮者留其名。陈王昔时宴平乐，斗酒十千恣欢谑。主人何为言少钱，

径须沽取对君酌。五花马、千金裘，呼儿将出换美酒，与尔同销万古愁！

酒可以助兴，也可以消愁。《将进酒》最后一句"与尔同销万古愁"十分清楚地告诉我们，李白此时喝酒，就是为了消愁。那么，他要消的是什么愁？是"万古愁"。

会不会是壮志难酬的苦闷呢？不是。如果说是壮志难酬的苦闷，只是一时之愁，不能说是"万古愁"。"与尔同销"，"尔"指朋友，"同销"一起销。所以，如果本诗要抒发的是壮志难酬的苦闷，那么这种愁就仅仅是李白个人的愁，不存在"同销"这一说法。

"万古愁"应该如何理解？万古，万代、万世，说明这愁世世代代都有，是人类共有的愁，而不是一人一时一地之愁。那么，这个"万古愁"究竟是什么呢？就是本诗开头所讲的关于生命、关于时间的哀愁。"君不见黄河之水天上来，奔流到海不复回。君不见高堂明镜悲白发，朝如青丝暮成雪。"世界的变化、人的老去是不可逆转的，这是自然规律，无论活在哪个时代的人，都无法逃脱人生短暂、终于老死的悲哀。

人不得不承认一个悲剧性的事实：人的生命是有限的，而且这种有限是不可改变的。

这首诗还存在着表面上语意看似矛盾之处。例如，"人生得意须尽欢"，看起来李白是很得意的；"天生我材必有用"，看起来又像是当下不得志，在为自己打气。这就需要我们给出一个合理的解释。

首先，"得意"不能想当然地理解为官场得志，它是适意、心头舒服的意思。心头舒畅，情绪不错，就要"莫使金樽空对月"。为什么呢？因为前面已经说了，人生短促，如同黄河奔流，朝暮之间就老了，所以该快乐就要快乐，该喝酒就要喝酒，今天不喝，明天可能就没得喝了。这句诗和前文是不存在矛盾的。

其次，"天生我材必有用，千金散尽还复来"，这两句诗出现得比较突然，有些费解。如果"天生我材必有用"，即李白认为自己有能力在官场大展宏图，这就和后面是矛盾的。因为"钟鼓馔玉不足贵"是在说富贵生活不值得追求，明明已经表明自己放弃官场的富贵，又怎么会发出"必有用"于官场的宣言呢？所以，"天生我材必有用"，不能狭隘地理解为做官之用。那是什么用呢？诗中没有说，我们不能瞎猜，合理的解释是，这表达了李白的一种信念：一个人活在世界上就是有用的。回过头去看，"人生得意须尽欢"的"得意"当然不是指官场上得意，沿着这首诗前四句开启的意脉来分析，这句诗的意思就是，只有"尽欢"了，才算得上是"人生得意"。既然人生短暂，那就狂饮尽欢，图个畅快。

人生短暂，能"尽欢"就是胜利，快乐是唯一的主题。至于功名钱财，都不是值得考虑的事情。李白喝酒和酒徒喝酒不同的地方在于：李白喝酒是基于对人生悲剧性的深刻感悟。这和西方的酒神精神不谋而合。尼采认为，酒神祭礼是一种满溢的生命感和力感，在其中连痛苦也起着兴奋剂的作用。他认为，即便是在生命最异样最艰难的问题上，酒神或酒神祭祀者也永远保持着乐观向上的人生态度。从这个意义上说，李白既是最悲观的，也是最积极的。

酒神精神的本质，是既要承认人生的悲剧性，又要超越人生的悲剧性。认识到人生的悲剧性，又能高举快乐的旗帜，高扬生命意志，这就是李白。他抛弃人生中功名、钱财的羁绊，用狂欢、豪放的姿态去追寻生命最原始的快乐，抵抗生命必将由盛转衰这一无法改变的悲剧，当然具有积极性。我们可以不认同这种价值观，但这的的确确就是李白的选择。

五、一个案例：《香菱学诗》

《香菱学诗》通常被当成一篇小说来教，我认为这是不合理的，此文的核心价值不在其小说特性，而是古诗教学。下面是我的分析，供参考。

什么样的诗是高水平的诗？什么样的诗是低水平的诗？怎样区分好诗和坏诗？这些问题是古典诗歌初学者首先会碰到的问题，也是他们最感困惑的问题。仔细品读《红楼梦》中的《香菱学诗》一节，能够为我们思考上述问题带来一些启发。

鉴赏诗歌，要善于比较。香菱学诗，在不同的学习阶段，以月亮为题材，写了三首诗。这三首诗，水平各不相同，认真比较，或许能够增强我们的鉴赏能力。

(一) 第一首：初识技法，老套拼凑

香菱的第一首诗是：

> 月挂中天夜色寒，清光皎皎影团团。
> 诗人助兴常思玩，野客添愁不忍观。
> 翡翠楼边悬玉镜，珍珠帘外挂冰盘。
> 良宵何用烧银烛，晴彩辉煌映画栏。

林黛玉读了之后的评论是：这首诗"意思却有，只是措词不雅。皆因你看的诗少，被他缚住了"。

林黛玉这话是什么意思？"玉镜""冰盘""银烛""画栏"等词语，照现在的观点看，已经很"雅"了，甚至"雅"得有些过分，怎能说"措词不雅"呢？原因很简单，"雅"过了头，就成了"俗"。林黛玉所谓"措词不雅"，是"下语俗套"的意思。"不雅"，就是"俗"。"皆因你看的诗少，被他缚住了"，就是说香菱读诗太少，词汇有限，于是一写到月亮，就只能想到"玉镜""冰盘"等被用得熟滥的词语。初学写诗，无处着力，只好把前人咏月习用的词藻堆砌起来，拼凑成篇。所以黛玉说"被他缚住了"，即不能从前人的套子中跳出来。

"不雅"的另一表现，就是直白。由于缺少积淀，下笔时只能顺应日常语言习惯，导致用语直露。本诗除了熟滥的"套话"，便是直露的"白话"——"常思玩""不忍观"，直白无味；"烧银烛"的"烧"，"映画栏"的"映"，平淡乏味，属于没有表现力的"死"字。

以上是本诗的第一个问题。这个问题是平庸的诗人常犯的，较为优秀的诗人有时候也难免。"语言的套子"很难突破。这首诗的问题是习语太多，同时自己的情思并未充分注入诗句之中。这就牵涉到本诗的第二个问题：内在情思不够充实。

第二个问题，亦即本诗最大的问题，就是情思淡薄，了无新意。这首诗写月亮，句句都写月亮，可惜就只是写月亮。除了写景之外，诗更重要的是抒情；写景的目的是抒情，所谓"一切景语皆情语"。句句都写月亮，这没有什么不对；但单纯地写月亮而未能突出主观的情感，就是只看皮相的大问题了。这样的诗，只是为写景而写景拼凑出来的。凡是写景的诗，只见景物而不见诗人的寄托或用意，那就必然是门外汉的作品。

第三个问题，本诗拼凑的痕迹很浓，前面已指出拼凑雅语而落入俗套的问题。这里我要说的是，由于拼凑，本诗的结构也呈现出严重的不协调。作为一首咏物的七律，第一联才开始写景，第二联就写人与景的互动，未免稍显突兀；"野客添愁不忍观"的情调是愁苦、暗淡的，与首联"清光皎皎"、尾联"良宵""晴彩辉煌"的或清朗或明朗的情调更是无法协调。诗是拼凑出来的，当然做不到气韵贯通。

总体上看，本诗的三大问题，共同点都是"拼凑"。情感未能调动，技巧不够圆熟，于是只好找一些套话，编一些句子，凑合起来了事。这样的诗句，不是从肺腑中流出来的，是对句子对出来的。

香菱的这个阶段，属于了解写诗技法的阶段，心思多半还在如何凑齐句子，如何对仗押韵上面。这很类似于学生写考场作文。

（二）第二首：技法渐老，有景无人

香菱的第二首诗是：

> 非银非水映窗寒，试看晴空护玉盘。
> 淡淡梅花香欲染，丝丝柳带露初干。
> 只疑残粉涂金砌，恍若轻霜抹玉栏。
> 梦醒西楼人迹绝，余容犹可隔帘看。

还是先来看林黛玉的评论："自然算难为他了，只是还不好，这一首过于穿凿了。"

"难为他了",这是表扬。怎么说"难为他了"呢?在高手林黛玉看来,这样的诗当然是"只是还不好"的;但林黛玉既然说"难为他了",显然也看到了香菱的进步。与第一首相比,这首诗的进步表现在:

第一,摆脱了第一首的拼凑痕迹,整首诗一气呵成,说明香菱作诗的技巧已经比较老练了。全诗写月,不见"月"字,全用侧面描写手法。颔联还较好地运用了映衬烘染之法,梅花"香欲染"的对象显然是月色,是化用林逋名句"暗香浮动月黄昏"的语意。

第二,诗中时有深意,尾联的余味尤其深远。"梦醒西楼人迹绝,余容犹可隔帘看",虽是景语,亦为象征。大观园看似煊赫辉煌,实则危机四伏,红楼梦醒,人迹将绝,此时的"余容",到时就只能"隔帘看"了。这一联写得好,甚至使前一联中"金砌""玉栏"两个陈腐的词语都显出光辉来:"金砌""玉栏"本是俗套之词,在此却恰好象征了贾府的富贵;而这种富贵,当红楼梦醒之时,就会变成惨不忍睹的"余容"。

但这首诗"只是还不好",没有达到林黛玉认定的好诗的标准。它的缺陷主要在于:

第一,正如林黛玉所说,"过于穿凿"。薛宝钗的"笑评"更明确:"不像吟月了,月字底下添一个'色'字倒还使得,你看句句倒是月色。"本诗是写月亮的,但处处都写月色,写月光照下来的情景。这样题目跟内容扣得不紧,有些跑题了。

第二,用词仍有套话的残留,"映窗寒""护玉盘""香欲染""露初干"等语词,都是从古诗词中借来的。尤其是"玉盘""玉栏",都是套话,两个"玉"字重复出现,尤其不妥。

第三,景色里少了些"人"的因素。写景诗要有人与景的互动,要有触景而生的情。

(三)第三首:写法高妙,情景相融

香菱的第三首诗写道:

精华欲掩料应难,影自娟娟魄自寒。
一片砧敲千里白,半轮鸡唱五更残。
绿蓑江上秋闻笛,红袖楼头夜倚栏。
博得嫦娥应自问,何缘不使永团圆?

本诗是佳作。按照《红楼梦》中那一帮行家的看法,"这首不但好,而且新巧有意趣"。

它的好,第一就是"有意趣"。意趣是人的意趣,所以"有意趣"的前提,是有"人"。

本诗第一联,起句不凡,既是写月,又是写人。将"人"代入了"月","精华欲掩料应难",是说月光难掩,也是说才华难以埋没。"影自娟娟魄自寒",两个"自"字,刻意重复,相互响应,写出了月光美好,月魄幽寒,也表现了香菱本自的清纯美好,并折射出她内心的寂寞幽寒。其后"千里白""五更残""秋闻笛""夜倚栏"的描写,都吻合这种寂寞幽独的内心情绪。尾联"博得嫦娥应自问,何缘不使永团圆",既是香菱对她自己与家人离散的命运的质问,也是对具有普遍性意义的人间离别主题的表达。这种无可奈何的人生悲感,是非常深沉的。整首诗以情意为主,一气呵成。

借咏月来表现真情实感,这就是它的最大优点。好的咏物诗都是要寄情寓兴的,即通过咏物,把自己的感受寄于其中,通过物表达出来。咏物诗如果就物论物,把所咏之物与常用的意象和传统的典故粘贴在一起,凑出一首诗来,那就不是好诗。

第二,就是"新巧"。本诗与第二首一样,写月也没有一个"月"字,基本上是侧面描写。而它的侧面描写,处理得很巧妙。中间两联都是描写,特别是第三联(颈联),看似没有写月,实际上不仅写月而且写得含蓄,很有情味。"绿蓑江上秋闻笛,红袖楼头夜倚栏",写出了秋夜江上闻笛、月下思妇倚楼的景象,暗写了月亮这个对象,暗示了思念这一主题,暗藏了凄清这种情调。如此写法,新奇别致。

第三，句法高妙。第二首诗，"试看……只疑……恍若……"相互关联，可见香菱已有意使用虚词来增加诗句连贯性的句法意识，但这种做法还显得较为稚嫩，句法虽然流畅，意味却不隽永。本诗的第二联（颔联）"一片砧敲千里白，半轮鸡唱五更残"，才算得上是高妙的句法。"一片"既是砧声，也是"千里白"的月光，更是人的情思；"残"既是五更之"残"，也是月亮之"残"，更是人的心情之"残"。"一片"这个普通的数量词，"残"这个普通的形容词，都达到了"三用"的效果。这些普通词语的表达功能，被发挥到了极限。这就是句法的妙处——在这样的句法中，平凡的词语，都已然不再平凡了。

仔细品味，我们可以获得很多乐趣，也可由此领悟鉴赏诗歌的方法。古典诗歌的鉴赏，需要用心精细，善于比较。鉴赏的"鉴"，实际上就含有比较的意思。而其最基础、最基本的部分，还是准确、精细、周到的理解。没有文本分析功夫，鉴赏就不可能实现。

六、古典诗歌教学中的注意事项

（一）引导学生读懂每个细节

学生读古典诗歌的主要问题是"读不懂"。不论哪类文本的阅读，只要读不懂，就会乱说。就古诗而言，学生读不懂主要在于没用心、不细致。

比如杜甫《春望》中的"城春草木深"，读到"草木深"这几个字似乎就觉得春天生机勃勃。但联系"城春"，城市的春天"草木深"就很不正常了，这表明城市人烟稀少，很荒芜。细心一看，懂有何难！

"家书抵万金"，家书如何能"抵万金"？杜甫的意思不在强调家书贵重，而是想说战乱阻隔，家书极其难得，表现出对生死不明的亲人的担忧。因为难得、稀有，所以"抵万金"。细心一想，懂有何难！

"白头搔更短，浑欲不胜簪"，白头发会被"搔"短吗？根据我的经验，头发不会被"搔"短，但会被"搔"掉。所以，"白头搔更短"不是说将头发"搔"短了,而是将头发"搔"稀疏了。因此,这里的意思不是头发"短",而是头发"疏"。头发稀疏了,所以插不稳发簪了。因为内心愁苦,所以才"搔";所谓"浑欲不胜簪",表示杜甫"搔"得很频繁、很厉害,也就是说他内心的愁苦很重。细心分析,懂有何难!

这些都属于前面所说的"识字"的范围,都是细节性的,但却是将理解推向精深的必要基础。

(二)理解要追求精确性

阅读教学,一定要追求理解的精准。教师注意到这一点,学生才能通过教师的教学形成精确分析、精准答题的能力。

有了精确的理解,才有精确的答题。考试时学生认得文本中的字词,答题的方向也差不多,但是分数却有很大的差距。分数的差异就是答案的精确性的差异。这取决于理解的精确性。

(三)根据文本特征实施教学

认识事物,就是要认识这个事物有别于其他事物的部分,也就是它的特征和特性。每个文本都有它的个别性特征,这是必须抓住的。

> 昔人已乘黄鹤去,此地空余黄鹤楼。黄鹤一去不复返,白云千载空悠悠。晴川历历汉阳树,芳草萋萋鹦鹉洲。日暮乡关何处是?烟波江上使人愁。
>
> ——崔颢《黄鹤楼》
>
> 凤凰台上凤凰游,凤去台空江自流。吴宫花草埋幽径,晋代衣冠成古丘。三山半落青天外,二水中分白鹭洲。总为浮云能蔽日,长安不见使人愁。
>
> ——李白《登金陵凤凰台》

"眼前有景道不得,崔颢题诗在上头。"李白很狂,但还是有觉得技不如人的时候;然而李白很狂,不如别人又不愿服输。在黄鹤楼看到崔颢的诗,李白觉得别人写那样好，自己开不起腔，但他最后还是写了一首和崔颢的诗相似的《登金陵凤凰台》。这首诗开头模拟崔颢的表达，是比较明显的。这两首诗，都是好诗。那么，两首诗的好是不是一样的呢？

我觉得不能这样看。两首诗的格局都很大，但格调大不相同。崔颢的《黄鹤楼》表现的是一种生命忧思，首联一开始就说神仙离开了，不再回来，我们这些红尘中的人想要成仙是没指望了。这和诗的后半部分有什么关系呢？考虑到文本的内部统一性，我曾经作了一个解释："日暮乡关何处是"里的"乡关"不只是地理意义上的故乡，也是生命意义上的故乡。最后一联，并不只是简单的思乡，而是从生命的意义上探析人类的故乡究竟在哪里？哪里才能让生命得到安顿？这样理解，才能够和前四句有明确的意义关联。整首诗的立意，其实是在问生命最终该落脚到何处。这不只是一个思乡问题，而是相当于"你往何处去"的哲学问题。"你从哪里来，将到哪里去"，这样的问题具有终极性。

李白这首诗，其实不如崔颢的。第一，它表现了功名之心，立意不如崔颢的深刻。"长安不见使人愁"，是在思念君王；"总为浮云能蔽日"，是在担心君王被蒙蔽，自己不被重视。这是一个政治主题。但是这个政治主题和"吴宫花草埋幽径，晋代衣冠成古丘"构成了矛盾。因为后者实际上在暗示政治上的成功和高贵的地位其实都是过眼云烟，没有意义。既然没有意义，又何必担心君王被蒙蔽，哀叹自己在政治上没有机会？所以，李白这首诗考虑得不够周密，存在着内部的冲突，这是第二个问题。从诗的内在统一性和它所表现的主题的深度来讲，李白的诗都比不上崔颢的。

（四）讲清意象，慎讲意境

讲清楚意象，要谨慎地讲意境。谨慎地讲，就是不能够随便讲。

对意境，很多书上都有定义，这些定义还很不统一。我的定义是：意境是意象的叠加组合所形成的整体性审美效果。

意境作为一种整体性的审美效果，很难描述，很难讲清。"意境"这个词和佛教是有关系的，佛法修行的境界是一种"内境界"，审美性的"意境"也是"内境界"，是很难用语言清楚描述的，往往一说出来就不对劲了。《金刚经》的句法是"你说什么，概念上是什么，实际上根本就不是什么"。这是《金刚经》的典型句式。所以要把意境说清楚，几乎是不可能的。讲得清楚，教师才能讲。对于讲不清楚的东西，教师非要讲，就会给学生留下含混、朦胧、含糊的印象，甚而会导致学生养成错误的态度。学生会觉得对于说不清楚的东西，自己也可以估摸着讲，可以似是而非地讲。

分析诗，一般都会分析意象，而我们不能只是指出诗中有哪些意象；我们应该努力想清楚：为什么会是这些意象，它们的特质究竟是什么？

指出诗中的意象之后，分析意象的特质以及意象之间的关系就特别重要。比如《沁园春·雪》，不能停留于指出诗中写了哪些景象，而要分析这些景象的特质是什么，文本中为什么要写这些，这样才能真正理解"情景关系"。教师不能只看它的大词大句，被豪迈气势震服。作为文本，它是可分析的。一个好的文本，内部应该存在有机的、紧密的关系。我的体会是，"须晴日，看红装素裹，分外妖娆"很关键，因为此处才是和"风流"真正相关的。如果不分析清楚这些，只是把"茫茫""滔滔"之类的单挑出来，说什么"山舞银蛇""原驰蜡象"如何巧妙，那是很不够的。不是说不可以分析这些，但仅仅分析这些，肯定是不够的。

（五）引导评价要有常识感

古诗常常强调评价鉴赏。评价鉴赏，已经不是文本解读的问题，但评价鉴赏仍然是必要的，所以这里也简单讲一讲。

在我看来，"教学不是说教"。在语文的识记、理解、分析综合、鉴赏评价、应用探究种种能力中，评价是最能够显示人的见识的部分。"信息不如知识，知识不如见识。"见识是一种高境界，具体表现为评价能力。评价的要求其实很高。照着教参上的说法去评点课文，这不叫见识，不能显现出教师真实的评价能力。教师是不是说到点子上，能不能提出自己的见解，能不能自圆其说地证明自己的观点，这才能显示出其思维水平是否高超。

孔子讲"兴观群怨"，诗的首要功能是"兴"。"兴"，就是发动人的性情，熏陶人的情操。学诗和讲诗，都要尊重人性，尊重性情，净化性情，而不是反人性。讲古诗的时候，我们很喜欢作出评价，但评价的时候却少有从人性的基本面去观察。比如《泊秦淮》，评价杜牧的这首诗，我会说他的思想很积极，批评王朝奢靡、纵情享受、腐朽没落的生活。但是，有几点我们也许没有注意到。第一，杜牧本人就是一位享乐主义者，"十年一觉扬州梦，赢得青楼薄幸名"。他把自己装扮为一个道德裁判者，有没有合法性？第二，王朝覆亡的原因难道就是享乐吗？从人性的基本面来看，难道追求享受或享乐不是每个人的愿望吗？其实，追求快乐与享受，是基本的人性。可以说，人类对享乐的追求推动着社会经济和文化的发展。所以，享乐并不是本质性的问题。那么，王朝覆亡的症结在哪里？在于不公正、不正义。当一个社会人人都能享乐，这大概就是太平社会。当一个社会只能少数人享乐，而且这种享乐建立在剥夺多数人的基础之上，这就是一个不公平的社会。这种不公平当然是政治不稳定的原因，有可能造成爆炸性的局面。物质的充实富裕与社会的公平正义，才是社会稳定的关键。杜牧显然没有看到这个关键。

从"卷土重来未可知""东风不与周郎便"之类的诗可以看出，杜牧比较喜欢议论，但见识比较短浅。当然，我们也不一定要苛求杜牧，过去的人总有所谓的"历史的局限性"。作为评价者，我们需要认清这一点。但这并不是呼吁我们一定要多么超前，而是呼吁大家回归常识，回到人性的基本面。在多数情况下，常识是最接近真理的。

（六）尊重文本事实，慎用知人论世

要回到文本，尊重文本。运用"知人论世"来解释文学文本，务必慎重。

有时候，我们并不知道或者不甚了解语文考卷中古诗的作者，但这并不妨碍我们对诗的理解和做诗歌鉴赏题。读一首诗，文本中有足够的信息供我们分析和理解，我们可以根据这些信息得出合理的结论，而不必非要知道作者是谁。我郑重地写了下面这段话，来阐明我的观点：

> 一切合法的阐释结论，必须基于文本，能根据文本信息合理地推导出来。这是铁律。关于作者与作者所生活的时代的信息，都是外围信息或背景信息，不是文本理解的直接对象。当且仅当文本编码意义不明，这些背景信息才能被引入阐释，而且只限于发挥印证性作用。

作者和时代背景，对于文本来说，都是外围信息，不可能构成文本理解的主体。教学时介绍作者及其时代背景，当然也无不可。但是，不宜把它升级为文本解读的方法。文本解读的对象只能是文本，真正重要的是文本！读文学作品，是要读懂作品的意思；而知人论世，是要去了解历史、了解社会。虽说文学和历史学、社会学有交集，但它们毕竟分属不同的领域，不可混淆。

我们应重视这一点，否则在实际教学中容易出现一个严重的问题——贴标签。只要作者是陆游，就是"报国无门、壮志难酬"；遇到辛弃疾，这个标签也可以贴上。苏轼当然贴豪放，李清照当然贴婉约，这很幼稚，甚至愚蠢。因为这完全违背了一条真理——具体问题具体分析。具体文本，当然要具体分析。"花褪残红青杏小""细看来，不是杨花，点点是离人泪"，因为是苏东坡写的，就要被贴上"豪放"的标签吗？

（七）扩大阅读量，增加练习量

虽然量的增加不等于质的飞跃，但现在我们的问题主要是：量太少，不足以引发质变。从现实情况看，质变是奢望，多数学生对古典诗歌连起码的感觉都没有。

要充分认识到古典诗歌的语文教学价值，这很重要。古典诗文的分值，在高考中有增加的趋势。而根据现在的趋势，中考也有增大古典诗文考查力度的可能。

最后请各位也来练习一下，看看李白的《访戴天山道士不遇》，究竟好在哪里。这首诗确实很有水平，值得大家深入研究。

对谈四

古典诗歌非常重要，且具有极高的教学价值，可惜目前很少有人意识到这一点，很多人只是根据考卷中的分值大小来评估教学内容的重要性。这是很功利的。过于看重功利，则近于俗；而古典诗歌，不是俗而是雅。以俗来看雅，当然不太可能看出雅的重要性。

这次对谈的主题是古典诗歌，也旁及现代诗歌。关于文本结构，此前不曾多说，这次顺便讲一讲。

一、诗歌文本的局部理解问题

古典诗歌文本，需要读得精细，因此在局部理解方面，会比一般文本讲究得多。下面我们来讨论一些案例。

"锁清秋"的"锁"，妙在何处

"寂寞梧桐深院锁清秋"（李煜《相见欢》）中，哪个字用得好？答案很明确，"锁"字。这个字好在哪里？为什么呢？

一个孤立的"锁"字，不存在好与不好。好不好，要在语境之中，结合语境才能判断。"锁"，好在与"锁清秋"形成的动宾搭配关系。秋天是不能被锁住的，但用"锁清秋"就给人一种语意引导，即秋天被锁住了。

锁在哪里？——深院之中。

秋天的特征是什么？——"清冷"。

一个清冷的秋天被锁进院子，是什么意思？——因为秋天是遍布的，这样一说，好像整个无边的、清冷的秋天都被锁进了这个院子，意思就是说这个院子无比清冷。一个广大的、无限的秋天，和院子这样一个狭小的空间，在此形成鲜明的对比关系。

首先，这种说法很夸张，凸显了寂寞院子里的冷落。其次，"锁"意味着没有钥匙，无法解锁。秋天的清冷将牢牢地固定在这里，除非有人拿钥匙将它放出。于是，寂寞、冷清无法排解的状态也表现了出来。

这就是"锁"的使用之妙。文本的理解，需要仔细分析推导。我们以上的论述也是在作鉴赏，鉴赏的本质其实还是基于分析的。离开分析的鉴赏，是无法想象的。

"一江春水"为什么比"一条大河"更贴切

头脑总是容易偏执的。所谓先入为主，就是人们容易看到某一信息之后就弱化甚至屏蔽其他信息。比如，"问君能有几多愁？恰似一江春水向东流"（李煜《虞美人》）这个比喻。无论教师还是学生，都容易看出这个比喻把抽象的愁变成了具象的水，生动形象。看出这一层，就觉得似乎差不多了。

其实，这不过是看到了比喻的共性而已。多数比喻都是生动形象的。这根本没有看到个性，没有看出妙处。

"问君能有几多愁？恰似一江春水向东流"，很明显"几多愁"问的是数量。一般人都只注意比喻手法，而无视或屏蔽了"几多"这个信息。在这个词句中，数量才是关键。

"恰似一江春水向东流"，是回答前面的提问"几多愁"的。"一江春水"，确实很多，但从数量上来说大海更多，"恰似一片汪洋"岂不更好？还有，为什么不是"一江夏水""一江秋水"，偏偏是"一江春水"呢？

这就要思考"一江春水向东流"有何特点。

秋天和冬天，江河中的水不是最多的。夏天多暴雨，江河中的水是最多的。春水有何特点？那就是越流越多。

问你有多少愁？答案是：就像一江春水，越来越多，处在不断增长的态势之中。既然还处在不断增长的态势之中，就看不到这愁衰减的希望。这才是问题的关键。这种愁，如果说像一条大河或一片汪洋，我们虽然也可以感觉到它的多，但感觉不到它的增长；如果是"恰似一江夏水"，那么夏天过了秋天来了，水就会越来越少，我们能看得到这愁逐渐消退的希望。而"恰似一江春水"的这种愁，我们会看到它越来越泛滥、蓬勃。在这里，比喻背后隐藏的数量变化才是最重要的。

一般人只看到比喻，没有看到数量关系。其实，字面上清清楚楚，明明就在问数量。文本解读时盲点的产生，往往是因为我们太粗心、太懒惰，同时又太自以为是。一看觉得清楚极了，其实不尽然。

苏小妹的用字功夫

相传，苏东坡与他的妹妹苏小妹及诗友黄山谷一起论诗。小妹想得"轻风细柳"和"淡月梅花"两个短语，要哥哥在中间各加一个动词，构成两个五言诗句。东坡当即道：前者加"摇"，后句加"映"，即成为"轻风摇细柳，淡月映梅花"。不料，小妹却评为"下品"。东坡思索一番后，说："轻风舞细柳，淡月隐梅花。"小妹微笑道："好是好了，但仍不属上品。"一旁的黄山谷忍不住了，问道："依小妹的高见呢？"小妹说："轻风扶细柳，淡月失梅花。"东坡、山谷吟诵着，玩味着，不禁称妙。

"轻风摇细柳，淡月映梅花"，"映"字准确，但很一般。而"摇"字，是不妥当的。因为"摇"的运动幅度太大，会导致两个问题。第一，"轻风"而"摇"细柳，不够真实，风轻无力，摇不动。第二，"轻风细柳""淡月梅花"，整个画面是柔和轻淡的，"摇"字运动力度太大，破坏意境。

"轻风舞细柳，淡月隐梅花"，用词要讲究些，且"舞"有拟人手法，写出了细柳在风中的舞姿。但是，"舞""隐"二字，仍不耐推敲。第一，"舞"字仍然与"轻风"不相匹配。既然是"轻风"，那么细柳应该只是轻微的晃动，还达不到"舞"的程度。第二，"隐"字则不妥，若是"隐"了，怎么知道有梅花呢？所以，这两个字虽然更讲究了些，但用力过猛。

"轻风扶细柳，淡月失梅花"，"扶""失"二字，效果是最好的。为什么呢？"扶"是拟人手法，把轻风写得温柔有情了。同时，细柳作为"扶"的对象，也被拟人化了。至于"失"字，意味更为丰富。首先，"失"有"失色"的含义。"失"字是使动用法，意思是淡淡的月光使本来就淡雅的梅花的颜色变得更淡了。其次，"失"也是指月色之"失"，淡淡月光映照在淡淡的梅花上，月光似乎也不见了。这样，"失"就准确地写出了月色和梅花相互交融的情景。由此可见，这两个字抓住了景物特征，创造了一种柔和、朦胧和富有人情的意境。

为什么只是"一枝开"

唐代诗人齐己曾写过一首《早梅》，其中有"前村深雪里，昨夜数枝开"两句。诗人郑谷看后说，此诗好是好，不过宜将"数"字改成"一"字，才能凸显此梅之"早"。齐己连连叫绝，故拜郑谷为"一字师"。

"前村深雪里，昨夜一枝开"，用字虽然平淡无奇，却很耐咀嚼。诗人以山村野外一片皑皑深雪作为孤梅独放的背景，描摹出一幅清丽的雪中梅花图：雪掩孤村，梅枝缀玉，一枝梅花傲然独放。"一枝开"是诗的画龙点睛之笔：梅花开于百花之前，是谓"早"；而这"一枝"又先于众梅，悄然"早"开，更显出此梅异乎寻常。"昨夜"二字，透露出诗人因突然看见梅开的惊喜；肯定地说"昨夜"开，说明昨日白昼时犹未见到，又暗示了诗人对梅花的关注和关心。

为什么这个"一"字锤炼得好呢？其实，如果依据一般的生活事实，诗人早晨起来看到的很可能是凌寒开放的几枝梅花；然而，艺术毕竟不同于生活，一个"一"字给人的新奇夺目的感觉比"数"字要强烈得多。更重要的是，结合全诗来看，这个"一"字是另有深意的。

这是一首五律诗："万木冻欲折，孤根暖独回。前村深雪里，昨夜一枝开。风递幽香出，禽窥素艳来。明年如应律，先发望春台。"结尾处显示此诗的立意所在。"律"，万物生长的周期、自然节候的规律；"望春台"，既指观赏春景的高台，又喻指京城应试。这枝早梅到明年此时，应该还是会像今年一样，在春回大地之前率先开放在望春台吧。联系全诗内容不难发现，"孤根暖独回，昨夜一枝开"是说自己高自期许；"风递幽香出，禽窥素艳来"是说只有风与禽赏识自己，表达怀才不遇的失落。所以，"先发望春台"实际是诗人渴望到京城施展才华、独占鳌头、实现自己远大抱负的期盼。于是可以看出，这个"一"字改得十分精妙。

有的人包括一些很有声望的学者，质疑梅花"□枝开"不符合事理，把原诗改得更差，其实是只见一端的见解。不难看出，本诗作者齐己拜郑谷为"一字师"，不是没有道理的。

要靠分析才读得懂

先说一个案例。这是我看到的一个模拟题。文本是《白雁》："万里西风吹羽仪，独传霜翰向南飞。芦花映月迷清影，江水含秋点素辉。锦瑟夜调冰作柱，玉关晨度雪浴衣。天涯兄弟离群久，皓首江湖犹未归。"问题是：赏析颔联中"迷""点"二字的妙处。下面是该模拟题提供的答案：

"迷"字传神地描绘出芦花倒映水中，摇曳不定，和水中的月亮交融幻化的动态美景；"点"字巧妙地展示了斑驳陆离的江上夜景。颔联用"迷""点"两个字刻画了记忆中的家乡美景，与下联的眼前之景作对比，表现了作者对家乡的思念之情。

多数学生见此答案，觉得很"标准"。我却说：如果这个答案是对的，那么这一联的内容与白雁有何关系？诗的标题不是"白雁"吗？这一联怎么可能与白雁无关呢？"清影"是"交融幻化"且在"动"的？"江水含秋点素辉"真的是夜景吗？"素辉"是什么？

进入文本，通过符合逻辑的分析，必然得出如下结论："清影""素辉"均指白雁。白雁飞在银白月光下的白色芦花边，都是白色，很难辨别，所以说"迷"；白雁飞在秋江之上，影子很小，倒映在江水平面上，所以用"点"。

文本都没有读懂，还敢拿来出题，胆子真大。学生做题，文本都没有读懂，还敢答题，胆子也真大。阅读教学和解题，关节处都在引导学生读懂。若读不懂，想当然地答题，想当然地解释，当然会颠倒错乱。

阅读的核心就是理解；准确地理解，靠的是正确的分析与概括。分析与概括的运用，在考试中无处不在。这是最核心的能力。

李商隐的诗《天涯》："春日在天涯，天涯日又斜。莺啼如有泪，为湿最高花。"我曾拿这首诗，考倒了几乎所有学生。怎么理解"莺啼如有泪，为湿最高花"？李商隐为何要说"为湿最高花"？作个简单的语义分析：莺啼如果有泪，那就为"我"沾湿最高处的花。这话听起来有点怪怪的。进一步分析会发现，它的言外之意是说，除了最高处的花，所有的花都被"我"的眼泪沾湿了。李商隐的眼泪，真的有漫天的架势。

分析要追求精确

精确，一定要精确！"大概是"是最害人的思维方式，因为它只能似是而非，无法达成精确。

分析的准确度极为重要。下面是 2015 全国卷 2 的古诗鉴赏题，我们来分析一下：

> 韩偓《残春旅舍》：旅舍残春宿雨晴，恍然心地忆咸京。树头蜂抱花须落，池面鱼吹柳絮行。禅伏诗魔归净域，酒冲愁阵出奇兵。两梁免被尘埃污，拂拭朝簪待眼明。
>
> 古人认为这首诗的颔联"乃晚唐巧句"，请指出这一联巧在哪里，并简要赏析。

文本分析，一是要确定语义，于是这里就需要问一个问题："树头蜂抱花须落，池面鱼吹柳絮行"是眼前之景，还是记忆中的咸京之景？然后才是解题的问题：若说此句"巧"，哪里表现出了"巧"的特征呢？

文本分析，二是要有证据。所有的分析结论，都必须讲证据，讲情理，讲逻辑。由此我们可以再问一个问题：高考答案说"抒写了对皇都美好春光的回忆"，证据是什么？又说"用词巧妙，'抱''吹'的使用虽然出人意料，却又显得非常自然"，依据是什么？

"树头蜂抱花须落，池面鱼吹柳絮行"，说它是"皇都美好春光"，但根据诗句推不出来。它也不是什么"美好春光"，而是"残春"景象。根据诗题来看，应该是"残春旅舍"中所见到的景象。据诗题与诗意，此二句宜属眼前之景，并非皇都之景。

"用词巧妙，'抱''吹'的使用虽然出人意料，却又显得非常自然"，这样的答案，让人啼笑皆非。哪里"出人意料"了？一个"出人意料"的事物，竟然说它"非常自然"，岂非自相矛盾？这个答案空洞无物，又无根无据，纯属胡扯。

实际上，"抱""吹"二字，根本与"妙"无关。蜂要采花，抱在花蕊上，不料残春雨后，花更易落，残花突然飞落，抱着花须专注采蜜的蜂猝不及防地跟着花朵落下，于是就出现了"树头蜂抱花须落"的景象。这个"抱"字，一点也不稀奇。而一场宿雨之后，水中缺氧，鱼儿浮到水面透气，其口一开一合，好像是吹着水面的柳絮。这个"吹"字，更不稀奇。杜甫"晨钟云外湿"的"湿"，张先"云破月来花弄影"的"弄"才是真正奇妙的炼字，很奇很巧。而这里的"抱""吹"二字，其实都很寻常。分析至此，我也算是确凿地证明了此联所写之景正是"宿雨"后"残春旅舍"所见的景象，根本不是什么"记忆中的咸京之景"。

古人说它是"巧句"，说得很到位。"巧句"说的是句巧，而不是字巧。句巧在哪里呢？巧在整个句子写景极细。但写景极细，就算巧了？未必。细而无当，也可能是琐屑无谓。在这里，极细的写景折射出观景者的寂寞无聊，他在这雨后残春的旅舍中，无处可去，无事可做，百无聊赖，只好停在那里细细看周围的风景。本联字面上绝口不提寂寞无聊，而是通过写景折射出这种心情。所以，此联之巧，巧在含蓄婉曲。

鉴赏：凡用术语，必先定义

古诗鉴赏时，学生在艺术手法方面，普遍觉得没有把握。例如，关于借景抒情、寓情于景、情景交融怎么区分的问题，我的建议是梳理这些提法的语义。

"借景抒情"，目标是"抒情"，手段是"借景"。先要借"景"，然后再来抒"情"。这其实和"比兴"手法有一定的相似。"借景抒情"显然是一种手法，一种间接的抒情手法。

"借景抒情"，需要把"情"先寄托在"景"里，使得这个"景"含着某种"情"，然后再写这个"景"，读者才能通过"景"体察其中的"情"。

　　"寓情于景"是什么意思呢？它的意思就是把"情"寄托在"景"之中。诗人写诗，是先把"景"写出来之后，再把"情"寄寓到"景"中吗？当然不是。"寓情于景"实际上是一种构思方法：诗人动笔之前就要设想他想要抒发的"情"通过怎样的"景"来表现。没有这个构思过程，他根本写不出来。

　　于是，我们就看到了二者的区别："借景抒情"是一种表现手法，一种抒情手法；而"寓情于景"是一种构思方式，一种使抽象的对象具象化的形象思维方式。

　　"情景交融"，是指抽象的"情"和具象的"景"两种不同的事物混为一体，情以景出，景中含情，达成一种相互融合的效果。"情景交融"既不是表现手法，也不是构思方式，而是一种表达效果。

　　那么，"借景抒情"是不是"衬托"，亦即用"景"来衬托"情"呢？什么是衬托？衬托就是把近似或对立的两个事物联系起来，用次要事物去陪衬主要事物，使被陪衬的事物更加突出。衬托要有"衬"，要有主次之分。此外，主要事物和次要事物两者必须是同一逻辑层次的，要具有可比性。"绿叶衬红花"，绿叶和红花都是具象的有关联的事物，请问"景"和"情"是同一逻辑层次的事物吗？它们之间具有可比性吗？

　　我看到一个很典型的例子，在此须讲清楚。白居易有首诗叫《钱塘湖春行》："孤山寺北贾亭西，水面初平云脚低。几处早莺争暖树，谁家新燕啄春泥。乱花渐欲迷人眼，浅草才能没马蹄。最爱湖东行不足，绿杨阴里白沙堤。"有个分析说，"此诗以西湖生机勃勃之景，从正面衬托出诗人的欣喜之情"。说什么用"景"来衬托"情"，真的是荒谬！

　　衬托和借景抒情，究竟是怎么回事，我举一联诗为例："雨中黄叶树，灯下白头人。"在这联诗句构成的画面中，人是画面的主体，是诗歌主要突出的对象，因此，"雨中黄叶树"是次要事物，"灯下白头人"是主要事物。"雨中黄叶树"是来衬托"灯下白头人"的，这里显然存在衬托关系。

借景抒情是什么呢？"雨中黄叶树，灯下白头人"这一联诗句中，"灯下白头人"是人，"雨中黄叶树"是景（此处暂不考虑人作为风景的构成元素）。"雨中黄叶树"这个景象透露出来的"情"是清冷和萧瑟的。树叶黄了，苍老了，这就是萧瑟；而此时正值下雨，又有着一些清冷之意。这就达成了"情景交融"效果的"借景抒情"。情感本身就在景物中，"情"和"景"是一体的，不能割裂。衬托中的两个对象，当然不是这样的一体性关系，它们是分离的、区隔的、边界清晰的，甚至是性质相反的（反衬）。

诗歌鉴赏，更广泛地说，文学文本鉴赏时常涉及术语。要知道，凡是术语，若无定义，则不得使用。这是基本的学术规范。我们做教师的，真的认真思考过那些术语的内涵吗？知道这些术语的定义吗？如果不清楚，我们就会乱用，就会乱讲。教师讲不清楚，最后学生也弄不清楚。

意象：被限制的观看

观看与被观看处于权力关系之中。诗人捕获意象的过程，实际上就是一个观看、监控、选择和分类的影像制造活动。诗人选择什么"象"，不是由"象"来决定，而是由"意"来决定，诗人拥有重视什么、忽视什么的取舍权力。同时，诗人的观看也受到其自身知识结构、文化背景和意识形态的制约，诗人往往不是在进行个人的观看，他的观看在某种意义上是集体观看。比如，当一个诗人或有文化的观看者在观看梅花的时候，他会情不自禁地受到前代诗人歌咏梅花的诗句的影响，他的观看实际上是被引导的，并非完全自主和自由。像松竹梅兰之类的景象，业已被包括诗歌在内的文化传统塑造为高雅品格的象征，后来的观看者很难脱离这种观看传统的限制。

唐诗里的所谓边塞诗，支配了我们对边塞的想象。边塞自身作为被观看的对象，它的各个真实的细节并未被充分纳入边塞诗。在一些诗中，边塞的形象甚至是被想象塑造出来的。边塞诗人根据他们个人的趣味，凭借个人的体验甚至是想象，从个人的观看角度，部分地捕捉边塞风景构成边塞意象；掌控诗歌话语权的诗人，通过诗歌文本诱导我们的眼睛，使我们用边塞诗人的眼睛观看边塞。

例如，王维《使至塞上》中有"大漠孤烟直，长河落日圆"一联。《红楼梦》里初学写诗的香菱说："我看他《塞上》一首，那一联云：'大漠孤烟直，长河落日圆。'想来烟如何直？日自然是圆的。这'直'字似无理，'圆'字似太俗。合上书一想，倒像是见了这景的。"香菱怀疑"大漠孤烟直"的景象的真实程度，却又说"倒像是见了这景的"，明显看出诗人的观看方式对读者眼睛的影响和诱导。我相信许多读者都像香菱一样不相信孤烟是直的，但这并没有妨碍这一联诗句被我们接受而成为千古名句。

而诗人自身也不是完全自由地观看的。诗人的观看受到包括文化背景和意识形态等诸多因素的制约。比如，文学中的讽谏与政治上意识形态的禁忌密切相关。唐代诗人白居易可以观看"汉皇重色思倾国"，但不能观看"唐皇重色思倾国"。你可以看元夜花灯，但不能看元夜花灯后隐藏的男欢女爱；你可以看宫闱，但不能看宫闱后的秘事；你可以看奸佞之臣的险恶，但不能看荒唐君主的丑恶——甚至不能看奸佞之臣的险恶，只能通过诸如燕雀乌鹊、臭草杂花来影射。这种情形在诗歌中比比皆是。有人认为"独怜幽草涧边生，上有黄鹂深树鸣"有"小人在上，君子在下"的寓意，这个例子典型地说明意识形态如何控制了人们观看意象乃至诗歌的眼睛。

当诗歌发展到一定程度，诗人构思和写作时必定基于前代的诗歌经验和特定的文化意识背景，他面对的世界是经过他的审美意识和文化观念熏染过的世界，尽管这个世界在诗人自己看来是"真实的"或"客观的"。由于知识背景、审美观念、文化习惯的制约，诗人不可能完全自主和自由地表达、观看，他们心中会经常涌起前代诗人的诗句，眼前的现实图景被心里的陈旧诗句遮蔽，眼睛是自己的，却只能看见古人的眼睛所看到的景象。这种情况在宋代尤其明显。宋诗之所以出现"以才学为诗"、大量用典等现象，产生所谓"点铁成金、夺胎换骨"的手法，部分原因就在于此。前代诗人们观看世界图像的方式，欣赏视觉意象的经验，影响了后代诗人对世界图像作出想象与反应的审美意识，构成了意象生成的某种"疆界"。如果有谁愿意去统计，他一定会发现古典诗歌中普遍出现的意象是比较有限的，有些核心的或主要的意象总是在不同诗篇中一再出现。

意象与文化

诗歌中的山水和风景,不是纯粹客观外在的景色,而是对"自然"的视觉表达,是一种文化的形式。风花雪月,大地山河,松柏杨柳,飞鸟鸣禽,瑶池仙界,鸡犬之声相闻的桃花源,只不过是风景意识形态的点缀,是风景叙述的注脚。

意象作为风景呈现的一种形式,是由想象的空间与真实的景色共同组成的一种"文本",是一种视觉与言辞的表达模式。所谓借景抒情,一切景语皆情语,诗人从来都不认为自己是在重复真实的自然,他们认为这毫无必要,因为只求形似是艺术家的无能。因此,山水风景的经营,是在按照诗人的内在情绪和文学与文化的目标来改写和创造自然,他们把自己的意识投射到图景中,传达内心的情绪和思想,从而实现传播意识形态的目的。

意象是视觉和语词所达成的暂时约定,观看的方式以及语词和语言运用中包含的意识形态内容都会向视觉对象投射,从而使得意象具有复杂的意识形态内容。例如,在男权意识形态的控制下,景物甚至可能变成性感的存在,香草美人、好花圆月、鸳鸯蝴蝶自不待言,"昔我往矣,杨柳依依""乱花渐能迷人眼""芙蓉向脸两边开""我见青山多妩媚"等都是明显的例子。又如,在唐代的边塞诗中,奇特的地域意象使唐帝国的对外征服获得了视觉的表现形式;诗人的本土文化意识往往不自觉地向边塞风景投射,向外扩张或"侵略",如"忽如一夜春风来,千树万树梨花开",对塞外大雪的描写,显然渗入了对中国内地春天常见的梨花盛开的观看经验。

中国的农业文明滋生出深厚的乡土意识,使得边塞诗的数量不多,多数边塞诗的"边塞"特征并不明显,也罕有表现对外征服的快感和雄心。例如,"黄河远上白云间,一片孤城万仞山。羌笛何须怨杨柳,春风不度玉门关",这首诗属于边塞诗,但并无明显的异域情调,反而是通过万仞山间孤城之孤,以及杨柳这一传统的赠别意象,来强调玉门关外春风不度的苦寒气候与悲凉心境。中国诗人的边塞诗中,为什么很难看到征服世界、开拓边疆的狂喜和兴奋，反而往往饱含思归之苦？其实，这就是农业文明眷恋乡土的意识形态的投影。

二、文本的宏观结构问题

文本的宏观结构

我先来说一下我对结构的理解。

"结"，结合；"构"，构造。事物的不同部分结合在一起所形成的构造关系，就是结构。在一个文本中，各个意义单元被组合起来，成为一体。分析结构，亦即分析意义单元的组合方式或构成形式。这是把握整体文意的重要一环。

文本不可能是完全连续的，这是因为：

"意"无法呈现自身，必须求助于"言"，"意"与"言"本身既是联系的也是断裂的。也就是说，文本意义与文本之间，本来就存在着断裂。

文本中的语句总是有限的，句子与句子之间难免有意思的跳跃；文本不同意义单元之间，总会有所区隔。

文本具有"非连续性"，这并不是说文本是支离破碎的、散乱的。"非连续性"实质上是"形"的断裂，而"意"却具有一贯性。诗句之间有跳跃；《祝福》中关于祥林嫂的几个片段之间缺乏情节的连续性。这就是说，在"形"的层面是断裂的。但文本内部是相互关联的，在"意"的层面是连贯的。"非连续性"意味着文本中的各个意义单元具有相对的独立性。

文本作为一个表意相对完整的系统，如果内部只有断裂而没有粘合，那么就会崩溃。文本结构，就是文本内各个断裂部分之间的粘合关系。无论什么文本，其结构都具有"粘着性"和"突出性"。

"粘着性"，是指文本中不同意义单元之间存在某种意义响应关系，这使得非连续性的文本不致破裂，从而形成一个形断意连的意义链。

"突出性"，是指文本中各个意义单元中必定存在一个突出的主要意义，由于主要意义的存在，而使得整个文本具有主旨；主要意义强化了结构的一致性，而结构的一致性使我们得以稳定地理解文本。

"突出性"容易被感知的文本，主题较鲜明；"粘着性"容易被感知的文本，意义单元之间的边界较不清晰。文本的宏观结构类型，通常可以分为逻辑模式（普通文本）与象征模式（隐喻性文本）两种。前者"突出性"较强，后者"粘着性"较强。

宏观结构的两种类型

特　征		类　型	
		逻辑模式（普通文本）	象征模式（隐喻性文本）
特点描述	描述1	根据逻辑性要求安排篇章结构。文意焦点清晰，文体特点明显，结构有一定的程式，思路线性化，文本内各项意义元素之间的边界较为清晰，划分结构层次较容易	在篇章结构外，还存在根据隐喻性原则而形成的象征性语义结构。这导致其篇章结构中，文意焦点隐晦，思路立体化，各项意义元素之间的边界较为模糊，较难明确地划分层次
	描述2	突出性较强，主旨相对明显。文本结构的功能，在很大程度上是为了突出文本的主要意义（中心），其语义结构的封闭性较强	粘着性较强，主旨较含混。隐喻（意象、象征等）作为文本结构的基本方式，在很大程度上遮蔽了主要意义的直接显露，语义结构具开放性
内涵描述	思维特征	逻辑思维较强，横向组合，呈线性	形象思维较强，纵向聚合，呈立体
	修辞特征	强调信息的可见度和单一化，修辞手法的运用多限于句子层面，文本的结构分析比较容易	强调信息的暗示性和多义性，修辞手法的运用可及于篇章层面，文本的结构分析较有难度
	结构特征	篇章结构（意义单元之间的连接形式）。这种结构中，意义单元相对清晰，容易发现各个意义单元之间的互动关系或结构关系	复合结构（篇章结构+象征性语义结构）。在其篇章结构中，意义单元边界模糊，确定各个意义单元之间的互动关系比较困难，结构关系较不明确
	文本归类	实用性文本、文体规范性较强的文学类文本、一般文章和习作	象征性较强的文学类文本

一般来说，文本宏观结构存在两种类型，一种是逻辑模式，一种是象征模式。而两种模式的混合，在我们所能见到的文本中是普遍存在的。大量的文本以逻辑模式为基础，而融合进一些象征性因素，使得这类文本既能被理性把握，也具有一定的文学色彩。

实用性文本是逻辑模式的，不存在隐喻性。文学性越强的文本，越有采用象征模式的可能。当然，文学文本一般也存在一个基本的逻辑架构，它常常构成这类文本的理解线索。例如，鲁迅的散文《雪》，既有隐喻性，也有时空转换、感觉转换、时空转换（人生历程的变化）导致感觉转换（对"雪"的体验和认知的变化）的基本逻辑架构。而后者恰恰是此文解读的基础。如果没有对这一架构的把握，对"雪"的隐喻性的认识就难以捕获，也找不到对"雪"的感觉和认知发生变化的原因。

《黄鹤楼》结构分析：我们的生命最终栖居到哪里

文本内部结构，首先涉及构成结构的语义要素。结构分析，关键就是要对语义要素进行观察，分析它们之间的结构性关系。

为了让不同的语义要素之间发生关联，就必须思考如何理解才能让它们形成合理的结构关系，使文本内部不至于发生冲突，从而实现对文本的准确理解。

比如，崔颢的《黄鹤楼》：

>昔人已乘黄鹤去，此地空余黄鹤楼。
>黄鹤一去不复返，白云千载空悠悠。
>晴川历历汉阳树，芳草萋萋鹦鹉洲。
>日暮乡关何处是？烟波江上使人愁。

按照传统的起承转合来看，看不出多少名堂。一般来说，读者观察这首诗的时候，会发现所谓思乡之情——"日暮乡关何处是，烟波江上使人愁"，"乡关"就是故乡。如果确定这首诗的主题是思乡，那么我们就要问，"昔人已乘黄鹤去，此地空余黄鹤楼。黄鹤一去不复返，白云千载空悠悠"这四句和思乡，在语义上如何关联？这四句和后面四句，怎么建立结构上的联系？

也许你会说，这四句是登楼的联想。但问题是，这个联想和思乡有什么关系呢？这首诗一共八句，前四句看不到和"思乡"的关系，这就有问题了。这时候我们就要进行语义要素的观察，分析前两联的语义究竟是什么。

显然，前两联反复谈到的是"黄鹤"。"黄鹤楼"当然和黄鹤有关系，昔人骑的是黄鹤，这个"昔人"是传说中骑鹤的仙人，往昔的神仙已经骑着黄鹤走了，现在只剩下空荡荡的"黄鹤楼"，黄鹤离开了再也没回来，我们现在所看到的就只有千年以来空荡荡天空中的一些白云。可是，这和思乡有什么关系？

课本预习提示中说，这是抒写"人去楼空、世事苍茫"之感。

"人去楼空"这个意思肯定有，"世事苍茫"其实很难说，因为前四句不是写世间的事情，而是写的神仙。神仙走了，天空空荡荡的，只剩下一座黄鹤楼，这算什么世事苍茫？这实际上写的是只有神仙遗迹而没有"神仙"的一种状态。如此就和后面"日暮乡关何处是，烟波江上使人愁"构成一种解释上的不连贯，形成断裂。这时候我们就需要把它们粘合起来。这是一个建立结构关联的问题。

"乡关何处是"，表达的是看不到故乡、不能回到故乡的愁苦，这个语义信息是确定的。那么，它和前四句有什么关系？把前四句和"乡关"关联起来，就会发现：这个"乡关"不能仅仅理解为地域意义上的家乡，而应该理解为生命意义上的家乡。神仙不死，表示生命恒在；而我们这些流落在世间的人，还在黄鹤楼彷徨。黄鹤楼还在，白云还在，汉阳树还在，鹦鹉洲上的芳草还在，然而黄鹤不在了，神仙已经不在了。因此，这个"乡关"不只是地理意义上的故乡，而应该是生命意义上的故乡。

所以，这首诗不是简单的、所谓因为失落而对故乡的一种思念。它有关于生死、仙界和凡尘的内容。人在世界上流落，我们的生命最终将要栖居在哪里？这是一种哲理性的思考，是很深邃的内容。到此才算真正把这首诗读懂了，我们才能理解它成为名篇的原因。世间一片苍茫，神仙已经不在了。这就是我们通过结构分析找到的。

《藤野先生》的结构分析1：正人君子

不只是诗，一切文体的文本都存在着结构。下面我结合《藤野先生》，来谈谈散文中的结构问题。

结构分析中的"粘着性"是一个重要概念。一个文本中，必须有粘着性，否则文本就散了。而另外一个概念，就是语义单元的"突出性"，也就是相对独立性。只有粘着性没有突出性，文本就会粘成一堆浆糊，二者是一种辩证关系。

一般的资料认为，《藤野先生》是双线结构。在我看来，这个文本没有所谓的双线结构，就是单线结构，写的就是藤野先生。文本的主题可以归结为四个字——正人君子。什么是真正的正人君子？藤野先生就是！藤野先生是正人君子：满怀慈悲心，没有民族和文化的偏见，对学术、对教学、对学生、对人类都有责任感。

正人君子四字，在文末特地拈出。"再写些为'正人君子'之流所深恶痛疾的文字"，此处"正人君子"四字是讽刺。藤野先生才是真正的正人君子。他把人当人看，而不是根据种族、国家、社会形势或者别的一些东西。

他是一个纯正的、专注学问的人，不在乎外在的形象。他很纯正：做学问，就只是认真做学问；是学生，就是学生——他对学生没有任何偏见。

他对学生的态度很慈悲：你看他修改讲义，包括修改文法错误、修改血管图，对学生的讲义如此严谨去对待，这显示了对学生的关心，对科学的尊重。他还主动提出要求每周要把讲义送给他看一回，不厌其烦，不怕自己有负担，愿意把时间和精力花在学生身上。

这就是正人君子所显示的风范。《藤野先生》的主题就是刻画了一个外国（日本）的正人君子，表现出正人君子的人格。藤野先生是一个独立的、纯正的、有责任心的知识分子，一个不受时势、偏见和社会气氛左右的人，一个充满慈悲心的老师。这就是正人君子，这才是本文唯一的主题。

既然藤野先生是正人君子，那么文本中还有没有别的正人君子？藤野先生出场之前，文本有一个铺垫，写"我"在仙台住的那个地方"饮食也不坏。

但一位先生却以为这客店也包办囚人的饭食,我住在那里不相宜,几次三番,几次三番地说"。这一节意味着什么?

那位日本的"先生""几次三番"不断地说,说明他认为住在那里是很不得体的。而"我(虽然)觉得兼办囚人的饭食和我不相干",我的意识和这位日本人的意识不一样。从这可以看出,当时的日本知识分子还有一种儒士的尊严感、自尊心。这种"身份意识",正是中国古士的"古风",不愿意和不入流的人为伍,界限分明,和对方不得有丝毫的牵连和混淆。但"我"的意识却不是这样,中国人讲实用主义——吃起来还可以就行,管他是给谁吃的。可以看出,日本的知识界,包括藤野先生,对人的尊严看得很重。

《藤野先生》的结构分析2:非正人君子们

文本中的"非正人君子"有好几种。

第一种,"清国留学生"。首先,留学的目的本来是学习先进的科学文化以救国家,但他们在那里学的是跳舞。从文章的描述中,我们可以看出国家没落时一般中国人的意识。虽然到了日本,但"辫子"这个清朝人的标志性特征仍在保留,最多只是换了一个花样,这表明他们是保守的。其次,他们是去享乐的,而不是真正在学习。

这与藤野先生有何关系呢?标题既然是"藤野先生",那就要把"清国留学生"也和藤野先生粘着起来,发生关系。两者一比较就会发现,藤野先生是一个严肃追求知识学术、有着强烈责任感的人,而来这里跳舞、赏花的"清国留学生",在这一点上与此完全相反。

第二种,后面写到的学生会干事等有偏见的日本人。他们的偏见和歧视,与藤野先生对一个外国学生的关心、公正的正人君子言行形成对比关系。

我经常强调,要善于发现文本内部之间的联系。文本的主角是藤野先生,分析文本,首先看主角有什么特征,再看其他人和主角是一种怎样的关系,这些特征能不能关联起来,比如正衬、反衬、对比等。总之,应该有某种连接,文章才能组织起来。这就是所谓的结构的"粘着性"。

《藤野先生》的结构分析3：单线还是双线

讲《藤野先生》，很多人都说是双线结构。一条线索是写藤野先生伟大的人格，一条线索是表现"我"探索救国救民道路的思想历程。

我觉得这不符合常识。因为文本标题是"藤野先生"，而不是"我和藤野先生"。藤野先生是主角，但"我"不是。然而，文中很多文字看起来和"我"有关，但和藤野先生无关。这是怎么回事呢？

> 中国是弱国，所以中国人当然是低能儿，分数在六十分以上，便不是自己的能力了：也无怪他们疑惑。但我接着便有参观枪毙中国人的命运了。第二年添教霉菌学，细菌的形状是全用电影来显示的，一段落已完而还没有到下课的时候，便影几片时事的片子，自然都是日本战胜俄国的情形。但偏有中国人夹在里边：给俄国人做侦探，被日本军捕获，要枪毙了，围着看的也是一群中国人；在讲堂里的还有一个我。
>
> "万岁！"他们都拍掌欢呼起来。
>
> 这种欢呼，是每看一片都有的，但在我，这一声却特别听得刺耳。此后回到中国来，我看见那些闲看枪毙犯人的人们，他们也何尝不酒醉似的喝彩，——呜呼，无法可想！但在那时那地，我的意见却变化了。

以上内容看起来和藤野先生没有任何关系，似乎真的就是在表现"我"的思想历程。下面我来分析一下。

第一，"中国是弱国，所以中国人当然是低能儿"，这个因果关系不成立，没有逻辑性，就是偏见。而藤野先生没有这种偏见。

第二，日本人看杀中国人的片子，还在喝彩，说明这些人的非人道，对于暴力、血腥的欣赏。而藤野先生是一个人道主义者，他对"我"是关爱的，甚至是怀着慈悲心的。后来"我"不学医了，他还千叮万嘱要保持联系，说明藤野先生尊重的是人，把人当成人。

因此，这些人的所作所为和藤野先生形成对比关系。文本之中并不存在藤野反对战争的内容，但我们可以看到，藤野先生把人当成人，并没有把弱小民族的人看成低能儿，而是在非常用心地帮助"我"学习、成长。文本中也没说到藤野先生是国际主义者，像白求恩似的。所以，藤野先生是"正人君子"，但不能拔高到意识形态——关心弱国、反对战争。藤野先生是在真正尊重一个人。他把学生当成学生，对自己的学生没有民族偏见。这就是这些内容和藤野先生发生关联的地方。如果真的是双线，那么我要问：这两条线是怎么连接起来的？你不能说这是平行的双线，必须说明两条线之间的关联，必须要连起来。你没法解释，所以它是滑稽的，完全不合理。

鲁迅作品的双线和单线示例

文本标题不是"我和藤野先生""我的日本求学经历"，而是"藤野先生"，如果你还坚持这篇文章是双线的，里面存在一条爱国主义线索，那么请问：藤野先生是赞成"我"的爱国主义还是反对"我"的爱国主义？他是如何支持"我"的爱国主义的？藤野先生向"我"表现或示范了爱国主义吗？如果是两条线，两条线怎么发生联系？

"藤野先生"是标题，藤野先生是主角，全文必须围绕藤野先生来写。既然文章的主题是讲爱国主义，那要么写藤野先生的爱国主义，要么写藤野先生支持"我"的爱国主义，文本中有这样的内容吗？没有。所以，双线结构的说法，实际上是有很大的问题的。

鲁迅作品中也有用双线结构的。例如，小说《药》里就有双线——明线、暗线。一边是华家的悲剧——买馒头、吃馒头，吃了馒头后死掉了，这是明线；一条是暗线，夏家的人血馒头的提供者夏瑜，作为一个烈士，他的鲜血被华家吃掉了。这两条线可以直接发生逻辑关系——吃和被吃。《药》揭示了中国社会吃人的现象——并不是统治者才会吃人，愚昧的民众也在吃人。

这两条线索是可以解释的，它们之间具有粘着性，可以合流。这是一体之两面："药"——一个提供药、一个吃药。"吃"和"被吃"实际上是一件事情，可以关联。至于说《藤野先生》是双线，那么两条线索怎么关联呢？

只有能符合逻辑地将其关联起来，说清楚两条线索和主题的关系，"双线结构"才能得到认可。

古典诗歌的起承转合结构

结构之法，有种说法叫作"起承转合"。这种说法固然有机械呆板的问题，但对我们理解章法还是很有用的。鉴赏古典诗歌时，从起承转合入手梳理结构，是一个路径。

作品的首尾，要有所照应，给人完整之感。《苕溪渔隐丛话》说，"凡作诗词，要当如常山之蛇，救首救尾，不可偏也"，中间部分则须抑扬有致，脉络分明，"长篇须曲折三致意""一步一态，一态一变"，而抑扬变化不能脱离作品整体框架。

诗文的开头有所谓"凤头"之说。"起"的方式很多，有以景起，有以事起，有以情起；或开门见山，或迂回入题，不一而足。无论如何"起"，都禁忌平淡乏味，所谓"好的开端是成功的一半"者是也。

有的"起"法比较平缓，如张九龄《望月怀远》的起句"海上生明月，天涯共此时"，以景物点染，为下文抒发怀人之情作铺垫。又如白居易《钱塘湖春行》以"孤山寺北贾亭西，水面初平云脚低"平平而起，为全诗奠定和悦舒缓的抒情基调。有的"起"法却比较突兀，如杜审言《早春游望》的首联"独有宦游人，偏惊物候新"，"独"字当头，"偏"字相衬，如平地高岗，句式突兀。又如李白《行路难三首》中的"大道如青天，我独不得出"，起句境阔而情郁，猛然唤起悲愤不平之感。

"承"起勾连缝合上下文的作用。如杜甫《登高》的颔联"无边落木萧萧下，不尽长江滚滚来"，"无边落木"承首联第一句的"风急天高"，"不尽长江"承第二句的"渚清沙白"，脉络清晰而又层次分明。又如唐代常建《题破山寺后禅院》的颔联"曲径通幽处，禅房花木深"，"曲径"紧承首联"高林"，"禅房"紧承首联"古寺"；"花木"开启颈联"山光"，"幽处"开启颈联"潭影"——章法严谨，句句勾连。"承"不仅承上，也要启下，在结构上起勾连传递的功用。

"转"是指结构上的跌宕，显示为思路上的转换（由物及人、由景及情、由事及理）。律诗的颈联、绝句中的第三句、词的"过片"，往往是"转"的关键处。"转"既在章法上给人一种回环往复、摇曳多姿之感，也把诗歌的情感和主旨引向深入。"转"的地方最能看出作品的思路。如孟浩然《过故人庄》的颈联"开轩面场圃，把酒话桑麻"由写景物转到写人事，《临洞庭湖》的颈联"欲济无舟楫，端居耻圣明"由写景转到抒情，都显示出文本内部的思路。

　　"合"是指收束部分，往往是作品的"神光所聚"。"合"可明可暗。"明"，一般是直接抒情、言志明理。如崔颢《黄鹤楼》的尾联"日暮乡关何处是，烟波江上使人愁"，以乡关之思结尾；杜甫《绝句》中的"江碧鸟逾白，山青花欲燃。今春看又过，何日是归年"，以思归之情收束。"暗"，一般是含蓄不尽，以景物来传达、折射、暗示出作者的感悟、情绪、寄托、抱负等。如元稹《闻乐天授江州司马》的结句"暗风吹雨入寒窗"，以景物包蕴惋惜、愤懑、悲痛之情；钱起《省试湘灵鼓瑟》的结句"曲终人不见，江上数峰青"，结束本诗前面提到的一切声响，瑟声、水声、风声、人声归于沉寂，幻境散去，化为静穆，余味无穷，成为千古名句。

　　律诗的结构布局，中间两联为整饬的对仗，首尾一般则不能对仗，这种方式要求中间的严整和两端的延展。中间表现了有限空间中的秩序，两端则表现了向无限空间散漫延伸的趋向，尤以尾联表现明显。一般来说，结尾要么是景象开阔、引人遐想的写景句，要么是抒情议论句。假如结尾景象促狭不能引人遐思，或者没有抒情、议论的延伸，诗歌容易欠缺完成感。杜甫的《绝句》（"两个黄鹂鸣翠柳"），有的人认为缺乏完成之感，是因为结构太整饬，张力不明显，"千秋雪"和"万里船"被压缩在"窗"与"门"之中，景象也稍显局狭。

　　诗歌文本的结构是诗意完整和文气贯通的重要保证。一篇神完气足的作品，必须有完整的结构框架，诗的思想、情感、韵律的跌宕起伏，在结构完成的过程中相应地完成。结构往往表现着艺术构思的匠心。比如白居易的《琵琶行》，结构完足，构思深刻。在整首诗中，琵琶女的身世，诗人的遭遇，分分合合，互相交织。前半部分多描写，后半部分多抒情；后半部分先叙述琵琶女的身世，表现社会底层人物的痛苦，再引发诗人对自身遭遇的慨叹，表现社会上层士人的悲情。前后叠加起来，我们分明看到，在那个时代，无论底层的歌女，还是上层的士人，都面临着向下沉沦的命运，整首诗都揭示出当时整个社会滑向衰落的历史命运。

篇章中意义的一体性

在一首诗中，结构可分为宏观和微观两种。宏观结构，指整体诗篇的章法构造，即章法；微观结构，可以存在于各诗句内部和各诗句之间，也可以存在于标题、意象等结构性要素之间。

诗的表意基础是意象。意象通常显示为一个语词，分布在每首诗的句子或句群里。句子间的语法关系或句群间的逻辑联系，则表明意象之间的意义关系。每首诗的句、联或句群构成一个个相对稳定的意义单元，各自在诗歌文本整体意义网络中起到互有差异而又互相协调的表意功能，它们之间的统合关系，构成文本的整体结构，即"章法"。

章法结构中，篇章、句子、意象必须环环相接，每一环节都有照应，这样才能形成一个有机的整体，获得最大的表达力量。

统筹首尾，前后配合，是结构的主要法门。务必意在笔先，并以此一意统合各个句子的意思，使各句分别构成的意义如同在不同道路上奔驰却又殊途同归，最终汇合到同一终点。

宏观意义的统合，需要各句的微观意义具有某种一致性。这种一致性指的是各句的意义具有彼此默契或互相配合的可能，而不是各个诗句的意义都完全相同。完全相同就是重复冗赘。各个诗句的意义必须有所区别又同时有一个整体意义指向，即整首诗的主旨。

各个诗句的意义在整体结构中被整合，从而构成宏观的整体意义。而各个诗句的意义能够达到有效整合，意象质地的一致性和意象群之间的关联性是一个重要基础。意象质地的一致性，是篇章风格一致性的基本条件。意象群之间的关联性，则在很大程度上决定意义的表达。例如：

枯藤老树昏鸦，小桥流水人家，古道西风瘦马。夕阳西下，断肠人在天涯。

"枯藤老树昏鸦"和"古道西风瘦马""夕阳"这些意象的表情达意功能近似，共同构成一组意象群，形成凄凉冷清的氛围。在这种氛围中，"断肠人"的出现就是顺理成章的。而"小桥流水人家"一组意象，则暗示了一种简朴稳定的乡居生活，与"人在天涯"的流浪漂泊之感构成一种对比的关系。把构成对比的双方关联起来，我们就能发现，这篇作品的整体旨意在于表现渴望归宿而不能得的哀愁。

课本中几首诗词的解说提纲

下面是我的一段教案，供参阅，有机会再来详细讨论。

从内容及其呈现意义方面看，诗歌之要素不外乎时间、空间、情感、理性四种。凡诗之解说，必于此四者之中，抓住最具特色者予以申说，莫不能纲举目张。诗义之分析，莫此为要。

情感与理性必根植于时空架构之中，方有着落。故应以时间、空间要素的分析为基础，而以情感与理性的领会为鹄的。

时间关涉的要素：主题（生命、离别、思念等）、叙述（叙事的要素）；

空间关涉的要素：意象（客体与主体交会之所）、意境（意象群构成的审美心理空间）、主题（空间隔离的离乱、离别，空间场域中的生命存在等）；

情感与理性：包容在时空的框架中，并超离出来的主体感受或领悟。

以下为具体篇目的纲要：

① 《山居秋暝》：

时间：秋暝。

空间：空间中的自然——空山新雨、松间明月、石上清泉；

空间中的人事——浣女、渔舟、王孙。

情感：山中之自然之趣、人事之乐。

概说：时间无较大延展，而空间多着笔墨，与绘画原理类似（绘画属于视觉艺术，仅表现为时间的瞬间，而于空间景象多所表现），王维"诗中有画"的特点与此亦相吻合。

②《登高》：

时间：秋。

空间：风、天、猿、渚、沙、鸟、无边落木、不尽长江。

情感：第三联意蕴深厚（见罗大经《鹤林玉露》），第四联艰难、潦倒。

概说：本诗着力于空间表现，由于登高，所见开阔；所见开阔，乃觉人生之渺小无奈。

③《蜀相》：

时间：三国蜀相——后世英雄。

空间：丞相祠堂——意象：森森古柏、映阶碧草、隔叶黄鹂。

情感：祠堂的冷落——何处、自、空；英雄的悲伤——泪满襟。

④《石头城》：

时间与空间：意念中（旧时、故国）——眼前即景（山、空城、潮、月、女墙）。

情感与理性："寂寞"、时间之流中的历史变迁。

⑤《锦瑟》：

时间：当时——此时。

空间：由典故织成的片断，展现迷惘的心理空间。

情感："思""惘然"。

⑥《书愤》：

时间：早岁（年轻时节）——镜中衰鬓（年老时节）。

空间：瓜州渡、大散关（回忆中）——镜中衰鬓（在家揽镜自照）。

情感：心尚雄而身已老。

概说：本诗以情为主，"那知"（世事复杂艰难未曾预料）、"空"（报国无门）、"已"（壮志难酬之失落）数处，值得体会。

⑦《虞美人·春花秋月何时了》：

时间：做阶下囚的此时——昨夜——身处故国之时（虚）。

空间：小楼（眼前：实）——雕栏玉砌（心中：虚）。

情感：时空差异下呈现出的今昔之感，"愁"。

⑧《雨霖铃·寒蝉凄切》：

时间：告别之时——今宵酒醒之时——此去经年（虚拟时间）。

空间：长亭都门——杨柳岸晓风残月（虚拟空间）。

情感：多情自古伤离别。

⑨《念奴娇·赤壁怀古》：

时间：怀古之时——三国之时。

空间：赤壁（怀古之诗，时间错置，而空间同一）。

情感："小乔初嫁"，周瑜建功立业；我生华发，而一事无成。

理性：世界变迁之不可抗拒（"浪淘尽千古风流人物"），人生虚幻（"人生如梦"），难以自主，须待机遇（周瑜——"我"）。

⑩《鹊桥仙》：

空间：银汉——鹊桥。

理性：爱情，充满激情的相聚胜于平淡的厮守（"金风玉露一相逢，便胜却人间无数"），心灵的相知比身体的守护重要（"两情若是久长时，又岂在朝朝暮暮"）。

⑪《声声慢·寻寻觅觅》：

时间：旧时——这次第。

空间：窗前院中。

情感：生命在孤独状态中——寻寻觅觅、伤心、憔悴、独自、愁。

⑫《扬州慢·淮左名都》：

时间：眼前的时间过程：解鞍少驻初程（昼）——黄昏、冷月（夜）。

历史的时间过程：杜牧在扬州时——而今（胡马窥江去后）。

空间：路过扬州、移步换景。

情感：战争的创伤，家国的不幸——"予怀怆然，感慨今昔""《黍离》之悲"。

三、关于现代诗：《篱笆那边》《弧线》

分析必须是理性的

在教学中，除古典诗歌之外，还涉及现代诗歌、外国诗歌等。我们对这部分不单独讨论，这里举两个例子顺便说明。

诗歌是非常讲究形象的，表面上看，其语义可能是模糊的，也可能是清晰的，但文本的整体意义在解读者看来常常是含蓄甚至是含混的。美国作家艾米莉·狄金森的小诗《篱笆那边》，就是一个象征意味浓厚的诗歌文本。下面是这首诗的正文：

> 篱笆那边
> 有草莓一颗
> 我知道，如果我愿
> 我可以爬过
> 草莓，真甜！
>
> 可是，脏了围裙
> 上帝一定要骂我！
> 哦，亲爱的，我猜，如果他也是个孩子
> 他也会爬过去，如果，他能爬过！

从字面上看，这个文本的语义是清晰的，没有障碍。但这一文本的整体意义，需要通过精细的分析来说明。

文本的分析，总是理性的。文本的意义，包括文学类文本的意义，并非像人们想象的那样，可以通过难以捉摸的"语感"、虚无缥缈的"领悟"而直接得出。理性的分析，总是必须符合逻辑与人类的一般知识和经验。

关于对象的讨论

"我"——一个"孩子"。

"上帝"——可能代表成年人(相对于"孩子"而言),也可能代表神圣权威(根据"上帝"本身的语义)。

讨论:

①"我"是一个"孩子",受欲望诱惑;"如果他(上帝)也是个孩子",也会受欲望诱惑。这就是说,孩子都会受欲望诱惑。

"孩子"不是成年人,没有接受太多的社会观念,没有较多地受到社会规则的制约,代表着人原始的本能或本性。

②既然"我"与假如是"孩子"的"上帝"都想吃到草莓,想法是一致的,但为何"上帝一定要骂我"呢?这就要看"我"和"上帝"在身份上的差异。

"上帝"事实上不再是"孩子",作为成年人,他代表成人社会的规则;作为神圣权威,则代表对本能和欲望的超越。在此情况下,"上帝"是约束或超越了欲望的。

关于事物(意象)的讨论

"篱笆",是一种隔离,这种隔离的作用可能是约束,也可能是保护。

"草莓",是一种诱惑。明显地,"我"和假如还是"孩子"的"上帝",都想吃到它。

讨论:

①"篱笆"的功能是自我保护或防卫,这是明显的。但对篱笆外边来说是抵御,对篱笆里边来讲,除了保护的作用,还有约束的功能。回到文本中,不能清楚地判明篱笆是为了"保护"还是为了"约束",但至少"篱笆"可以被理解为"隔离"。

②文本对"草莓"特征的描述是"真甜"。"甜"在人类的味觉上是美好的,所以"草莓"可能喻指美好的事物。但是,文本中不存在"上帝"反对

人类追求美好事物的证据（不能把"上帝一定要骂我"解读为"上帝"阻止人类对美好事物的追求）。因此，"草莓"应该是一种我们感觉到美好，但实际上不一定美好的事物。这种事物，孩子天然地都愿意求取，它是什么呢？是某种诱惑。一切正在诱惑我们的事物，通常都让我们觉得是美好的，但不一定是真正美好的。

③在文本中，"草莓"诱惑着"我"，但"我"被约束在"篱笆"之内。"我"是犹豫的——一方面受欲望的诱惑，这是本能；另一方面又具有一定的社会意识，隐约感觉到一种压力，对"上帝"会因为"弄脏围裙"而"骂我"的后果感到焦虑。

关于事件的解释

"如果我愿，我可以爬过"——是假设一种可能：愿意接受诱惑，有能力求得自己想要的。

"可是……"——是假设的结果：可能会造成"脏了围裙"的后果，被"上帝"责骂。"脏了围裙"是什么意思呢？可能的解释是，玷污了社会的文明规则。从某种意义上来说，文明规则是来约束人类欲望和本能的。

"如果他也是个孩子，他也会爬过去"——凡是孩子，都想要接受诱惑。

关于主题

简单地观察整个文本结构，可以发现，在两个诗节之间存在转折关系。这个转折突出了抉择时的复杂心理：想要接受诱惑，但又担心后果，尤其担心因为规则的破坏而受到权威的指责。

整合前面的分析，整体把握文本可以得出下面的认识：

①有欲望并愿意接受诱惑，这是孩子的共性，亦即人的天性。但出于对规则和权威的顾虑，人在抉择时的心理是矛盾的。

②人类的本能和欲望是强大的，所有人都受到欲望的诱惑，即使是"上帝"，在成为"上帝"之前也不例外。

对文本主题的这两个解读，都是符合文本逻辑的。回到文本中，这两个解读都不会导致文本内产生逻辑矛盾。

顾城的《弧线》

顾城的《弧线》是一首不太好理解的诗，我们可以按照先分析后综合的思路来加以诠释。下面先列出这首诗：

> 鸟儿在疾风中/迅速转向
> 少年去捡拾/一枚分币
> 葡萄藤因幻想/而延伸的触丝
> 海浪因退缩/而耸起的背脊

如何分析理解？

第一步，确定文本写了哪些"弧线"，研究这些弧线的性质与特征。

①鸟儿在疾风中/迅速转向。

这是一条避让的弧线，是一条顺应的弧线。

鸟儿的迅速转向是因为风太疾。弱小的生命无法与强大的外部环境抗衡，只好转向，顺应风向。

②少年去捡拾/一枚分币。

这是一条求取的弧线，是一条执着的弧线。

少年去捡钱，弯下了身子。这条弧线，为的是获得利益。本是纯洁的"少年"，却为"一枚分币"而折腰，这可能暗示执着求利是人类的本能，所以连少年也无法避免。

③葡藤因幻想/而延伸的触丝。

这是一条向外、向前延伸的弧线，是一条被幻想或憧憬拉长的弧线。

④海浪因退缩/而耸起的背脊。

这是一条向内、向后收缩的弧线，是一条因退缩而收紧的弧线。很明显，这条弧线与葡萄藤的弧线，构成反向的对比关系。

第二步，在文本宏观层面上，对"弧线"加以归类，推测文本内涵。

①第一和第二诗段。第一和第二诗段具有相关性，构成反向的对应关系。

第一诗段是一个自然的生命在避祸,第二诗段是一个社会的生命在趋利。

②第三和第四诗段。从这两个诗段语句结构上的一致性也可观察出,诗人是有意把它们联结在一起的。联系起来可推测,全诗可能想说,无论避让还是求取,无论生长还是溃缩,生命与世界的一切运动,都是弧线运动的形式。

第五讲　文言文的解读与教学

文言文教学虽然重要，但这种重要性一般却被我们忽视。每到开学，语文课通常一开始会安排文言文教学，因为文言文好像不用做什么准备就可以开讲，且可以宣讲的东西也很多。其实，要教好文言文并不容易，不是只需要讲讲字词、讲讲文言语言现象就可以了。怎样讲文言文，很值得探讨。下面主要讲三个问题：什么是文言文；学科核心素养和文言文的教学价值；如何做好文言文教学。

一、什么是文言文

（一）文言文的渊源

什么是文言文？一般的解答是：文言文是用中国古代的书面语写成的文章。这是一个最简单的定义，不过我觉得这个描述还不是特别精确。什么是"中国古代"？这个问题比较麻烦。我在研究国学教育，关于国学是什么，有一种说法是"国学是中国固有之学术"。那么，什么叫"固有"？什么是"中国固有"的？从什么时候开始有才算"固有"？现在，大家都普遍认为佛学属于国学的内容，但是佛学本来起源于印度，东汉才传入中国，东汉以前中国是没有佛教的，在东汉没有人会认为佛教是"中国固有"的。那么，"中国固有"该从什么时候开始算呢？

"中国古代的书面语"，意思是文言文不是口头语言而是书面语。宋元以来的古人口语和现在的口语并没有我们想象的差异那么大。古人的口头语言，并不像书面的文言文那样。我们看明清时代的白话小说,会发现当时的人说话和我们现在人说话其实没有多大的差别,但在写作进行书面表达的时候,就有明显的差异了。这就是说,其实在明清及其以前,汉语的语言存在两个系统,一个是文言系统,另一个是白话系统。

从语言发展的角度讲,书面语肯定不是一开始就有的。有人类就有语言,但有了语言不见得就有文字,没有文字就不存在书面语。书面语要通过书写才能形成。我们现在看到的中国历史上比较大量的书写,开始于春秋战国时代。这种书写的基础是什么?是先秦的口语。

在我们的文化系统中,先秦的书写奠定了后来汉语书面语表达最重要的基础。书面语一定是从口语演变而来的,文言文的口语基础是先秦口语,而不是秦代以后的口语。这是一个很重要的知识。

语言通常具有强烈的稳定性。即使在今天,我们依然能够在现代语言中发现与遥远的古代相通的一些蛛丝马迹。例如,秦汉之间的口语和我们现在的口语,由于时间过于遥远,虽然有显著的差异,但也会存在一些联系的痕迹。比如《史记·陈涉世家》里陈涉当了王之后,把以前田垄间的伙伴叫到自己的宫殿里,那些农夫见到这豪华排场,发出了"夥颐"的惊呼。这个惊叹词"夥颐",相当于现在的四川话"哦哟",发音也很相近。越到后来,语言的近似度越高。比如,唐朝时的"敦煌曲子词"中有一首曲子是这样的:"莫攀我,攀我太心偏。我是曲江临池柳,者(这)人折去那人攀,恩爱一时间。"这首曲子的措辞,以当今的标准来看,也是非常口语化的。宋元以来的白话文学和现代语言的接近程度无疑更高了。

然而,先秦的情况比较特殊。例如《尔雅》,我们读的时候会不断地看到语言差异的例子。《尔雅·释诂》中的"如、适、之、嫁、徂、逝、往也",说明不同地域的人们表达同一意思具有不同的用词习惯;《尔雅·释天》中的"载,岁也。夏曰岁,商曰祀,周曰年,唐虞曰载",说明不同时代、不同部落的人们对同一概念的用词也是不同的。在我看来,这些例子统统显示了秦代以前语言的混乱。由于地域和时代的差异,以及文明早期不同区域部落的长期隔离,语言的差异与混乱是很容易理解的。随着秦朝统一中国,采取了统一文字等文化措施，政治的统一和文化的统一使得语言的统一性逐渐增强。汉朝继续巩固了这一趋势。文言文的书写，是知识阶层的事情，而知识阶层的流动性，强化了知识的流动性，也加强了书面语言的统一化趋势。

（二）文言文的特征与启示

如何更好地了解文言文，我有以下几点看法。

第一，文言书面语必从口语（先秦口语）演变而来，而口语的书面化必然存在加工。因此，要关注其简古的审美特质以及白话与文言异途的现象。

记录形成文献，这是一件慎重的事情。要记录下来，就有一个从口语到书面语的变化问题。口语要变成书面语一定会存在加工，当我们企图记录平时的生活和语言，首先就会涉及思考和选择。文言文具有简、古的特质。"简"，是因为它要书面化，不能照搬，不能把平时口头说的一股脑儿都搬出来；"古"，是因为它的口语基础距现在十分遥远，而且在被书写出来的时候还带着古人的思维情感特征，它还意味着古雅、正式、庄重，经历过时间的考验。文言文最显著的特征就是简、古，所以中国历史上的书面表达、正式表达，包括国家的科举考试以及政府公文，都要用文言文而不用口语。"简"，提高了表达的效率；"古"，显示了表达的庄重。实际上，书面表达对口语表达也形成了深刻的影响，比如现在所谓的古代小说名著，虽然都是用白话文写的，但也存在书面化的痕迹。

第二，书写工具的限制，也是文言文表达简约风格的形成原因，因此要关注文言文理解中文意的复原。词简义丰，关乎表达和书写的效率。

早期的书写缺乏书面记录的载体。在缺乏书写的远古时代，除了在山岩上刻刻画画，文化的传承和记忆主要是依靠口头传播。由于文明的进步，出现了一些可以书写的条件，比如丝绸、青铜器。然而，早期书写却很奢侈和昂贵。比如青铜器时代，青铜器是非常宝贵的东西，要记到青铜器上的内容一定是记录者认为最重要的，这是第一。第二，记录时必须尽可能用最少的文字表达更多的意思，于是必然"言简意赅"或"言简义丰"。我们知道，中国古代的书面表达如中国古诗，都是追求表达效率的，是言简义丰的。

古代诗文，正是因为其表达效率比较高，表达容量比较大，所以在文句的体会、文意的分析上，必须要下很大的功夫。

第三，书写内容的分析和文本的历史性分析很重要，因此要关注文言文中的观念与文本的历史性。

如前所述，书面表达须占用宝贵资源，能被书面记录的一定是那个时代的书写者认为最重要的。所以，我们可以通过古代文献研究发现中国古人的观念——看他在写什么，就能推测他眼中在关注什么，心中在思考什么。只有意念中重视的东西，古人才会把它记录下来，反之则不会。

屈原的作品中写了很多香草美人。既然这样写，说明他很关注、很在乎这个。他把香草美人和政治、人格联系了起来。屈原也很关注服装，很关注自我形象。通过这些观察，我们会发现《离骚》和《诗经》很不一样，首先就是观念的不同。在屈原的观念中，几乎没有生产劳动和友谊、亲情这些我们现在都还认为极其重要的东西。这说明了他的情感状态和心理状态。屈原所写的，当然是他自己认为重要的。而至于他为什么没写刚才所说的那些内容，要么是因为他不拥有，要么是因为他觉得不重要。

现存的一切文本都具备历史性。文本受时代的制约，有的文本甚至是在历史中逐渐定型的。美国汉学家宇文所安从屈原时代的书写工具研究入手，注意到一件重要的事情：处于流放中的屈原，其实是缺乏书写工具的。因为那个时代的书写材料，除了石器和金属器，就是丝绸和竹简。屈原作为一个被流放在外的诗人，像《离骚》这么长的诗，他是怎么记录下来的？丝绸过于昂贵，竹简比较廉价但是太沉重，我们很难设想在流放中的屈原背着沉重的竹简坐在江边写诗。宇文所安觉得，屈原没有在纸面上书写诗歌的可能性，那个时候发明造纸的蔡伦还没来得及出世。实际上，《离骚》《楚辞》是在汉朝时才被记录在案的。从战国到汉朝，中间相隔漫长的时间，这些诗是怎么流传下来的，汉朝人又是通过什么途径了解到这些诗的？

宇文所安得出的结论是：屈原的诗是通过口头传播流传下来的。在《屈原列传》中我们可以看到，屈原也有粉丝和仰慕者，宋玉、唐勒、景差这些人都是。作为一个有才华的人，一个对国家有热烈情怀的人，屈原当年确实可能吟出了这些诗的原始版本或最初模样。屈原诗的原始版本，应该就是通过他的追随者而被口头传播的。口头传播有一个特点：可靠性不够。这就像学生背课文，背得再熟也有可能出现一些错谬。屈原的诗经过几代人的传播而到汉朝，就有可能导致我们今天看到的《离骚》与屈原最初创作的《离骚》有一定的出入。现在的《离骚》是不是屈原写的，学术界有人怀疑，我觉得应该是屈原写的，毕竟它的风格和汉代差异明显。至于它在多大程度上是屈原写的，在口头传播过程中会有多大的变形，值得研究。不只是记忆错误的问题，在传播过程中，屈原之后的口头传播者们，完全可能根据自己的理解、感觉或想法对文本作出一定程度的调整和改变。更何况，这些作品毕竟不是历史文本而是文学文本，文学文本具有相当的弹性。抒发情感比扭曲事实来得更容易，自由度显然也要高得多。

某一天，我谈及了朱自清的《背影》最后一段中的"晶莹的泪花"，认为"晶莹"这个词用得不好。如果《背影》只是口头传播而我恰好是它的口头传播者，我就会删除"晶莹"这个词。在我看来，这个词过于亮丽，破坏了对颓唐老父的哀悯感和凄恻感。直率地讲，这个"晶莹"显得过于天真，过于透明，真正痛苦的眼泪是混浊的，带着血的泪水绝不会是"晶莹"的。"晶莹"这个词，与文中的情感是有悖的。更何况，这篇文章的修辞风格大异于《荷塘月色》，它不追求繁复的修饰，而是追求一种简练的、简单化的风格。极端的简单化叙事风格，就是要在叙述中尽力排除一切形容词。"晶莹"作为一个形容词，且不说它不恰当，即使将就可用，若要追求简单化风格，也该能不用就不用。口头传播意味着文本传承人有可能进行第二代创作。这会导致由于人的观念、看法的不同，而出现文本的差异。文本的差异，有时是观念的差异。而《背影》的例子，显示出来的是审美观的不同。

第四，被记录即可传承。在此基础上，"立言"被认为是不朽的事业，因此要关注文言文的思想情感内涵。文化经由书面记录而得以迅速积累，这是文化发展的基础之一，因此要关注文言文的文化内涵和文化价值。

一旦记录，就可以长存。中国自古就有"太上立德，其次立功，其次立言"的说法。立言是一项不朽的事业。因为一旦被记录下来，就有穿越时间和空间的特点。立言在中国古人心中是一项永垂不朽的事业，是一项让生命保持、得以死而不朽的事业。这种事业动机，在有些人那里非常强烈，比如司马迁。司马迁为什么要写《史记》，因为生命短暂，他想不朽，"君子疾没世而名不称焉"。一个人无论活多久，都会死掉。那么如何在死掉之后，生命还能继续以某种形式存在？只有寄望于精神的事业。司马迁希望他写的《史记》能够"藏诸名山，传之其人"，他死后名声还可以在后世继续留存。古人把书写看成一项神圣的事业。所以他写文章很严肃、很庄严、很崇高，不会往自己脸上抹黑，不会苟且地从事写作。他绝不会像现在的学生写作文那样去写。现在学生写作文最大的问题是什么？是他们大多苟且。

我经常对学生说："写好作文的秘诀，最关键的三个字就是：不苟且！"写作文不苟且，把这件事情看得很重大，如果写不出来，绝对不要硬着头皮去写。一旦开始写了，就要字斟句酌，精益求精；如果能找到更好的表达方式，就一定不采用比较差劲的表达方式。现在学生写不好作文，是因为这不是立言的事业，而是被要求的任务。所以，学生想的就是凑满字数，便于交差。至于文章质量如何，能不能表达他对世界的思考，展现他的精神力量、文字力量，根本就不在考虑范围之内。这样写出来的文章，基本上都是文字垃圾，这很正常。

把写作看成是立言的不朽事业，写文章就必然很慎重，对文字就一定很敬畏。写作者所表达的思想情感，就会比较高远。以前我读到过明朝人严嵩写的几首诗，觉得还是很高雅的。有次去参观和珅府宅，我看到几首和珅父子写的诗文，比现在那些四言八句的玩家的水平高多了。特别是严嵩，我觉得他还是很有学问、很有品位的。说到这里就涉及另外一个问题，即我们不能低估人的复杂性。文章是不是表达了作者的实际状态，是不是表现了作者的现实自我，很难说。但可以这样说：一个作品可能表现了一个理想的自我，而不一定是现实中的自我，或者说表现了作者希望成为的那种人——他认为那种人是正面的。严嵩诗中的高雅脱俗，可能表明他内心希望自己能成为那样的人，而不是他在现实中所表现的那样。

严嵩的一些诗写得有点类似陶渊明，对功名利禄看得非常淡，很明显，他不是这样的人。这说明了什么？说明严嵩内心还是希望自己有机会成为这种人的，或者说他愿意表现得像这种人，于是就这样写了。我认为，写作是一种表达，是一种真实的倾诉。虽然有时候还可以改一个词，把"写作是一种表达"改为"写作是一种表演"，但我仍然相信，所表演出来的依然是作者内心真实的东西。人是很复杂的。我做不到高尚，但渴望高尚。

当我们切入文言文文本所表现的思想情感，切入作者的内心世界，就是在理解和把握文言文的文化内涵和文化价值。我们今天学习文言文，并不只是要学习一点文言字词、文言语法之类。学习古诗文，就是学习古代文化，就是在进行文化传承。

（三）文言文与书面表达学习

口语的书面化就是书面语。语言的书面化有哪些效能或结果呢？

1. 使书面表达高度人工化

先秦简古，"辞达而已矣"，书面语逐渐脱离口语而独自发展；汉代丰赡，大赋堂皇；六朝风流，文渐多情趣，言日趋华美；唐宋古文复古，而辞采已彰。读文言文，要注意措辞雅正、句法骈骊、音律讲究的特色。

口语表达时，我们对语言的斟酌和加工是不够的，简单地说，就是人工化的程度不够。我们不可能一开腔就是唐诗或宋词这种语言形式。唐诗宋词之类都是高度人工化而形成的一种艺术表达形式。

先秦时，书面表达追求的是简明，即"辞达而已矣"，把意思说清楚即可，整体上比较简练朴素。当然，先秦时代中国南方也有些不那么朴素的语言，如《楚辞》等，但它们不属于主流。

汉朝出现了汉赋，汉赋以丰赡为特征，追求词汇量和铺陈排比。东汉科学家张衡也想写文章，于是模拟班固《两都赋》作《二京赋》，为了写这篇赋，"精思傅会，十年乃成"。汉赋常用铺陈排比，写一篇文章，前后左右上下东西南北都铺排起来写，自然就需要很多词藻，而且这些词还得有区别，不然就会显得重复单调。所以，写赋首先要解决词汇量的问题。袁枚在《随园诗话》里分析说，那个时代没有类书（也就是词典），一般人对草木虫鱼鸟兽之名的掌握十分有限，所以要写出一篇赋来很困难，"千金难买相如赋"。汉赋在中国书面语言发展史上很重要，发展出和先秦"辞达而已矣"不同的观念，人们开始追求语言的文采，追求词采。

魏晋六朝讲风流，那时不只是人风流，文章也风流。人的心灵越敏感，情趣越丰富，感觉越细腻，言辞就会越来越繁丰。语言的丰富华美成为一种自觉的追求。发展到骈文，形式抵达极限，看起来极为华丽，但形式上用力过猛，有时反而把真实的心思给压抑住了。于是就出现了唐宋的古文运动风潮来纠偏。其实，读"唐宋八大家"的古文，也有文采，为什么？因为前面的底子已经有了，这个时候再无意于文采自然也有了文采。韩愈讲非先秦两汉之文不敢观，明朝人又讲文必秦汉诗必盛唐。但文章要回到秦汉以前的简朴状态是不可能的了，因为人们已经有了丰富的词汇和对语言的敏感，不可能再回到原始粗朴的状态了。

回顾书面语发展的历程，可以帮助我们了解文言文书面表达的特色。这些特色，在我看来有三，即措辞雅正，句法骈骊，音律讲究。这是很重要的。我们教学生学习语言，学习书面语言，首先就要抓住这三点。

第一，措辞要雅正。

真正的文采，不是使用修辞手法而是措辞。很多人不理解，觉得文章里多用修辞手法就有文采。这是对文采最肤浅的认识。真正的文采，首先要靠斟酌词句、措辞。把最合适的字词用在最合适的位置上，这就是斟酌用词，亦即古人说的炼字。措辞要雅正，就是要有书面语特色，俗话、口水话是不雅正的。

第二，句法要骈骊。

句法的对称性，在诗歌和赋体骈体文里比较鲜明。对称性是汉语句法的基本属性，在很古老的汉语书面表达中就出现了这种形式。比如，"满招损，谦受益"是中国最古老的典籍之一《尚书》里的名言，它就是对称的。汉语书面表达中对称极为普遍，可见这是与汉语基本属性相关的。我们用汉语写对联很容易，但要用英语作一副这样的对联，估计很难。不是因为我们不懂英语，而是因为用英语这种语言无法做到这种完美的对称。既然事关汉语的本质属性，学生就有必要掌握。我反复强调，一定要教会学生对对子。我认为，中学生对不出来对子，写不出春联，这是语文学习不到位的重要表现。中国人过春节，都要贴春联。一个有知识的家庭，春联必须自己创作，自己书写，而后贴在门楣上。我们要训练学生对对子、写春联，这是非常好的、有品位的语文活动，很有价值。

第三，音律要讲究。

汉字是有音调的，句子是有节奏的，文章是有韵律的。说到讲究音律，我曾做了一件很极端的事情。读高中时，有次考试我用全文押韵的方式写了一篇记叙文。写诗要押韵很正常，但记叙文押韵很少会有人这样做。虽然记叙文并不需要押韵，我写的那篇押韵的记叙文品质或许不高，但我觉得那是一次宝贵的语言操作体验。这件事给我留下了非常深刻的印象，让我明白做到押韵并不是一件很困难的事。很多时候，不是学生缺乏潜力，而是教师很少创造机会去引导学生体验。记得当年我上中学时，元旦、中秋节学校组织游园活动，猜灯谜，对对子，背诗句，整个校园里挂着很多写着题目的字条，学生都会参加，热闹得很。这种活动对学生能力的提升很有帮助。

以上三点给我们的启示是：语言要雅驯，雅驯是语言学习的方向；措辞、句法、音律，是使用语言必须考虑的三个要素。

关于学生的语言学习，有句话我一定要讲："雅，是语言学习的基本方向。"课程标准要求学生掌握中国的语言文字，那掌握怎样的语言文字？我的观点是：只能是雅致的书面语言。

口语不需要教师教。关于语言学习有一个理论，认为语言是"习得"的。比如刘姥姥没接受过学校教育，她的口语表达不会有什么问题，不见得会比林黛玉差。刘姥姥的语言表达能力是从哪里来的？是从生活中"习得"的。这种理论看起来是对的。但是对学校教育来说，却是有害的。学校的语文课要教给学生怎样的语言？学校教给学生的语言，应该是而且必须是书面语，必须是庄重雅致的语言，有一定高度和品位的语言。这种语言能提升学生的语言品质，使他们的人生走向更高层次。我们教给学生的应该是这种语言！我最反感的是在语文课程里大谈口语交际，口语根本不用教师来教，交际想教也教不会。像我这种缺乏交往能力的人随便怎么教都不行，我还是不喜欢交际；而那些生性好动的交际家，教师不教他照样也会交际。再说，口语怎么教？教学生说口水话吗？事实上，学生作文中的口水话已经够多了。强调口语教学，现实的危险就是，把学生的语言表达水平往越来越低的方向教。

高雅的、比较庄重的、正式的书面化语言，才是语文课堂上应该教的。我们要教的，应该是林黛玉会而刘姥姥不会的那种语言。我常常讲一句话，教育是"化俗为雅"，而不是"变雅为俗"。语言表达怎样才能高雅起来呢？就是在措辞、句法、音律三个方面多下功夫。这三个方面一一讲究，语言就会高雅起来。我想到了《论语》里的一句话："子所雅言，《诗》《书》、执礼，皆雅言也。"孔子所谓的"雅"就是"正"。学校应该是说话不能过于随便的地方，要重视语言的规范性和庄重性。

2. 形成雅俗的辩证对立

"雅"是受教育、有文化品位的标志。学文言文，要注意辨别雅俗，有观念的雅俗，语言的雅俗，如"诗庄词媚曲俗"。这给我们的启示是：借助雅俗之辩证关系，增强学生对观念、语言的评价能力，并理解文言与白话异途和交互影响之文化现象。

语言书面化造成了雅语和俗语的分野，形成了雅俗的对立，也形成了雅俗的辩证法。雅是正大庄重，在中国文化中成为人受教育、有文化、有品位的标志。学习文言文，要学会辨别雅俗。

观念的雅，是指观念正大庄严，有高品位。观念的俗，有复杂的层面，有通俗、低俗、粗俗等层次的差异，这里不多分析。这里只粗略地讲一下雅俗之别。比如《爱莲说》是雅，《口技》是俗。《爱莲说》表现的是君子的理想，中庸的理念，是非常高大上的，"中庸之为德也，其至矣乎"，格调极高，境界极高，是非常雅的。而《口技》无非就是市井娱乐，是俗的，有生活气息，它所表现的并不高远也不深远，很容易被一般人理解、接受和欣赏。我本人是个俗人，我并不认为"俗"就是不好的。《口技》里所表现的也是艺术，是民间艺术或世俗艺术，也有其艺术性，只是品位不高，并不怎么正大庄严。《爱莲说》相当于音乐厅里的音乐，《口技》相当于卡拉OK里的音乐。

这两种音乐，显然是有一定的差异的。

语言的雅俗，是教学中比较关注的。古人就曾指出诗词曲有雅俗之别，所谓"诗庄词媚曲俗"。诗的特征是庄重，词的特征是妩媚，曲的特征是通俗。文言文的语言层面，也是有雅俗之别的。比如《答谢中书书》和《世说新语》相比，在思想观念上，《世说新语》非常雅，但它的语言形式也有俗，它的俗不是说人物低俗（恰恰相反，通常非常高雅），而是其记录的语言或叙述的方式比较通俗。《世说新语》里也有很多口语化的表达。与此相比，《答谢中书书》是一个高度书面化的作品，文中没有口语，只有高度雕琢的人工化语言。几乎同时代的这两个作品，对学生理解中国古代书面文学和白话文学双线行进的特点，有很重要的作用。

二、学科核心素养和文言文的教学价值

文言文具有重大的教学价值。关于文言文的教学价值，思考的起点是语文学科核心素养。现在"核心素养"是个热词，专家们认为语文学科核心素养包括语言、思维、审美、文化四个维度。他们说得对不对，我觉得还可以讨论。

我的理解是，"核心"只能有一个而不能有四个。首先，"核"的本义是指植物果实的种子内核，"心"的本义是指动物（人）的心脏。"核"和"心"通常只有一个。圆有一个核心叫圆心，太阳系有一个核心是太阳。如果有一堆，那还叫核心吗？所以我认为，包括四个项目的"核心素养"还不够"核心"。其次，语文的这四个"核心素养"，看起来不错，实际上却很难具体落实。比如一堂课，究竟应该落实哪个核心，或者说四个核心都要落实？如果四个核心都要落实，就要面面俱到，上课就找不到重点，最后又要回到老一套上去。

第一个核心是"语言"。比如教一篇课文，你说语言方面重不重要？重要。那就找出生字词，正音正形，接下来再选两个句子分析一下，这叫咀嚼语言或品味语言。第一个核心似乎就得到落实了。

第二个核心是"思维"。思维可不简单。首先，对学生来说，其思维的薄弱点在哪里？面对不同文本，当思维要求有所区别时，怎么办？其次，思维概念太大了，思维能力分为很多种，那么究竟要培养学生的哪一种呢？我们并不明晰。至于课堂上怎么落实思维这个核心，那就更难了。

第三个核心是"审美"。例如《背影》的教学中，审美怎么去落实？我听到有种说法，说有人读了《背影》觉得父亲太肥胖，在那个地方"蹒跚"真的是有点丑。不少初中生觉得，如果自己的父亲就是这样的形象，他们会觉得羞耻，那么"审美"怎么去落实呢？这篇文章的美感又在哪里？

第四个核心叫"文化"。文化包罗万象，人类所创造的一切，物质的、精神的，都是文化。一堂课到底落实怎样的文化呢？是不是每堂课都是有文化的呢？所以我觉得，如果依据这四个核心素养去安排一堂课的教学，教师会非常迷茫。我不知道最终会出现怎样的结果。

学科学习、学科教学，最重要的就是要尊重学科本身的特性。

目前这个阶段，"核心素养"是个重要话语，它还相当模糊，但客观地说，它毕竟给我们提供了一个思考的基础和思考的出发点。

语文是以汉语语言符号为载体的。根据我的想法，"语文核心素养"可以被描述为：对汉语语言符号进行理解和运用这种符号来表达的能力。对汉语语言符号的理解力，就是阅读的能力；运用汉语语言符号进行表达的能力，就是写作的能力。其本质都是思维。一切学科最核心的东西，就是运用该学科特定的话语符号进行思维的能力。

很明显，我摒弃了"审美"和"文化"，这样做有我的理由。至于基于什么样的理由，留待以后再说。下面我还是尊重专家们对"语文核心素养"的划分，从四个方面来谈谈文言文在语文教学方面的价值。

（一）文言文学习，是语言表达书面化、文雅化的路径

文言文是最典型的书面化语言，是比较雅致的语言。这一点对应核心素养中的"语言"方面。前面已经说到，这里不多说。

(二) 文言文学习，是丰富思想、学习思考的路径

它对应核心素养中的"思维"这个方面。思维包含两个层面，思维的过程叫思考，思考的结果叫思想。文言文里有非常丰富的内容，可以举一些例子来谈。

1. 《庄子二则》之濠梁之辩

这是中国文化史上的一次著名的辩论。对于这段辩论文字的分析，教师都比较熟悉，我只简单说一下。从整个辩论过程来看，惠子的逻辑性更强。而庄子思考问题的出发点和落脚点，最终归结于一种思维形式，叫直觉思维。水中鱼儿在游，我觉得它快乐。什么时候我觉得鱼是快乐的？我在看它的时候觉得它就是快乐的。你能证明鱼是快乐的吗？不，我不证明，我感觉到它快乐就足够了。

鱼的快乐，找不到一种逻辑的形式来证明。但我的直觉告诉我，鱼是快乐的。庄子的思维里包含着一种中国哲学观念——"感通"。儒家讲"天人感应"，其实就是认为人和外部世界之间存在一种超越逻辑的感应关系。我感应到你是快乐的，所以你是快乐的。这听起来有点蛮横，其实有很深邃的哲理。人与人，人与世界，心灵与肉体，都缺乏物质上的连续性。那我是怎么知道你的存在的呢？我所依赖的，其实是我对你的"感应"。这是一种直觉，直接的觉知。

人类的认识如何能发生？要解决这个问题，就必须确立"感应"的概念。如果人没有"感通"的能力，那么人类知识就不可能产生。知识必须建立在两个预设的基础上：第一，人类有感知外部世界的能力；第二，人类对外部世界的感知是如实的、真实的。而这两个预设，都是无法通过逻辑来证明的。这种预设就像平面几何体系中的公理，无需证明，它依赖我们的直觉而得以成立。

所以，庄子和惠子的辩论，不但要看辩论的思维过程，更要看辩论背后的哲学观念。从终极意义上来说，关键不在于辩论的过程，而在于对世界的基本立场。濠梁之辩，展现的是直觉对逻辑的终极胜利。

2. 《陈涉世家》

很明显，《陈涉世家》能启发学生对人生的思考。陈涉遇到大雨，误了日期，不能按时到达戍守的地方。按照秦律，将被处死。他已经是死路一条，身陷绝境。在此情况下，陈涉"急"出了一句很著名的话："等死，死国可乎？"这其实就是一种博弈的思想。老老实实奔赴戍守地，是死；如果这时起来造反，拼死一搏，即使是死，也许还能死得晚一点，运气好的话也许还能活下去。这个选择题的结论，其实是相当明确的，得出合理结论并不需要高超的智力。在人生的危机时刻，人的性格、观念、决断以及对形势的判断，相当重要。关键时刻如何博弈，如何在绝境中求得生路，这对学生是有启发的。

3. 《隆中对》《大道之行也》

《隆中对》是关于远见的一个非常著名的例子。诸葛亮在隆中的时候，三国鼎立的形势还远远没有成型。诸葛亮为什么能提前这么久对整个天下的形势作出这样的预判？他作出判断的依据是什么？这里面有很多值得推敲的东西。它至少能给学生这样的启示——人要有长远的眼光。而这种长远的眼光不是坐在那里不着边际地浪漫地想一想就会有的；长远的眼光，必须基于长期的学习、宏观的观察、理性的分析和权衡。

记得有位教师曾问我《大道之行也》文末"是故谋闭而不兴，盗窃乱贼而不作，故外户而不闭"一句中几个"而"的意思，这让我注意到了这句话。品读这句话，我注意到这个句子的特征：连续使用否定表述。在我看来，连续采用否定的表述方式，恰好折射出"谋兴、盗窃乱贼作、外户闭"这种社会现象的普遍性，折射出说话人对"谋闭不兴、盗窃乱贼不作、外户不闭"的情形充满了渴望和期待。简单地说，这句话折射出的是当时社会的不安全。在那个时代，"谋"其实不是"闭"的，而是"兴"的，"盗窃乱贼"是"作"的，"外户"是必须要"闭"的。对于人类来说，缺乏什么就会向往什么。这句话和文章产生的时代背景是紧密联系的。其实，这就是对文本的一种深入的分析。学生能跟着我们一步步地思考到这一层，就能变得更聪明。这就是思维。

(三) 文言文学习，是审美观念和能力培养的路径

文言文，更广泛地说，包括所有古诗文，是培养学生审美观念和审美能力的重要路径。它对应的是核心素养中的"审美"这个关键词。这里举几个文言文例子来说明。

1. 《桃花源记》：一个中国特色的乌托邦想象

桃花源就是一个带着中国特色的乌托邦。中国特色的乌托邦，和西方的乌托邦不一样。中国是一个农耕文明历史悠久的国度，陶渊明想象出来的理想世界必然是一个农村形象。这种想象的美感，是在农业文明和农业文明的社会图像上建立起来的。这种特征深刻地影响了中国人的审美倾向和审美偏好。举个例子，我们写一首诗，如果写些杨柳依依，月儿弯弯，牛哞羊咩，鸡鸣狗吠，马上会感觉到有几分诗意；但是如果写些小汽车、塑料袋、电线杆，就会不自觉地产生心理抵触。为什么？因为中国长期是一个农业社会，中国人本质上都是农民——包括现在的市民，多数还是文化意义上的农民。农业是自然的，需顺应自然的节候，产出的东西主要是植物（作物）。所以农民的审美，多半关注自然界中本来就存在的事物尤其是植物，而我们所看到的古代诗词中表现美感的意象也多半是植物。农民是在土地上求生的，生存环境比较静止封闭。桃花源，就是一个闭塞的地方，渔人好不容易才偶然地发现那里；他们不欢迎外部世界进入，所以叮嘱渔人不要告诉外人关于桃花源的任何信息，"不足为外人道也"；他们"乃不知有汉，无论魏晋"，不了解外部世界，其实也不愿意了解外部世界。从审美的角度说，桃花源显示的是一种安静的或安宁的美感。这种美感偏爱静止，反对动荡的世界。这是中国文化中极其重要的审美类型，桃花源可以说是这种类型的一个样本。

2. 《陋室铭》：君子的建筑审美

在我看来，这个文本显示的是一种君子的建筑审美观，文本凸显了人和自然的关系。"山不在高，有仙则名。水不在深，有龙则灵。"山水代表着自然，自然之美，关键在于其间能否表现出高超的生命特征。自然必须具有有神力的生命，才有精神的内核。自然本身是没有意义的，自然形态怎样不重

要，山高如何，水深又如何，如果没有生命的强力点化，终究缺乏神奇和灵性。这番道理类比到建筑，陋室如何，华堂大屋又如何，只要里边"谈笑有鸿儒，往来无白丁"，这个建筑就是美的，就是有意义的。建筑作为一个客体，呼唤着主体。缺少有价值的主体，建筑本身并不存在所谓的意义；有了有价值的主体，建筑的美感才浮现出来——事实上，当建筑里有了"德馨"的人，这个建筑是"陋"还是"不陋"，已不重要了。即使是华堂大屋，美轮美奂，但如果"往来皆白丁"，那么这个建筑也就不足观了。

中国人思考世界的时候，总是把世界放在与人类的关系之中。刘禹锡这篇文章实际上是在说，建筑本身怎么样，并不重要；而建筑里的人怎么样，才更值得关注。所以在写法上，他几乎不写这座陋室的建筑和环境，介绍的重点是发生在这个陋室中的人类活动。这是这篇文章的一个重要思想。

颜回，一箪食，一瓢饮，在陋巷。他在陋巷，也相当于身居陋室。但是由于颜回在此，这个陋室就焕发出一种特别的神采，可能上升为一种精神的象征。儒家讲君子之德，讲人对世俗追求的超越，所以颜回的陋巷和刘禹锡的陋室都表现了君子的建筑美学，显现出君子对建筑的审美立场。南阳诸葛庐，西蜀子云亭。诸葛庐是什么？"三顾臣于草庐之中"，草庐就是茅草屋，相当于杜甫草堂，十分简陋。但是有一条卧龙在那里，这个草庐就不一样了；有个诗圣住在那里，这个草堂就神圣了起来。

3. 《鱼我所欲也》：庄严的生命美学和浩然的风格美学

我们比较一下《鱼我所欲也》《五柳先生传》《观潮》这几篇文章，看看它们有什么样的审美差异。

从思想内容上来讲，《鱼我所欲也》讲的是一种生命的美学。孟子想强调的是，生命必须具备有尊严的美感。如果一个人的生命缺乏尊严，就没有美感。为什么"呼尔而与之，行道之人弗受，蹴尔而与之，乞人弗屑也"？因为接受食物等于接受耻辱，接受耻辱等于失去尊严。"生，我所欲也，义，亦我所欲也，二者不可得兼，舍生而取义者也"，也就是说，"义"是"本心"，是本心认同的价值，因而是尊严之本。如果没有了"义"，生命就不可能正大庄严，就会失去尊严；而一个失去尊严的生命是没有价值的，既无价值，当然就可以舍弃。

从文章风格上来讲，我觉得《鱼我所欲也》是充满浩然之气的。孟子主张人要养气，养的是至大至刚的浩然之气。文以气为主，孟子气大，气盛，说话一气贯注，大气磅礴，振振有词，酣畅淋漓。《孟子》中经常长篇大论，一气到底。这些都是气盛的表现。《五柳先生传》洒落自在，内容和文笔都很洒脱，修辞简括，一副想说才说、爱说不说的样子。你想知道五柳先生是谁吗？"不知何许人也。"你想知道他叫什么吗？"亦不详其姓字。"这篇文章写得很有魏晋之风。至于《观潮》，在风格上讲其实是猎奇琐屑，呈现的是一些稀奇古怪、耸人听闻的场景，笔法相对细腻、琐屑。它的风格和品位并不是很高，迎合一般世俗好奇者。

(四) 文言文学习，是理解和传承中华文化的路径

这对应的是核心素养中的"文化"这个关键词，文言文教学要促使学生理解和传承中华文化。弘扬传统文化是语文学科的重要任务。在文言文教学中，弘扬文化的意识常常是不足的，教师把精力过多地用在了字词、活用、特殊句型等方面，教学缺少文化内容，最后使得本来最该有文化含量的文言文教学变得没有文化。讲清楚语言知识，当然是有必要的，但是不应花那么多的精力、体力，至于要不要讲得那么烦琐，也值得斟酌。

教文言文忽视文化，很有可能使教学言不及义。下面举几个例子来谈这个问题。

1. 《小石潭记》

《小石潭记》中的景象清幽寂静。这篇文章中最重要的一句话是"以其境过清"，其中最重要的两个字是"过清"。

"清"，作为一种美，或作为一种人生境界，其实是好的。屈原说"举世皆浊而我独清"，"清"当然比"浊"要好。小石潭的特点就是"清"，但是问题恰恰也在这里。"过"就是过头，"过清"就不见得好了。儒家讲"过犹不及"，"清"过分了，就出问题了。"以其境过清"，因为"清"过了头，所以才会"不可久居"。"不可久居"，就是说人不能够长久地停留在这个境界

中，偶尔去体验一下是可以的，长久停留是不行的。夏天很热，去峨眉山、青城山避暑，两三天可以，但是待上三年五载，可能就会很难受。过清，不可久居，这个看似简单的句子反映了《小石潭记》的核心思想：人到底还是要入世，红尘世界才是人应该立足的地方。这是柳宗元内心深处的真实想法，他是一个儒家人士，儒家的价值取向是入世的。"过清"的小石潭只是一个暂时安顿自己、平息烦躁和郁闷的地方，仅此而已。柳宗元持儒家入世的立场，但由于内心失意和烦闷，于是就有了追求清幽安静的动机。他去小石潭，是为了暂时安顿自己；但他知道，这个小石潭最终是无法安顿自己的。所以，他只能短暂停留，然后必须离开。这里有一种隐微的矛盾：小石潭在表面上看起来让柳宗元欣然，"心乐之"，实际上柳宗元对这种过于清冷幽寂的境界，内心深处充满恐惧。表象上的自我，喜欢清幽；内在真实的自我，却对此畏惧。这种心境和苏轼的词"我欲乘风归去，又恐琼楼玉宇，高处不胜寒"，非常类似。为了逃避世间，苏轼想当神仙；但如果真的成了神仙，又害怕太清寒了。说到底，苏轼还是非常留恋红尘世界中的温暖的。

儒家的价值观，构成中国文化最基本的价值取向。这样讲《小石潭记》，我觉得有利于让学生更深入地理解中国文化，其实也能更深入地理解这个文本。

2.《岳阳楼记》

分析《岳阳楼记》的主旨，最后会落实到"格局"或"胸襟"两个词上。为什么我会提到这两个词呢？因为我注意到了"迁客骚人，多会于此，览物之情，得无异乎"这句话。这句话后面有两层意思，都是扣住"览物之情"来写的，一层写到了悲，一层写到了喜。"霪雨霏霏"一段，写的是"感极而悲者矣"；"春和景明"一段，写的是"其喜洋洋者矣"。一喜一悲，其实就是一乐一忧。这两层写完了，文章最后总结说"古仁人之心，或异二者之为"，意思是说，这一喜一悲、一乐一忧，都不符合"古仁人"的心志状态，都是要不得的。那么，"古仁人"是怎么想的呢？"古仁人"是"不以物喜，不以己悲"的，也就是说，不管看到的景物怎么样，也不管自己的遭遇怎么样，这些都不是"古仁人"所考虑和关注的。"古仁人"是怎样的呢？

是"先天下之忧而忧，后天下之乐而乐"的，意思是说，一个真正的仁人志士，是没有所谓个人情绪的；他的忧喜，是以天下人之忧喜为忧喜的。景物的明朗或暗淡，个人的或忧或喜，根本就不重要。

在这样的观念中，所谓"忧乐"都不是关键，关键在于以天下人之忧乐作为自己念兹在兹的挂念。无视小我，唯有大我，所以说这篇文章落实到最后，便是心怀天下的"胸襟"二字。有了这样的胸襟，一个人就具备了大的格局。

如果教师讲这篇文章，就景物描写、悲喜忧乐大讲特讲，则会言不及义，因为所讲的这些并不是文意的关键。我们讲文言文，要讲出其中的文化内涵，而讲文化内涵，其实是完全没有脱离文本分析的。

3.《醉翁亭记》

《醉翁亭记》读来有点奇怪。它奇怪的地方是什么呢？就是一个当官的不作为。你不是太守吗？太守不在太守府上班，跑到这里来瞎逛，正事不干，游山玩水。但我注意到文中反复强调"乐"，他展现了自己的快乐，而在文末的重要节点上，还安排了一个"乐其乐"，一个"同其乐"。这就很值得咀嚼。在自己治理的区域里，大家快乐，自己也就感到快乐，更能和大家同乐，这就是所谓"与民同乐"的儒家思想。这其中还反映出欧阳修的政治思想：政治治理，贵在无为。作为太守能到醉翁亭喝点酒水，看点风光，言外之意是说这里已经治理得很平顺了，大家都能够各得其所。统治人民的最高境界，就是要让人民快乐，这就是"仁政"；治理人民而不政令烦琐，到处扰民，这就是"无为而治"。太守看山水，喝醉了，图快活，看起来有点享乐的意思，而享乐似乎是不对的。但我从不认为享乐是一个道德问题，而是一个人性问题。人性都是追求享乐的，让人受苦才是反人性的，因而是不道德的。谁不愿意享乐呢？太守当然也愿意，关键在于一个统治者不能只顾自己享乐，更不能通过盘剥和虐待人民来满足自己的享乐，他必须努力让他的人民都能享乐。

所以，《醉翁亭记》所表现的境界是比较高的。我们读《论语》，子路、曾皙、冉有、公西华侍坐，孔子认为曾皙的境界是最高的。为什么？因为曾暂所表现的就是"乐"。儒家讲礼乐教化，《荀子》说"乐者乐也"，让人民快乐是一种最高的境界。

三、如何做好文言文教学

下面简单讲一下文言文教学的几个问题。

（一）预习的落实

必须预习。凡未预习者，一律不讲。预习的项目，包括勾画圈点、转录、批注和课文后的基础语言练习。

预习是最典型的自主学习，必须充分重视。预习的习惯，不是学生一开始就有的，教师要有所作为。它也不是教师简单地呼吁一下学生就能形成的，要在课堂上，在教师的指导下进行。

预习要做些什么呢？第一，指导学生勾画圈点。文言文的注解中，觉得重要的部分，学生要勾画圈点。第二，转录，把注解中有些重要的或难以理解的转录到正文中。第三，学会作批注。读文章时，如果觉得写得好，并悟出为什么好，可以在原文旁作一些批注；甚至如果觉得写得不好，也可以作些批注表达自己的意见。第四，预习项目要包括文言文课文的基础语言练习。课文后的练习题凡是涉及语言知识层面的，要求学生在预习阶段都要完成。这很重要，一定要落实。

习惯在起始年级最容易培养，这时候学生对教师还心怀期待，在学校还立足未稳，最听教师的话。但这时学生还没有预习习惯，我会在每一篇课文的讲授之前，都拿出一节课来让他们按照我的上述要求来预习。预习到位的标准是什么？学生把课本展开，上面写得密密麻麻，勾画圈点都有，课后的基础习题都做了，这就是预习了。

预习这件事，指望学生自觉，是比较幼稚的理想主义。培养预习习惯，一定要在课堂上。当学生能够比较自觉、自然地进入预习，这时候预习的习惯基本上就算形成了。预习的习惯需要连续不断的培养，到高年级的时候才可以不太强调。因为学生自己做久了，就会养成习惯，自动去做。

为什么预习很重要？因为预习的过程其实就是一个过手的过程。这个过程中，学生亲自进入文本消化知识，所留下的深刻印象远远超过教师的讲授。这就是自主学习的意义所在。

经过这样的预习，一篇文言文百分之九十的语言障碍可以被学生自己消除。也许你觉得没这么高，没关系，但百分之七十是可以达得到的。百分之七十的语言障碍，学生自己消除了，也就是说，一篇文言文，我们以前可能要讲的百分之七十的内容，可以不讲了。语言学习，还是需要让学生自己过手，自己领悟。

(二) 教师的讲授

学生的预习特别重要，但教师的讲授同样也很重要。就教师的讲授来讲，我觉得有两个方面需要注意。

1. 解决基础知识问题，重视预习

基础知识问题，预习环节学生自己基本能解决，教师主要作梳理，使语言知识条理化。

教师在文言文语言教学方面，主要进行梳理和查验两项工作。知识梳理，指把这篇文章中的文言知识分类归纳。对于一篇文言文，学生已经预习过，教师要询问学生在课文词句上有没有不懂的。如果没有，教师也不可大意，要挑一些字词句出来，让学生解释或翻译。通过这个做法，来查验学生是否真正懂了。

在文言文知识教学方面，我有如下两点思考。

第一，在字词句方面基本的原则是：凡学生已知者，一律不讲。学生已经明白的，已经懂得的，不需要讲。这是常识，没有教师会反对，但还是有些教师经常会不由自主地违背这一条。

第二，凡是学生能够通过工具书解决的问题，一定要让学生自己去解决。对字词读音、释义等问题，教师不要轻易回答。学生不知，或者知其然而不知其所以然的才要多讲。这就意味着教师需要在文字学、训诂学、语法学方面有较高的水平。这里我举两个例子。

第一个例子是使动、意动、为动之类的"活用"现象。"生死人而肉白骨""稍稍宾客其父""吾妻之美我者""（等死，）死国可乎"，这些是我从初中文言文课文中找出来的，"生""肉""宾客""美""死"这些字眼，存在使动、意动、为动等用法。为什么会出现这种"活用"现象呢？从这些句子可以观察到一个明显的规律：当一个词语处在谓语动词的位置上，但无法和紧跟着它的名词或代词构成语义上可直接解释的、语法上可直接搭配的动宾关系时，就很可能存在使动、意动、为动之类的活用现象。

第二个例子是关于文言虚词的。我们知道，"之"有一种用法是"主谓之间取消独立性"。比如，"孤之有孔明，犹鱼之有水也"中的"之"就是这种用法。这种用法的特征是，如果我们把原句中的"之"删除，那么原有的那个"之"字前后合起来，将出现明确的主谓关系。以这个句子为例，把原句中的"之"删除，我们就可看到两个句子："孤有孔明"和"鱼有水也"。"吾妻之美我也"和这个是一样的道理。

但有一些句子看起来与此相似，却容易发生混淆。例如，"君之所知也"，有的教师认为这个句子中"之"的用法是"主谓之间取消独立性"。其实不是。假如我们把句子中的"之"字删除，剩下的就是"君所知也"。"君所知"不等于"君知"，根本就不存在主谓关系，因为"所知"只是个名词性质的短语。

又如"莲之爱，同予者何人"，有人认为这里"之"的用法也是"主谓之间取消独立性"。其实也不是。如果把"莲之爱"的"之"字删除，剩下的就是"莲爱"，看上去好像是主谓关系。但是请问："莲爱"是什么意思？是"莲"发出"爱"的动作吗？很明显，分析一下语义，你就知晓这里并不存在主谓关系。"莲之爱"的意思是"对莲的喜爱"，而不是莲花要跳出来爱谁。

2. 语言基础知识解决之后，进入文意的诠释与探究

读一篇文章，教一篇文章，只是认得几个字，知晓一些语言知识，这根本就不是阅读和阅读教学。阅读教学，要教文本，对文本进行诠释和探究。

下面讲一下我的几点意见。

（1）不要死守老套路

不要死守从作者介绍、时代背景介绍、文体知识介绍入手这样的套路。这种套路机械呆板，面目可憎。

例如，学习《五柳先生传》不必先介绍陶渊明的生平与志趣，要让学生通过课文来发现五柳先生究竟有怎样的志趣；不要先介绍什么是传记，要让学生通过课文来发现陶渊明这篇传记的特色，最终探究为何会这样。

五柳先生是传主，他"不期名利"，所以这篇传记文连名字都省掉了（"先生不知何许人也，亦不详其姓字"）。他希求远古（"无怀氏之民欤？葛天氏之民欤？"），所以这篇传记文行文简古。他性情真率，"忘怀得失"，所以这篇传记文的写法自在洒脱，洒脱到连这位五柳先生的生平事迹都几乎不写，只是给他简单地画了个像而已——请注意文本几乎没有生平行事的叙述，而只是人物特征的描写。

由此可以看出这篇传记写法之特殊。传记一般都是以叙述为主，叙述占有压倒性优势。但这篇传记完全与此相反，只是人物速写，简单地画个像了事。很显然，这是一篇非典型性传记。前面的分析已经指出，文本的写法特征与人物特征具有高度的一致性，这应该是文本写得很高妙的地方。

文意诠释，必须实事求是，严格遵循文本。很多人一开始就不假思索地认定此文是陶渊明的自传，我觉得这是对文本不够尊重的。原文明明说传主是"五柳先生"，你偏要说传主是陶渊明；而且，陶渊明明明白白地说，这位五柳先生"不知何许人也，亦不详其姓字"，你偏要说你晓得这位先生名叫陶渊明。陶渊明不晓得，你却晓得，唐突圣贤啊！

（2）切入文意核心，设计主问题

要从文意的核心点切入，设计主问题，以此带动教学中的讨论。"纲举目张"，纲不举则目不张。阅读教学要抓纲，抓到关键处，否则教学就会变得吃力，也会变得琐屑。

例如，《曹刿论战》核心在一"论"字；《邹忌讽齐王纳谏》，核心在一"讽"字；《愚公移山》，核心在一"愚"字；《惠子相梁》，核心在一"相"

字;《隆中对》,核心在一"对"字。

《曹刿论战》,重点并不在"战",不在战争的进程,而在"论",即对战争的讨论或看法。此文的用意在"记言",这场战斗并无历史意义,但曹刿在这场战斗前后的意见却具有重要的价值。《邹忌讽齐王纳谏》,重点并不在"谏",也不在"纳谏",而在"讽",即"谏"的表达方式。《战国策》是纵横家们的游说宝典,是游说之士的实战演习手册,所以如何"讽"而能说服对方,是其关注的真正重点。

《惠子相梁》,是围绕"相"展开的。在庄子看来,"相"就是只"腐鼠";在惠子看来,"相"却是个宝贝。这篇短文,其实表现的就是两种价值观的冲突。《隆中对》,重点当然在"对"字上。"对"的具体内容,对地缘政治的分析,表现出高超的智慧;对未来趋势的预测,展现了惊人的战略远见。

诠释文意,当然须抓住实质,抓住重点。若没抓住,教学就会偏离真正的重点,就会大谈人物性格、比喻巧妙,完全落不到文本的要点上,非但很难培养,反而可能损害学生对文本的理解力。

从标题上看,《愚公移山》核心在"愚"字上。从文意来说,这个文本真正的核心是一个"诚"字。很多教师以为核心在"移"字,其实是错误的。愚公移山,愚公果真移走了山吗?太行王屋二山,是愚公移走的吗?不是,是"夸娥氏二子"背走的。这两个可爱的神仙,为什么要帮愚公把山背走呢?是因为天帝有指示,天帝让他们把山背走。天帝为什么要这样做呢?是因为"感其诚"——愚公的"诚"是最后的关键。很显然,人力是移不走山的,只有神才能办到;而"诚",是人类能够接近神、感动神的唯一途径。智叟不愿移山,愚公无力移山,无论是智是愚,都无法移走这两座庞大的山。只有神能创造这个奇迹,而人若能"诚",就能感动神明,使奇迹出现。天帝被愚公感动,会不会被智叟感动呢?不会。因为人类的"智",易流于机巧诈伪,而"愚"比"智"更近于"诚",即所谓"愚诚"。须知《列子》是道家著作,道家是主张绝圣弃智的。

很多人读《愚公移山》,说这篇文章表现了中国民族的执着进取精神。我要告诉你，如果天帝没有被感动，愚公到现在还在挖山。

（3）提升教学的思维含量

课堂教学中有价值的讨论，需要具备两个条件：一是教师本人把握文本的深度与准确度；二是讨论环节的梯度与思维强度。

例如，《唐雎不辱使命》核心在"不辱"。要讨论何以能够"不辱"使命，至少涉及三项思考。

第一，唐雎本质上是自卫其利，而策略上以道义为口实。秦王是谋利，唐雎如果还在利益上打转，就会落入陷阱。秦王说愿意给你更大的地盘，你就必须转移话题，不谈利益而谈道义。祖宗不可背弃，这是那个时代的普遍道义准则，所以秦王在言辞上就拿他没办法了。

第二，唐雎表面上是勇气，实质上是生死之际不得不冒死。以奉"先王"而踞道义，是以理为先；理不能服之，乃以命争之。人皆不愿死，故"勇"必有所值。唐雎愿意死吗？不愿意。但他为什么要以死相逼呢？他没有别的办法。完成使命是他必须担负的，他必须和秦王展开博弈。

第三，唐雎能不辱使命，有以理服人、以气夺人的主要成分，但也要看到其中存在运气的因素。秦王如果真的不服气，抗拒唐雎胁迫不惜一死，唐雎也还是难逃一死。所以，唐雎能不辱使命，还是有一定的偶然性。

次第分析，平心讨论，不盲从成说，是阅读教学的基本要求。

3. 拓展文言文学习面

文言文学习的拓展，包括两个方面。

第一，阅读的拓展。教材太单薄寒酸，只是学习语文课本上的这点内容，学好文言文是不可能的。语文学习需要广阔的阅读面，这个道理大家都懂。所以学好文言文，功夫在课外。

推荐阅读：《论语》《史记》《聊斋志异》。

第二，训练的拓展。文言文的训练，要有双向翻译，有文意分析。

所谓"双向翻译"，是指把文言文翻译为现代汉语和把现代汉语翻译为文言文。前者学生做得多，后者学生几乎没有做过。

要有把白话转译为文言的练习。可以从把课文译文转为原文开始，一篇文言文学完后，教师用白话陈述出某个原句的意思，让学生据此写出原文。

要通过文意分析训练来提升语文能力。文言文教学承担着提高阅读能力的任务。其实，前面讲的很多内容，都涉及义意分析问题。在我看来，当前语文教师自身的文言文文本分析能力也有所不足，要引起重视。

最后讲几点意见，作为结束——

现代文少教几篇，不算损失；文言文少教几篇，是大损失。

文言实词永远比文言虚词重要。过于纠结文言虚词，是舍本逐末。

教好文言文不容易，首要的原因是教师不通达文言文。今人的古典素养太弱了，我们做语文教师的要有警觉。

不管教什么，都要有独立的研究和判断。尤其是对课本上的文言文，要烂熟于心，研究透彻。

对谈五

　　文言文、古典诗歌,在我看来,其教学价值是最高的。语文教育是母语教育,而古代汉语是现代汉语之母。所以,我在此结合几篇文言文,尽可能多作一些探讨。

　　古典诗文难懂,难在懂其精微;古典诗文易懂,易懂的只是字句。借助注释和工具书,再加上教师的讲解,古典文本字词层面的懂,还是容易实现的。但是隐藏在这些文本背后真正的精华,却被遗弃了。在这种情况下,古典诗文的学习,基本上变得毫无意义。

　　语文学习的要义,不外乎如下三项:第一,理解探究教材,获得知识和求知方法,建构对客观世界的认识,这就是《荀子·劝学》中说的"博学"的功夫。第二,了解探究自己的内心,自我启发,自我觉悟,建构对主观世界的认识,这就是《荀子·劝学》中说的"参省(乎己)"的功夫。第三,在前面两者的基础上,在与文本和他人的持续对话中,发现多元认知,理解多元观点,建构一个豁达圆通、理性成熟的主体精神世界。这三个方面都要依托文本,基于对文本的深刻而准确的解读。

一、深入的探究:《庄子·逍遥游》

文本探讨的是生命自由的课题

　　人活在世上,总是束缚太多,很不自由。例如,在家里,要受父母管束;在学校,要受教师管束;到社会上,要受社会规则管束;……总之,必有管束。于是,我们几乎可以得出一个结论:在此世间,自由是不可能的。

这样来说，生存岂不是绝望的吗？世界就是一座牢狱，那我们有没有超越的可能，换句话说，人如何才能获得彻底的自由？

这是一个很深刻的哲学问题。古往今来，很多哲人都思考过、讨论过，并提出过一些获得永恒自由的方法。佛教讲解脱，庄子讲逍遥，探讨的都是生命自由的课题。

有一个词语叫作"逍遥自在"。要自在，就得逍遥。《逍遥游》是《庄子》的第一篇，课本这一节的中心意思讲的是什么是绝对自由，人如何才能达到彻底的自由。

为什么说大鹏是绝对自由的象征

人是有意志的动物，意志的本性是自由。从现实经验的角度看，人生的束缚很多，不可能拥有充分的自由。但在理想状态下，人应当不受任何束缚，自由自在地活动。"自由"是一个抽象的名词，庄子为了让我们对自由有一个直观的感觉，首先想象了一幅大鹏高举的画面，诉诸我们的视觉。

庄子是个奇人。他笔下的这只鸟，奇怪得很。这只鸟原本不是鸟，而是北海里的一条大鱼。这条巨鲲忽而摇身一变，成为一只大鹏。更神奇的是，这只神奇的大鸟，还要掠过三千里海面，腾空而上九万里，由北海直飞南海天池。飞那么远，意欲何为？去觅食？去过冬？庄子没有说。我觉得庄子也没法说，因为生命本来并没有什么目的；或者说，作为一只鸟，飞翔本身就是生命的目的。一条鱼，无端地变成鸟；一只鸟，无端地飞向无穷的远方。以我们这些俗人的眼光看，简直荒唐。其实，从终极意义上说，生命就是一个荒唐，反正是荒唐，我们就理所当然地可以绝圣弃智，任其自然地顺随生命的进程。很多哲人的感受就是这样的。加缪说，世界是荒谬的，代表人生的西西弗斯是个荒谬的英雄。曹雪芹也说，《红楼梦》的心酸人生不过是"满纸荒唐言"罢了。而庄子的荒唐，更是双重的荒唐。庄子不仅看清了现世的荒唐，还创造了一个超越的荒唐——创造了一种世人皆以为荒唐的逍遥之境，勾画了一幅想象的大鹏远引的荒唐图景，以此来揭示解脱之道，自由之境。

庄子描绘大鹏远引的图景，用意是什么呢？从古至今，主流的见解是，大鹏也不是逍遥自由的，因为它的飞翔需要依靠海风，依靠水面，依靠云气，也就是"有所待"的。另有一种见解，认为大鹏是绝对自由的象征。我比较倾向于后一种见解。

第一，文本第二段谈到"小大之辩"，庄子对"小"的贬抑可谓不遗余力。庄子数落蜩和学鸠，"之二虫又何知"，厌恶之情溢于言表。贬"小"，就是褒"大"。如果庄子认为无论小大都是一样的，那么他就没有必要厚此薄彼，热情渲染大鹏高飞而贬抑蜩和学鸠。如果小大都一样，那还用得着辨别小与大吗？

"小大之辩"，是为了强调"小知不及大知"，小境界理解不了大境界，原文这句话说得很明白。实际上，"小大之辩"贯穿了全文。最后一段，也有"小大之辩"。"知效一官，行比一乡，德合一君，而征一国者"，有能力，有德行，但还在世俗的道路上，"举世而誉之而不加劝，举世而非之而不加沮"的宋荣子"犹然笑之"，就是笑其境界太"小"；但宋荣子的境界，还是"犹有未树"，不过是"定乎内外之分，辩乎荣辱之境"，能够专注于自我而不随外界评价起舞罢了，比起列子御风而行，能在天上飞上十天半月，还差一个档次。但列子的境界比起"乘天地之正，而御六气之辩，以游无穷者"，仍然有限得很。我们可以看出，本段还是讲"小大之辩"。最大的境界，也就是所谓逍遥游的境界，就是"乘天地之正，而御六气之辩，以游无穷"。显然，庄子是否定"小"，肯定"大"的。逍遥游的境界最大，所以他最推崇。顺便说，我们还可以看出，庄子的修行路线是渐悟的而不是顿悟的。

辨别小大，这与庄子的"齐物论"是否矛盾呢？我的答案是：不矛盾。庄子所说的"齐物"，是指事物的性质；小大，是指生命的境界。无论凡夫、神仙、佛祖，一切众生皆有佛性，这就是"齐物"；但是凡夫与神仙、佛祖，在境界上不同，这是显而易见的，不能因为"齐物"而否定境界上的差异。

第二，庄子描绘大鹏，是"虚"而不是"实"。"化而为鸟"的"化"字很重要。"化"后的景象，都是"虚"的，所以不要在语言文字上太执着。"乘天地之正，而御六气之辩，以游无穷"，这是绝对自由的逍遥境界，没有人有异议。那么，我们能不能说，既然还需要"乘""天地之正"，"御""六气之辩",那不也是不自由了吗?所以,我们不要忘了庄子的告诫,要"得意忘言"。庄子想要用一幅具体图景来描绘绝对自由,必然会遇到一个哲学难题:任何绝对的事物,都是不能描述的,都是超越语言的。一旦用语言去描述,就会有迹可寻,就是不"绝对"了。无限的东西一旦被描述,就变成有限的了。本来庄子想用大鹏来象征无限自由之境,结果大鹏再怎么大,再怎么自由,也成了有限的了。同样,"无何有"之乡,也是不可描述的,一描述就变成"有"的了。这就是所谓"语言的困境"。

事实上,从北冥到南冥,可以被理解为一场"无穷之旅"。"冥"有幽暗、幽深之意。在庄子的意念中,北冥与南冥都是无限遥远的地方。大鹏要从一个无限飞抵另一个无限,它的旅程是无限的。至于"九万里,则风斯在下矣",我觉得这明明就是在说"天地之正"全都被它"乘"了。我认为,庄子描绘大鹏远引,意在让高超而抽象的绝对自由给读者留下直观的印象。他引《齐谐》来说,引"汤之问棘"来说,反复地说,无非要突出这幅"大鹏远引"图作为绝对自由的象征在全文中的核心地位。通过反复言说,加重了论说的分量,加深了读者对"小大之辩"的理解,强调了大鹏的高远境界之可取与蜩和学鸠的小境界的渺小卑微。

什么是"至人无己,神人无功,圣人无名"

庄子的最后结论是:至人无己,神人无功,圣人无名。这个结论,我觉得课本上的解释还不够准确。历来的研究者,大多也把这三句翻译成以下内容:

> 修养高的人,会忘掉小我;修养达到神秘莫测境地的人,不再去建功立业;修养达到圣人境界的人,更连任何名位都不追求了。

我以为这个翻译幼稚得可笑,根本没有弄懂庄子在说什么。我的翻译是这样的。

> 最高境界的人,没有了自我;超凡的人,顺随自然变化;最高智慧的人,没有概念思辨。

这需要进一步解释。

第一句是"至人无己"。我对这几个字的翻译与传统的翻译差别不大。"至"是"极、最"的意思,"至人"就是最高境界的人。"无己"就是无我,佛教也讲"无我",意思是去除了对自我的执着。"无我"并不是真的没有"我"这个人,而是把"我"放下,"小我"消失,自我与天地同体。世人通常都太自我本位,太执着于自己的思考、欲望或感受,从而把自己困住,出现儒家说的"失其本心"的现象。过于执着自我,反而让真正的自我迷失了。

第二句是"神人无功"。"神",就是"不凡","不凡"才能叫"神","神人"就是超凡的人。难点是"无功"。"功",就是"功用,作用"。"无功",就是无所作为,完全顺随自然,一切主观的、刻意的行动都消失了。这与佛教《华严经》所讲"无功用觉慧"意思是一样的。

第三句是"圣人无名"。"圣"是指最高智慧,这一点没有疑义。"圣人",当然就是具有最高智慧的人,关键是这个"名"字。《老子》讲,"道可道,非常道;名可名,非常名",这个"名"就是"名相"的意思。"名相"这个词用现在的话来说,就是事物的"概念"。"概念"是思维和认识的基础,如果不先立一堆概念,不先对世界万物加以定义,人的思维活动根本无法进行。所谓"无名",就是没有概念思辨。这与庄子"绝圣弃智"的主张是完全吻合的。

"无所待"就是相对性的消失

"至人无己,神人无功,圣人无名"的境界,就是"乘天地之正,而御六气之辩,以游无穷"的具体表现。"无己",于是与"天地"打成一片;"无功",于是只需要顺应"六气之辩";"无名",不再在概念的泥塘里打转,于是就冥然合道,"以游无穷"。这样的境界,是最高的,即"无所待"的。"无所待"的意思是"没有可以期待的(更高)境界",也就是说,达到"无所待",就是达到了最高境界,没有比这更高的境界可被我们追求了。这里我要强调的是,历来人们认为"无所待"就是"不需要依靠什么",这是误解。当然,我这个理解对不对,读者诸君可以自行判断。

因为我了解一点佛教思想，所以在这里还想提出一种理解的可能性："无所待"的意思，可以理解为"绝对"或"没有二元性"。"待"的意思是"对立""对应"；"所待"的意思是"相对的（对象）"。

我们的经验世界是二元性的。没有"善"就没有所谓"恶"，没有"左"就没有所谓"右"，善待恶而有，左待右而立。我们认识事物的基本模式就是分别；把一个事物从周围背景中独立出来，分别开来，然后才能形成独立的"概念"。一个概念与另一个概念之间连接起来，即可形成"命题"；命题与命题之间建立逻辑关系，就叫作"推理"。可以说，没有二元分别，就没有科学和知识。最大的二元分别，就是"物质"与"意识"的分别。于是，"无所待"，就可以理解为"相对性的消失"。

这样的理解能否成立呢？让我们分析一下文本。

> 若夫乘天地之正，而御六气之辩，以游无穷者，彼且恶乎待哉？
> 故曰：至人无己，神人无功，圣人无名。

"故曰"的意思是"所以说"。这就是说，前后句之间存在因果关系。如果把"待"理解为"凭借"，你将发现解释的困难，看不出两句之间有什么因果关联。但是，如果把"待"理解为"相对性的消失"，你将有豁然开朗之感，前后因果关系非常明朗：当相对性消失的时候，"无己""无功""无名"立即就出来了，也很容易理解。

最后我们要知道，至人、神人和圣人，并不是三种人，他们是"三位一体"的，其实是一种人，这三种说法各从一个侧面说明了这种人的特征。如果你认为这是三种人并试图进行区分，也来一个"小大之辩"，必然会遇到不可克服的障碍。

理想是人类尊严的证明

庄子所描述的绝对自由的境界，被很多人认为是幻想。有时候我们还随手扔出一顶"主观唯心主义"的帽子扣在庄子头上。我觉得这样做并不妥当。

我当然也认为庄子的那种境界是虚幻的，但同时认为，这种幻想其实恰恰是一种伟大的理想，它表现了庄子对人生束缚的反抗。不愿束缚于红尘，反抗现实的禁锢，正是人类精神力量的体现，从而成为人类尊严的证明。梦或者说理想，本质上是虚幻的，但其精神价值不会因为最后的落空而贬值。理想从来不会因为其悲剧性而贬值。生而为人，就应该努力追寻精神价值，像蜩和学鸠一样安于卑琐，自甘沉沦，那样的人生是不值得过的。从这个意义上说，有梦的人生才是真实的，没有梦的人生根本不配叫作人生。

二、问题的层次与文本分析：《读〈孟尝君传〉》

王安石的《读〈孟尝君传〉》是一个很有意思的文本。下面我们来探讨一下。

提问的类型层次

《读〈孟尝君传〉》

世皆称孟尝君能得士，士以故归之，而卒赖其力以脱于虎豹之秦。嗟乎！孟尝君特鸡鸣狗盗之雄耳，岂足以言得士？不然，擅齐之强，得一士焉，宜可以南面而制秦，尚何取鸡鸣狗盗之力哉？夫鸡鸣狗盗之出其门，此士之所以不至也。

这篇文章涉及一些背景知识。据《史记·孟尝君列传》记载，秦昭王曾想聘孟尝君为相，有人进谗言，秦昭王转而想要囚而杀之。孟尝君向昭王宠姬求救，宠姬提出要白狐裘为报。而孟尝君只有一件白狐裘，已献给秦王。于是门客装狗进入秦宫，盗得白狐裘献给秦王宠姬。宠姬为孟尝君说情，昭王释放孟尝君，继而后悔，派兵追赶。孟尝君逃至函谷关，关法规定鸡鸣才能开关，于是有门客模仿鸡鸣，引动群鸡皆鸣，孟尝君才脱险逃出函谷关。

这个文本很短小。如果是经典文本，越是短的，越要教得精细，这就是所谓"短文长教"。文本要挖掘得深，让学生咀嚼出味道，就需要教师在深入思考文本的基础上，系统地提出一连串问题，引导和推进学生思考。以此文为例，我设计了这样一些提问：

理解阐释：

①王安石认为"孟尝君特鸡鸣狗盗之雄"，是依据什么得出这一判断的？他的理由是否可靠和充分？

②"擅齐之强，得一士焉，宜可以南面而制秦"，这句话暗示出王安石所谓的"士"的标准是什么？

评价探究：

③无论王安石怎么说，事实上，孟尝君确实是通过"鸡鸣狗盗之力"而脱险的。在你看来，你如何看待"鸡鸣狗盗"这种能力？请说明这种能力的用途及其局限所在。

④"夫鸡鸣狗盗之出其门，此士之所以不至也"，王安石似乎暗示"士"与"鸡鸣狗盗"是互不相容的。你如何评价王安石的看法？请举出一两件历史的或现实的实例，来支持你的看法。

⑤有人说，《读〈孟尝君传〉》有转移论题或偷换概念之嫌，因为王安石所否定的实际上并不是孟尝君能得（世皆称之）"士"，而是孟尝君能得（王安石所称之）"士"。对此你怎么看？

⑥文本短而有力，作为一个写作的范例，历来受到人们赞赏。你认为这篇文章究竟好在哪里？

运用拓展：

⑦分析本文结构，并运用这种结构模式写一段表意完整的话，表达应力求精练。

如果按照现在通行的"能力层级"来设置问题，我觉得所有文本原则上都可以从"理解阐释""评价探究""运用拓展"三个层面来设计文本阅读教学中的提问。其中，"评价探究"包含"鉴赏"，因为鉴赏其实就是一种侧重于艺术表达的评价。

应注意到，这三个方面并没有提及"分析综合"。其实，在我看来，目前通行的能力层级概念是很有问题的,真正描述能力的只有两项,那就是"分析"和"综合"。一切阅读理解问题,都离不开"分析"和"综合"。在我看来,"理解阐释""评价探究""运用拓展"这些词语或短语,是描述行为任务的,而不是描述思维能力的。"分析"和"综合"相通于演绎和归纳,这才是理性思维的基本形式,是真正的思维。

善于转换,文气凌厉

《读〈孟尝君传〉》,全篇只有四句话,不到一百字。它议论脱俗,结构严谨,用笔简练,气势轩昂,被历代文论家誉为"文短气长"的典范。

"语语转,笔笔转,千秋绝调""笔势峭拔,辞气横厉,寥寥短章之中,凡具四层转变,真可谓尺幅千里者矣",都是前人对它的赞扬之词。这两段评语,都提到一个"转"字。我们来看看这篇精练的文章是如何"转"的。

①起笔:自"世皆称孟尝君能得士"至"以脱于虎豹之秦":陈述世人皆称孟尝君能得士。

②反转:自"嗟乎"至"岂足以言得士":提出孟尝君特鸡鸣狗盗之雄耳。

③深转:自"不然"至"尚何取鸡鸣狗盗之力哉":说明孟尝君如能得士,便不需鸡鸣狗盗之力。

④回转:自"夫鸡鸣狗盗之出其门"至"此士之所以不至也":说明孟尝君不能得士的原因(在鸡鸣狗盗出其门)。

不难看出,王安石几乎是句句都在"转"。句句意思都不重复,且越"转"越深。我们不要小看这个"转"。所谓"文短气长",王安石此文的"气",就是这样"转"出来的。

"气"是一个中国传统观念,有点玄乎,但是把它说清楚,就不玄了。"气"的内涵,首推流动。"气"显然是流动的,不凝固,不僵死。"转"就是流动。上述分析便证明了文中的句意是流动的。那么,是不是句意的流动和变化,就意味着"文气"很充沛呢?显然不是。任何文章,无论它的

"气"是不是充沛,只要句子在变化,句意都是在流动的。关键在于流动的速度。

首先,速度越快,气越凌厉;速度越慢,气越缓和——这是显而易见的。"朝辞白帝彩云间,千里江陵一日还。两岸猿声啼不住,轻舟已过万重山"与"两个黄鹂鸣翠柳,一行白鹭上青天;窗含西岭千秋雪,门泊东吴万里船"相比,就有这样的差别。前者迅猛,后者安静;前者凌厉,后者缓和。

其次,所谓"文气",是指行文过程中显示出来的"气"的流动,而不是"轻舟已过万重山"那样的物理的运动。文本文气之强,首要的关键在于"转"得简练。我们经常说"简洁有力","简洁"才能够"有力"。但凡行文拖沓者,必然文势不振;行文简练,方有硬朗可言。王安石的这篇议论,枝叶全无,短小精悍,句句进逼,气势沛然,莫之能御,很有些他所宗仰的孟子的味道。假如王安石像我们一般的议论文那样来写,细说历史,慢慢举例,详加论说,必然失去这种凌厉的气势——当然,它就可能变成另外一种"气",和缓从容之气。可以说,文本文气首先是靠简练明快的观点、干净利落的"转"(转换)来实现的。

以上所说,还不足以穷尽文本"文气"的特点。我以为可分三个要点来说:"转"得干净利落,十分斩截,是其一;观点震撼,且转换幅度大,"转"得惊人,是其二;语气词的使用,拉升语调,"转"得高亢,是其三。

第一个要点前面已说,此不赘述。

第二个要点,"转"得惊世骇俗,且转换幅度很大。"世皆称孟尝君能得士",而唯独王安石突然来了个一语惊人的反调,"孟尝君特鸡鸣狗盗之雄耳,岂足以言得士",如同冷水浇背,让人陡然一惊,令人错愕,劈得有力。这是"陡转"。接下来,王安石用"不然"又来一转,这个是"反转"。最后,"夫鸡鸣狗盗之出其门,此士之所以不至也"是转深一层,可以叫作"深转"。这几个转,转换幅度都是很大的,句子与句子之间语意变化剧烈。这造成一种强烈的动感,加强了"文气"的流动性和力度。

第三个要点,是语气词的使用。"世皆称孟尝君能得士,士以故归之,而卒赖其力以脱于虎豹之秦。"这一句的语调是平稳、冷静的。接着,一个"嗟乎",把语调拉升了起来,再用一个反问句式"岂足以言得士"配合,调门很高。再接着,"不然"一句,语调一沉,从否定假设入手,说明孟尝君未曾"得士";但仍用一个问句维持语调强度:"尚何取鸡鸣狗盗之力哉?"最后,王安石变得稳重,但是坚决,全文以一个平稳但斩钉截铁的判断句结束:"夫鸡鸣狗盗之出其门,此士之所以不至也。"从这里我们可以看出两点:一是全文的语调总体上是强势的;二是语调的变化明显地形成抑扬起伏的运动感。

论证的有效性是可疑的

王安石在论证"孟尝君特鸡鸣狗盗之雄耳,岂足以言得士"这一观点时,使用的是这样一个假言推理:

得一士焉,擅齐之强,宜可以南面制秦(尚何取鸡鸣狗盗之力哉);

孟尝君擅齐之强而未能南面制秦(而仅赖鸡鸣狗盗之力以脱于虎豹之秦);

所以孟尝君未能得士(所得者仅是鸡鸣狗盗之徒)。

这个推理完全符合充分条件假言推理关于否定后件就否定前件的规则(如果 p,那么 q;非 q,所以非 p)。就推理形式而言,它是正确的;但是,推理的前提与论据是否真实,却需要研究。

"擅齐之强,得一士焉,宜可以南面而制秦"这一论据,其真实性却是未经确定也难以确定的。

第一,从历史事实来看,六国几次合纵攻秦都失败了。擅六国合纵之强尚不能南面而制秦,"擅齐之强,得一士焉,宜可以南面而制秦"的说法就很值得怀疑。

第二,"得一士焉"不必然导致"南面而制秦"的结果。"南面而制秦",取决于政治、军事、经济、外交、历史、地理等方面的复杂因素,并非取决于一士的利用与否。

第三,如果当时真的有王安石心目中的那种"士",那么既然齐能做到

"擅齐之强，得一士焉，宜可以南面而制秦"，秦又何尝不能凭一士之用以南面制齐呢？可见，"擅齐之强，得一士焉，宜可以南面而制秦"，只是作者的臆断。

王安石以这种令人难以置信的臆断作为论据，其论证当然也就难以成立了。

论证无效不等于观点错误

以上分析，说明王安石的论证难以成立。论据不可靠，论证当然不能成立，但这不意味着所论证的观点就一定错误。"孟尝君特鸡鸣狗盗之雄耳，岂足以言得士"，这个观点的合理性在于：

第一，王安石立意高、气魄大，提出的"士"的标准是较高的，这表明王安石对治国大才的要求和期望。鸡鸣狗盗之徒，固然有其特别的技能，但在治国匡时济世方面，确实是不符合需要的。王安石的观点，有助于我们对孟尝君获得全面而深刻的了解。

孟尝君门下食客数千，什么样的人都有，既有鸡鸣狗盗之徒，又有士，如冯谖。冯谖是否符合王安石《读〈孟尝君传〉》中的"士"的标准呢？对这个问题，我首先得承认冯谖确实是个很有才能的人物：他"矫诏以债赐诸民"，为孟尝君"市义"，使孟尝君罢相回薛时受到老百姓的热烈欢迎；他替孟尝君经营"三窟"，使孟尝君重返相位，而且"为相数十年无纤介之祸"——但也仅此而已。孟尝君为相数十年，在治国安民方面有多少政绩呢？冯谖作为孟尝君的主要谋士，在治国安民方面给孟尝君出了多少真正高明的主意呢？除了"以债赐诸民"在客观上减轻了薛地人民的负担外，还有什么值得大书特书的呢？而且"市义"也罢，"三窟"也好，他的动机并不是为了国富民强，而是为了巩固孟尝君在齐国的地位。至于三次弹唱"长铗归来乎？"更不是为了富国强民，而只是为了冯谖自己生活上的满足。正是根据冯谖的所作所为，王安石把"冯谖之类"逐出了"士"的范畴，也归之于"鸡鸣狗盗之徒"。在王安石看来，冯谖和"鸡鸣狗盗之徒"是同类，他们之间的差别不过是"五十步与百步"而已。当孟尝君满足了冯谖"食鱼""乘车"

的要求后,冯谖向自己的朋友炫耀:"孟尝君客我!"这就有点追名逐利、小人得志的样子了。

第二,王安石写《读〈孟尝君传〉》,并不是旨在推翻"孟尝君能得士"的旧说,而是借评论历史人物以抒自己的心志,寄托自己的政治抱负。这里我提供一个旁证,王安石在《材论》中说,古代君王"铢量其能而审处之,使大者小者、长者短者、强者弱者无不适其任者焉。如是则士之愚蒙鄙陋者,皆能奋其所知以效小事,况其贤能智力卓荦者乎?"可见,王安石并不否定士有贤智愚鄙之分,鸡鸣狗盗之徒也可以有用。世界上没有无用之物,只是看用在什么地方。

三、言语的智慧:《烛之武退秦师》

文言文学习,会涉及大量史传文。史传文中,历史人物的话语尤其值得揣摩。言为心声,人物内心的想法、志趣、智慧,往往从他的言辞中显示出来。

"言为心声":把握人物内心的真实状态

"言为心声",这是中国古话。这句话较为笼统。具体地说,因其动机、语境的不同,话语可以呈现出如下几种不同的姿态:

第一,"言为心声"。一般地说,话语会表现或折射出说话人内心的想法,这是最常见的情况。

第二,"言不由衷"。话语不能准确地甚至可能歪曲地表现说话人内心的想法,这是由语境决定的。

第三,"沉默"。沉默是最独特的话语方式。不说,有时候反而是最好的言说。暂时不表态,可以赢得最大的转圜余地。

以上三种情况,只是形式的不同。就其本质而言,都可归结为"言为心声"。为什么这样说呢?"言为心声",不需要多说,话语直接表现了人物内心的想法或企图。"言不由衷",话语的内容虽然有不真实的成分,但说话人之所以说这些话，之所以这么说，是有其心理动机的，这动机对说话人本人来讲，是真实的，亦即"由衷"的。如果我们对照事实加以分析，就有可能发现话语背后的真实动机。假话背后潜伏着绝对真实的心理内容。例如，一个奸佞之臣在君王面前所说的话不见得是他的真实想法，但是他之所以说这些话，是有他的真实企图的。"沉默"是有目的的，也能折射出人物内心的真实状态。因此，我们可以说：知言，即把握人物的话语，归根到底是把握人物内心的真实状态。

读史传文，分析、体会人物话语的内涵，既要充分考虑到上述三种不同的话语姿态，更要深入把握人物的心理状态。下面就《左传》中《烛之武退秦师》一篇，谈谈如何准确透析人物的语言。

区分不同的话语姿态

《烛之武退秦师》文本长度不到400字，然而却完整地叙述了一个历史事件，具有很大的容量，给人很多思考玩味的空间。从叙述方面看，文本以记言为重点。我们需要做的，是区分不同的话语姿态。从话语姿态来看，文本虽短，但三种话语姿态全部齐备。

第一，"言为心声"。

"佚之狐言于郑伯曰：'国危矣！若使烛之武见秦君，师必退。'"这是文本的第一处人物语言。这句话是很坦诚的。

秦晋两个大国联合进攻郑国，"国危矣"是个显而易见的事实。在此紧要关头，佚之狐对郑伯提议，让烛之武去见秦君。这是佚之狐的真心话。"师必退"是一个预言，不是佚之狐真的有预见未来的特异功能，也不是他欺骗郑伯，而是基于对烛之武的了解，在"国危矣"的情况下提出的纾解国难之策。

郑伯的话"吾不能早用子，今急而求子，是寡人之过也。然郑亡，子亦有不利焉"，也是很坦诚的，虽然这话比佚之狐的话有更多的言外之意。

第二，"言不由衷"。

"臣之壮也，犹不如人；今老矣，无能为也已。"烛之武的这句话是言不由衷的。烛之武显然是个聪明人，但没有哪个聪明人真的会发自内心地自甘下流，认为自己是孬种。后来的事实证明，烛之武不是"无能为也已"，他是很有能耐的。由此可见这话是言不由衷的。可他为什么要这样说？表面上看，这是推辞郑伯的委用；实际上，这是烛之武对自己长期怀才不遇的怨言。这种怨愤是真实的。

第三，"沉默"。

整篇文章中，秦伯一直没有说话，保持着沉默，这是值得注意的。因为从整个事情的最后结果来看，秦伯没有言语，却获得了最大的利益。

话语的智慧：动机和心态

看到人物不同的话语姿态，还只是初步功夫。接下来，我们需要揣摩和分析这些话语背后不同的心态，看清人物说话的目的，理解人物话语之下潜藏的智慧。

烛之武凭三寸不烂之舌说退秦军，不费一兵一卒为郑国解围，其说辞之巧，历来被认为是一个经典的范例。烛之武既从地缘战略的高度，分析消灭郑国对秦国有害无益（"越国以鄙远，君知其难"；"亡郑"就是"陪邻"，而"邻之厚"就是"君之薄"），又从实际层面分析，强调晋国在历史上是一个背信弃义的国家，在现实中是一个贪得无厌的国家，在将来是一个可能损害秦国利益的国家。这番说辞确实巧妙，分析周密，并且抓住了利害关系，抓住了秦晋联盟潜在的利益矛盾这个关键，完全对准了秦国国君的心理状态，因此具有强大的说服力。人们历来称道烛之武这一席委婉而有分寸的言辞。我以为，如果仅仅看到这一点，还是不够的。

其实，通观文本中的人物语言，都是很有智慧的。

佚之狐的话只有一句，但我们可以看出三点：第一，他有知人之智，在关键时刻是他举荐了烛之武。第二，分化秦晋联盟的解困策略，是他首先提出来的。他提出"见秦君"，说明他具有非凡的战略远见，看出说服秦国撤军从而分化秦晋联盟是消除威胁的突破口。第三，"师必退"的一个"必"字，也表明佚之狐是有远见的，后来的结局也证明了这一点（虽然此时他还不能为这个结局打包票）。

郑伯的话也是很得体的。他的话只有两句，前句是温和的道歉，后句是委婉的威胁。以一国之君的身份，向无名之辈道歉，表现了郑伯的柔和身段；然而话锋一转，郑伯说出一句："然郑亡，子亦有不利焉。""不利"的含义很复杂，既可理解为以爱国大义勉励烛之武，也可理解为郑国灭亡后烛之武可能受到损害，所谓"覆巢之下焉有完卵"，还可理解为郑国若要灭亡烛之武也得殉葬——你若不出山，他先灭了你再说。如此可见，郑伯的话是软硬兼施，先礼后兵。在这种情况下，烛之武尽管有几分怨气，也不得不出山了。

晋文公的话，更是充满智慧。他的这番话很精辟："因人之力而敝之，不仁；失其所与，不知；以乱易整，不武。"秦国背弃晋国这个盟友，反而与郑国达成盟约，晋文公比子犯更为气愤，因为晋国的领导人毕竟是晋文公而不是子犯。但作为领袖，晋文公毕竟比子犯理智得多，智慧得多。他审时度势，知道大势已去，这个时候攻击秦军，固然可以泄愤，然而付出的代价却是不可估量的。第一，"因人之力而敝之，不仁"，这是在说政治方面的损害：晋文公作为春秋霸主，必须考虑攻击秦军在诸侯国中的广泛影响——如果攻击秦军，其他诸侯国就会认为晋国忘恩负义，在诸侯中失去道义上的号召力，就会丢失"仁"这块招牌，也会削弱霸主晋文公对诸侯的领导力。第二，"失其所与，不知"，这说的是在外交方面的损害：秦晋两国目前表面上毕竟还是盟国，尽管"异梦"，毕竟"同床"，假如攻击秦军，双方会立即撕破脸皮。像秦国这样的大国，做其表面盟友也比成为敌人要好得多，所以攻击秦军在外交上是不明智的。第三，"以乱易整，不武"，这是说军事方面的损害：打仗就要死人，就要"以乱易整"，这也是划不来的。再说秦国已经"与郑人盟"，要打也未必能占到便宜。（注意：这一点我是根据通行的理解来说的。其实，我个人认为，"以乱易整，不武"不仅是从军事角度说的，更是从政治角度说的。作为霸主，晋文公所说的"以乱易整，不武"，侧重指的是秦晋政治联盟的瓦解对军事方面也是不利的。）由此可见，晋文公果然不愧是春秋霸主，他这一席话确实充满政治智慧。

文本中的秦君，虽有出场，但没有说话，作者仍然十分成功地表现出了他的智慧。通观全文，我们不难发现：获利最大的乃是秦君。本来是晋国主动拉秦国攻郑，谋求利益，结果晋国兴师动众却没有得到任何好处，反而让秦国占尽便宜。秦军不费一枪一弹，就在东方的郑国驻军，获得一个军事基地，为将来秦国的对外战争埋下伏笔。烛之武退秦师，其实退得并不彻底；秦君并不是吃素的，而是以派兵驻扎郑国作为要价才撤军的。"使杞子、逢孙、扬孙戍之，乃还"的"乃"字，注本（包括高中课本）多解释为"就"，我以为解释为"才"才能表现出秦伯的智慧，才会十分传神。

四、行事的智慧：《廉颇蔺相如列传》

我们读文言文，一个很重要的任务就是汲取古人的人生智慧。尤其是史传文阅读，所谓"读史使人明智"，要明智，就要"知人"。要通过对历史人物生平的观察和理解，汲取他们人生的经验或教训。"知人"离不开对人物行事的分析。这种分析包括三个方面：动机、过程和结果。

一切历史都是思想史

在一般人的印象中，历史就是对往事的客观记录。但实际情况是，实际发生过的往事，与被记录下来的往事，是有所不同的。首先，一件事情的所有细节、原因及其所有可能的影响，不可能被完整地、毫无遗漏地记录。无论历史学家主观上多么尊重甚至企图照搬事实，都是办不到。换句话说，任何历史记载都是残缺的，历史只能有选择地记录。其次，历史记录与历史学家本人对纷繁复杂的历史事实的理解密不可分。历史学家在书写之前，必然会根据自己的看法确定哪些事实是"重要的"，哪些事实是"次要的"，哪些事实需要记载，哪些事实可以淘汰。也就是说，历史与其说是对往事的记录，不如说是对往事的理解。在这个意义上，我们可以说：一切历史都是思想史。

《史记》是以人为核心的

传统的中国历史，关切的焦点是现实人生。历史记录的主要目的是理解人生，为后世提供人生教益。从《史记》的写法和司马迁《报任安书》的自述，我们可以总结出如下几点。

第一，司马迁写历史，以人物为中心。司马迁开创了"纪传体"，把人摆在了历史的中心。这是很重要的，它意味着《史记》的重点之一，是使后世的读者了解前人的生平行事，从中汲取人生的经验或教训。"读史使人明智"，借鉴前人的人生，反思和改进自己的人生，历史就能给人直接提供教益。

第二，《史记》是被司马迁作为人生的最高事业来追求的。司马迁认为，受宫刑是奇耻大辱，只要撰写出《史记》，就能"偿前辱之责，虽万被戮，岂有悔哉"。《史记》对他为什么这样重要？他说，这是为了避免"鄙陋没世"，使自己能够"文采""表于后世"——也就是说，《史记》是司马迁的人生事业。至于《史记》的宗旨，司马迁说要"究天人之际，通古今之变，成一家之言"。可见在司马迁本人看来，《史记》绝不仅仅是一部"通古今之变"的历史著作。"究天人之际"，说明《史记》是关于宇宙人生的哲学著作；"成一家之言"，意味着《史记》也是一部学术著作。

第三，《报任安书》中，司马迁说"意有所郁结，不得通其道，故述往事，思来者""退而论书策，以舒其愤，思垂空文以自见"，都是借古人的酒杯来浇自己的块垒。《史记》显然也是"发愤之所为作"的。如此这部历史著作带有强烈的个人情感，也是能够理解的。鲁迅先生说《史记》是"史家之绝唱，无韵之离骚"，就是看出了《史记》的文学性或者说抒情性。

上述特点基本上可以总括为：《史记》是以人为核心的。中国古代的正史，都是沿用司马迁的纪传体，也都是以人为核心的。只不过，后世的历史学家没有像司马迁那样遭受宫刑，所以个人愤懑的抒发成分基本上就没有了；撰写史书的目的也不是"究天人之际""成一家之言"，他们更关注的是记录历史事实而不是推究人生真理。但以人为核心，始终是中国史书的基本立足点，由此我们得出读历史传记的基本任务就是"知人"。

知人要分析人物的行事

读历史传记，如果只知晓一些故事，基本上算是白读了。读史传的重点，还是了解古人的行事，以增益人生经验。中国古人写历史，着重在人格品性、人生经验等方面，所以很留意展示人物的重要经历。当今的历史教科书，着重探寻所谓历史规律，所以写得非常抽象，读起来兴味索然。《史记》比起我们的历史教材，显然有趣得多。

如何"知人"？"知人"需要"论世"。所谓"知人论世"，二者应结合在一起，不能分割。但"世"虽同一，"人"却不同，一个时代里，各色人等，活法不同。因此要"知人"，只能结合时世，从人物生平行事之中进行具体的了解。说得简单一点，就是"知人"要"论事"。这个"事"是"事情"的"事"。了解一个人，必须"听其言而观其行"。"观其行"更重要，因为一个人说话可以作假，但行事很难作假。一个人如何做事？做的是什么事？事件目的如何，后果如何？对这些问题加以分析，就大抵能够明白了。

我认为，分析人物的行事，大致可以分为三个方面。

一是动机分析：为什么要做这件事？目的是什么？

二是过程分析：这件事是怎么做的？为什么这样做？

三是结果分析：这件事的结果如何？对谁有利？

下面我结合《廉颇蔺相如列传》，来谈谈如何进行这三个方面的分析。

王世贞没有完全做到"知人"

"完璧归赵"这件事情一波三折，很好看。蔺相如的表现，尤其令人印象深刻。一般的看法是，"完璧归赵"这个故事刻画了蔺相如智勇双全的形象。但明代的王世贞对"完璧归赵"却有不同的看法，他写了一篇《蔺相如完璧归赵论》，内容如下：

> 蔺相如之完璧，人皆称之。予未敢以为信也。
>
> 夫秦以十五城之空名，诈赵而胁其璧。是时言取璧者情也，非欲以窥赵也。赵得其情则弗予，不得其情则予；得其情而畏之则予，得其情而弗畏之则弗予。此两言决耳，奈之何既畏而复挑其怒也！

> 且夫秦欲璧，赵弗予璧，两无所曲直也。入璧而秦弗予城，曲在秦；秦出城而璧归，曲在赵。欲使曲在秦，则莫如弃璧；畏弃璧，则莫如弗予。
>
> 夫秦王既按图以予城，又设九宾，斋而受璧，其势不得不予城。璧入而城弗予，相如则前请曰："臣固知大王之弗予城也。夫璧非赵璧乎？而十五城秦宝也。今使大王以璧故，而亡其十五城，十五城之子弟，皆厚怨大王以弃我如草芥也。大王弗与城，而绐赵璧，以一璧故，而失信于天下，臣请就死于国，以明大王之失信。"秦王未必不返璧也。今奈何使舍人怀而逃之，而归直于秦？是时秦意未欲与赵绝耳。令秦王怒而僇相如于市，武安君十万众压邯郸，而责璧与信，一胜而相如族，再胜而璧终入秦矣。
>
> 吾故曰：蔺相如之获全于璧也，天也。若其劲渑池，柔廉颇，则愈出而愈妙于用。所以能完赵者，天固曲全之哉！

王世贞的观点很有道理，但我觉得他的看法还没有完全做到"知人"。下面根据我提出的方法来分析一下。

完璧归赵：最大的获利者是蔺相如

这件事究竟有何玄机，一下子确实很难看出来。我们用"结果分析"来看一下：结果如何？对谁有利？请看"完璧归赵"最后一段的交代：

> 相如既归，赵王以为贤大夫，使不辱于诸侯，拜相如为上大夫。秦亦不以城予赵，赵亦终不予秦璧。

很明显，秦国想得到和氏璧，但没有得到，因此秦国没有得到什么利益；和氏璧本来就是赵国的，赵国虽然没有得到十五座城池，却也没有失去和氏璧，因此赵国也没有损失。秦赵两国，都既无利益也无损失。

当然，这只是从可见的利益方面来分析的。实际上，经过完璧归赵这一事件，秦赵两国的矛盾加深了。被耍弄了一番的秦王会很爽吗？他心里是有愤恨的。

通过这件事，唯一的获利者是蔺相如：他从一个宦官的门客变成"上大夫"。这是值得关注的。

善于把握大势，是蔺相如最杰出的才能

根据王世贞的说法，拿不拿和氏璧到秦国去，"两言决耳"，并不复杂。当时的问题是，赵国与秦国相比处于弱势，秦国要求用城池换取和氏璧，赵国感到害怕，因为具有强大实力的秦国势必不会把城池交给赵国。结合当时的天下大势，王世贞说得很明白：当时秦国还没有进入大规模吞并六国的阶段，还没有掀起统一中国的高潮，"是时秦意未欲与赵绝耳"。这一点很重要，《廉颇蔺相如列传》中这段话很清楚地证明了这个现实：

> 秦王与群臣相视而嘻。左右或欲引相如去；秦王因曰："今杀相如，终不得璧也，而绝秦赵之欢；不如因而厚遇之，使归赵。赵王岂以一璧之故欺秦邪？"卒廷见相如，毕礼而归之。

从秦王的言辞看，秦国此时还是把"秦赵之欢"当一回事的。他不愿只图眼前利益，杀掉蔺相如解气，而牺牲掉秦赵两国的关系。而当时的赵国，只有蔺相如对这一点认识得很清楚。正因为对此有清楚的认识，蔺相如知道自己面临的风险是可控的，才敢主动要求出使秦国，并在秦国朝廷上进行那样扣人心弦的激情表演。

在我看来，蔺相如最杰出的才能是善于把握大势。从他劝阻宦官头目缪贤弃赵奔燕这件事，就能看出蔺相如对宏观形势的判断相当精准。须知蔺相如要带和氏璧到秦国去，是冒着巨大的风险的；他在秦国朝廷上从秦王手里骗回和氏璧的举动，偷偷把和氏璧运回赵国的伎俩，更有掉脑袋的可能。但他为什么敢这么做？我以为就是基于他对天下大势的判断。蔺相如应该知道，彼时的赵国还是一个实力较强的国家，宋代的苏洵说"赵尝五战于秦，二败而三胜"（《六国论》）；蔺相如想必知道，当时的秦国对赵国虽有野心却仍有顾忌，确实还没有决意彻底埋葬与赵国的关系，所以他才有胆量投入这场以性命为赌本的赌博。

拿捏精准的赌博

正是蔺相如对形势的准确判断，使他觉得可以一赌。当秦国提出换取和氏璧之时，蔺相如应该知道：如果秦国不想与赵国决裂，和氏璧就没有必要送到秦国去，因为不送去对赵国来说也没有战争风险；如果秦国此时想与赵国决裂，和氏璧也不必送到秦国去，因为就算送去了，战争反正也要来。既然这样，蔺相如为什么还要建议送和氏璧到秦国去呢？为什么他要自告奋勇去完成这个任务呢？他有什么把握一定能送回和氏璧呢？

秘密就是：这是一个危险但值得一试的任务；之所以值得一试，就是因为这个任务对蔺相如本人而言是一个千载难逢的机遇。如果没有这项任务，蔺相如就没有出人头地的机会，就不可能成为"上大夫"，而只能继续扮演宦官的门客的角色。

蔺相如利用了赵国朝廷对秦国的害怕，设计了"完璧归赵"的表演。他利用了当时秦国尚未打算与赵决裂的形势，终于让这一幕表演成功落幕。由此，蔺相如完成了身份的转变，他不再是一个"贱人"（廉颇语），而赫然成为了国家重臣。

"结果分析法"透视下的完璧归赵事件

以上的分析方法，我称为"结果分析法"，即从一件事的结果反过来观察整个事件的过程，以及这个事件的参与者的动机。结果分析法并不是只分析结果，而是以结果为观察点切入。这种分析方法，实际上是与"动机分析法""过程分析法"紧密联系的。同样，对动机与过程的分析，也势必涉及对结果的分析。

总结以上分析，我觉得可以看出三点。

第一，结果方面：整个完璧归赵事件，仅仅对蔺相如本人有利，它是蔺相如个人的机遇。正如前文的分析，和氏璧送与不送，都不影响赵国的命运；但如果不送和氏璧到秦国去，蔺相如将失去出人头地的机会。

第二，过程方面：整个事件中，蔺相如的表现具有赌博和冒险的性质。

正如王世贞的分析，整个事件也给赵国带来了一定的风险，因为战争可能由于偶然因素而爆发。完璧归赵之所以没有带来战争，是因为秦王本人具有自我控制的理性，他不希望由于一块和氏璧而损害秦赵关系的大局，因而保持了克制。

第三，动机方面：蔺相如的动机是可议的或可疑的。蔺相如说："秦以城求璧而赵不许，曲在赵；赵予璧而秦不予赵城，曲在秦。均之二策，宁许以负秦曲。"但王世贞的分析更为确切："秦欲璧，赵弗予璧，两无所曲直也。"以城易璧，只是一个交易：两相情愿，则完成交易；一方不愿，不交易就算了。无论交易与否，都没有理直或理亏的问题（倒是蔺相如把和氏璧送往秦国却又偷偷送回赵国，而秦王完成指地图、斋戒、列九宾等环节后，赵国实际上已沦于背信弃义的境地）。蔺相如事前对赵王的说辞，实际上是强调了交易的必要性，并在其中注入了道义的元素，从而推动这场交易的进行。然后他主动请缨带璧出使，使事件得以发生。蔺相如为什么要这样做？《史记》没有说，这为我们提供了猜想的空间。所以我们说蔺相如有意为自己创造一个崭露头角的机会，并不是没有道理的。

"渑池会"上蔺相如不得不强硬

我准备从过程角度切入来谈一谈"渑池会"。粗看渑池会上蔺相如的表现，很容易感觉到蔺相如在针锋相对与秦国方面作斗争。但细看过程，蔺相如的斗争，实际上还不是一味鲁莽的针锋相对，也有手法细腻的部分。例如，秦国要求赵王鼓瑟之后，秦国御史书写的是"令赵王鼓瑟"；要挟秦王击缶后，蔺相如要求赵国史官记录的是"秦王为赵王击缶"。"令赵王鼓瑟"的"令"字，比起"秦王为赵王击缶"的"为"字，要霸道得多。由此可见，在那种"酒酣"的场合，蔺相如还是很清醒的，很有分寸。

这场宴会的过程中，蔺相如的表现总体上比较强硬，他甚至敢于以杀死秦王来进行威胁。他为什么这样强硬？是因为赵王在场，并受到了秦国方面的羞辱。赵王受此羞辱，注定了蔺相如即使是为了他个人的利益也必须拼死抗争。原因如下：

第一，赵王是赵国最高权力的代表，他能够左右蔺相如的命运。此时蔺相如以赵国上大夫的官位陪同赵王，捍卫赵王尊严的任务当然落在了他的肩上。这个任务蔺相如是无法逃避的。

第二，赵王参加"渑池会"，本来有所顾虑，不想去。"渑池会"的危险性是很大的。不管怎么说，结果只有两种可能性：一是赵王被扣为人质，二是赵王顺利回国。假如是第一种情况，赵王被扣，蔺相如也跑不脱，"渑池会"上拼也是死，不拼也是死；假如是第二种情况，赵王顺利回国，而如果在"渑池会"上蔺相如没能捍卫赵王的尊严，回国后蔺相如的结局可想而知。在此情况下，蔺相如合理的选择，就只能是与秦国方面作坚决斗争了。

"将相和"：避让阶段

至于"将相和"，我准备从动机角度切入来谈一谈。这一节蔺相如的形象，可以说是十二分的光辉。为什么他要在廉颇面前委曲求全下矮桩？蔺相如自己袒露的动机是"先国家之急而后私仇"。这是不是事实？在多大程度上是事实、是不是唯一的事实？我们需要听其言，也要观其行。

通过前面的分析已能看出，蔺相如可谓是把握形势的高手。从形势方面看，当时蔺相如虽然由于"渑池会"上赵王对他印象深刻而"位在廉颇之右"，但实际上，在当时的赵国朝廷，不只是廉颇，恐怕没有几个人真的认为蔺相如的地位应该高于廉颇。廉颇有"攻城野战之大功""以勇气闻于诸侯"，他的功劳是公认的。廉颇在赵国朝廷叱咤风云那么多年，他的政治根基和实际声望显然是新近提拔的蔺相如完全无法相比的。认同蔺相如功劳的，主要还是赵王。正因为形势如此，廉颇才敢于当众"宣言"要羞辱相如；也正因为形势如此，蔺相如不得不采取低姿态。因此，就算蔺相如没有想到"先国家之急而后私仇"，他也必须采取"避匿"的方法。

"将相和"：营造舆论实施反击阶段

如果你只会低头，你将永远低头。

"先国家之急而后私仇"，这是蔺相如在挽留他的门客时说的话。蔺相如和门客的谈话，是在二者之间进行的，怎么会被"廉颇闻之"？廉颇要羞辱蔺相如，是公开扬言，自然容易传到蔺相如耳里；蔺相如与门客的闭门谈话，要被廉颇听到，需要传播途径。我们可以猜想，这番义正而词不严的话，是被有意传播出去的，目的就是要让赵国君臣知晓，从而形成一个对蔺相如有利的舆论环境。蔺相如的这番话对提升他本人的形象显然是有利的，同时也有利于化解廉颇的怨恨——假如廉颇是识大体、忠于国家的良将，蔺相如的说辞可能会感动他；假如廉颇是个心胸狭隘之徒，蔺相如的这番话则能凸显自己的高尚和廉颇的鄙陋，从而争取到赵王和赵国朝廷舆论的好评。

当然，蔺相如这番话也是有道理的，符合内政外交的实际。避免内斗，免得外敌有机可乘，这也是蔺相如的考虑。

因此我们可以说，蔺相如在廉颇面前的低姿态，确实有顾全大局的考虑，而且也不止于此。可以说，蔺相如的这种做法，实际上有多方面的复杂考虑。从蔺相如采取的策略看，他有意把自己塑造成一个与廉颇的强横对比鲜明的谦卑形象，是以柔克刚的策略。至于"先国家之急而后私仇"的这番言辞，更是把他的个人形象推向了一个光辉的顶点。这一事件之前，蔺相如只是在官位排列上居于廉颇之上；这一事件之后，廉颇负荆请罪，蔺相如的威望和实际地位就实实在在地有超越廉颇之势了。

总体上讲，蔺相如是一位善于洞察形势、把握时机的智者。他有勇气，有智谋，也识大体。特别是"将相和"一节，既表现出其为人处世的明智，也表现出大处着眼、忠心为国的高风亮节。

后　记

　　文本解读是一个热词，讲文本解读的书也越来越多。阅读教学在语文教学中占据很大的分量，谈论阅读教学的书籍文章之多，说"汗牛充栋"一点也不夸张。

　　这本书不是要来凑热闹的，我希望能贡献出真正有建设性的、有益于语文教学的看法。当然，我也不好意思自吹我的看法就是真知灼见——任何书籍，都必须谦虚地接受读者的检验。

　　因此，我不打算在此推销书中的观点，也不打算在此为这本书作广告。在这里，只想简单介绍一下本书的形成过程。

　　本书叫作《文本解读与阅读教学讲谈》。全书的五个部分，均由相应的"讲"和"谈"组成。"讲"是我讲座录音的整理稿，而"谈"则是我与我的合作者冯胜兰女士的讨论成果。三年之前，朱永通先生和我约定，希望我写一本关于文本解读的书。武侯区教科院中学所语文教研员唐旭华女士得知此事，约我为成都市武侯区语文教师作文本解读与阅读教学系列讲座，所形成的讲稿就是本书中"讲"的内容。武侯区教科院发展所教研员冯胜兰女士是我表亲，热爱语文且参与讲座培训，我俩就相关主题进行了一系列对谈，这就形成了本书中"谈"的部分。

　　此书之作，首先要感谢永通兄。没有他和我的约定，这本书的面世遥遥无期。其次要感谢唐旭华老师，没有她的督促，以我疏懒的性格不知会拖延到什么时候。

我的合作者冯胜兰女士是一位非常优秀的语文教师,来武侯区教科院之前执教于成都名校棕北中学。她对语文的热爱令我感动。她很聪明地提出了很多启发我思考的问题,使得我们的对谈能够不断深入下去。本书中"谈"的部分,可以说是我们共同思考的结晶。全部书稿完成后,她还精心梳理条目并调整了部分文字。考虑到阅读的方便,我们对"谈"的部分进行了再加工,尽量消除对谈的痕迹,并在其中加入了我此前写下的一些文字,使内容更加丰富,以期更有益于读者。

此书虽短,费力甚多。辛辛苦苦写一本书,没有功劳也有苦劳,这是自不待言的。然而,作者的辛苦并不能构成读者阅读它的理由。所以,最后,我要非常忐忑地感谢本书的读者们——我忐忑是因为我不知道这本书能否符合你们的期待。既然你们能够选择这本书,我们就有义务对得起你们的信任和期待。

罗晓晖
2018年8月9日

图书在版编目（CIP）数据

文本解读与阅读教学讲谈/罗晓晖，冯胜兰著.—上海：华东师范大学出版社，2018
ISBN 978-7-5675-7971-2

Ⅰ.①文... Ⅱ.①罗...②冯... Ⅲ.①阅读教学—教学研究 Ⅳ.①H09

中国版本图书馆 CIP 数据核字（2018）第 153486 号

大夏书系·语文之道
文本解读与阅读教学讲谈

著　　者	罗晓晖　冯胜兰
策划编辑	朱永通
审读编辑	任嫒嫒
封面设计	淡晓库

出版发行	华东师范大学出版社
社　　址	上海市中山北路3663号　邮编　200062
网　　址	www.ecnupress.com.cn
电　　话	021-60821666　行政传真　021-62572105
客服电话	021-62865537
邮购电话	021-62869887　地址　上海市中山北路3663号华东师范大学校内先锋路口
网　　店	http：//hdsdcbs.tmall.com

印 刷 者	北京密兴印刷有限公司
开　　本	700×1000　16开
插　　页	1
印　　张	15
字　　数	212千字
版　　次	2018年9月第一版
印　　次	2025年5月第十三次
印　　数	25 101—26 100
书　　号	ISBN 978-7-5675-7971-2/G·11279
定　　价	45.00元

出版人　王　焰

（如发现本版图书有印订质量问题，请寄回本社市场部调换或电话021-62865537联系）